진리의 교과서 2

깨 달 음

진리의 교과서 2

깨 달 음

최 준 권 엮 음

자유문고

삶의 지침서

스승께서 이같이 말씀하셨다.

있는 것을 있는 그대로 본 깨달은 자가 사실대로 기술한 책은 최고의 교과서가 될 수 있다. 이를 중생의 눈높이에 맞춰 정리해 완벽하게 만들 수 있다면 책이 나오는 순간 세상은 달라질 것이다. 이 책을 지침서로 삼아 읽고 배워서 깨닫는다면 자신의 업을 씻고 좋은 세상을 맞이할 수가 있다. 세상일에 눈을 뜨고 밝은 삶을 살아갈 수 있고 삶의 결과를 통해서 자기를 바꿀 수가 있다.

먼 훗날 그대들이 세상에 환생했을 때를 위해서 나의 삶과 가르침을 여기에 바친다. 이 책은 진실을 밝히고 있으며 밝혀진 진리는 보약과 같아서 책을 읽으면 정신이 밝아지고 생활이 밝아질 것이다. 이 교과서는 진리이기 때문에 세상에 인간이 존재하는 한 영원히 남을 것이다.

의식의 근원은 무엇이며 생명의 모태는 무엇인지 체계적으로 만들면 교과서가 여러 권 만들어질 것이다. 이 책이 진짜 경전이 된다. 종교나 대학에서 가르치는 것을 가지고는 인간의 욕망을 부추기고 사회문제를 만들어 낼 뿐 세상을 위해서 큰 도움이 되지 않는다.

높은 차원에 있는 신은 인간의 세계에 올 수 없으며 차원이 다른 세계끼리는 서로 통하지 않는다. 오직 특별한 자만이 인간의 몸을 받고 태어나서 사람들을 깨우치고 가는 자를 성인이라고 부른다.

이 책에서 신이라는 존재를 분명히 밝히는 증거를 제시할 것이다. 이 교과서가 널리 알려져서 나쁜 일들을 단절시키고 다음 세대에는 좋은 세상을 만들어야 한다. 이를 이끄는 주역이 되는 것이 그대들의 사명이다.

머리말

태초에 뜻이 있었고 뜻이 뜻을 낳고 또다시 뜻을 낳으니 혼돈이 있었고 기운이 부딪혀서 조물주가 생겼다. 조물주로 인하여 만물萬物이 만들어졌으며 질서가 서게 되었다. 이 인류는 다음 주기의 인류를 위하여 적은 수의 씨앗을 남기고 사라질 것이다. 인류는 다음 주기에 또다시 번식하여 오늘과 같은 문명이 만들어질 것이다. 이 세상은 돌고 도는 물레방아처럼 반복되고 있다. 달걀이 병아리가 되고 병아리는 성장하여 닭이 되고 닭은 또 알을 낳는다. 이처럼 변화를 통하여 끝없이 윤회輪廻한다. 넓은 시각으로 보면 창조創造와 진화進化는 동시에 이루어지고 있다. 과거 석가모니께서 아무것도 없는 공空의 세계를 반야심경에서 설하셨다. 근본 세계에서 물질이 생기고 시간이 지나면 다시 사라졌다가 아무것도 없는 세계를 거쳐 원인이 나타나는 일을 반복하고 있다. 현대 과학의 양자역학에서 물질의 이치를 조금씩 증명하고 있는 것처럼 현상 세계에서 일어나는 일이다.

인간은 인간을 낳고 그들이 모여서 인류人類가 되었으며 이들이 모여 사회를 이루면서 질서가 필요해졌다. 질서를 유지하기 위해 사회의 약속이 필요했고 사회법社會法이 만들어진다. 국가를 유지하기 위해 법률法律도 만들어졌다. 예를 들어 교통질서를 유지하기 위한 교통법은 사람들의 안전과 편리를 위하여 만들어진 것이다. 진리는 사회법처럼 사람들이 인위적으로 만든 것이 아니다. 마치 수학 공식처럼 자연自然이 만들어 낸 법칙이다. 자연이란 말은 스스로 그러하다는 뜻이다. 자연의 가르침이 곧 진리이며 인위적으로 바꿀 수 없으니 뜻이 존재하는 한 변하지 않는다.

내가 몇 년간 곁에서 본 스승의 모습은 마치 자연과 같았다. 바람이 불고 천둥 번개가 치다가도 어느새 바다처럼 고요해지듯이 스승의 의식은 빈 거울이 되어 세상을 비추어 보고 계셨다. 의식이 약한 사람들이 스승의 곁에 오는 것이 무척이나 힘들었다. 이유는 태양의 불길이 위험한 것과 같이 잘못 살아온 나쁜 자기가 모두 타서 죽을 것이 두렵기 때문이다. 스승의 모습은 시시각각으로 변하는 자연처럼 보통 사람들이 가까이하기에는 너무나 두렵고 위험한 존재처럼 보였다. 모습만 보지 말고 말씀의 뜻을 들어야만 자기 자신을 보고 깨달을 수 있다.

어촌에서의 스승의 모습은 어부와 같았으며 잘못된 세상을 보실 때면 건달처럼 행동하기도 했다. 집을 지을 때는 스승을 악덕 건축업자로 여기는 사람도 있었다. 제자에게 깨달음을 주실 때는 잔소리쟁이처럼 보일 때도 있었으나 명망가들 앞에서는 큰 산처럼 위대한 여래如來의 모습을 보이셨다. 스승의 의식은 상대방의 모습을 그대로 비추는 거울과 같았다. 그래서 거짓된 자들은 스승의 의식에 비친 자기의 모습을 보고 도망쳤다. 잘못된 의식과 자존심을 가지고는 스승 가까이에 올 수 없었고 그 모습은 사람마다 달리 보였다. 왜냐하면 보는 사람의 마음에 따라 스승이 가지고 있는 일부분의 모습만 보기 때문이다. 성인聖人의 가족은 그의 좋은 모습보다는 좋지 않은 모습을 보는 경우가 많았다.

그 예가 소크라테스의 이야기이다. 젊은 사람들과 어울리며 명망 있는 사람들을 찾아 논쟁하려 하고 그들에게 욕이나 먹고 다니는 모습에 그의 아내는 화가 났을 것이다. 석가모니 부처님도 열반하셨을 때 의식이 나쁜 어리석은 제자들은 이제는 잔소리쟁이가 사라졌으니 얼마나 좋은가! 하고 말했다고 한다. 그 말을 듣고 큰 제자들이 충격받아서 이래서는 안 되겠다고 여겨 결집했고 회의를 거쳐 석가모니의 말씀을 편집했다. 예수 역시 마찬가지로 새파랗게 젊은 사람이 당시 명망 있는 종교 지도자들을 위선자이며 독사의 자식들이라고 욕하며 성전을 뒤집었다. 그랬으니 그들에게 미움받아 종교 재판에서 죽을 수밖에 없었다. 그 모습을 본 몇몇 제자들은 몸을 숨겼다고 하는데 지금 성자라고 부르는 사람들의 모습이다.

스승은 가셨으니 이제 스승의 본 모습은 볼 수 없다. 스승께서는 이치理致를 깨우치시고 있는 것을 그대로 보셨고 중생들을 위하여 자연의 가르침을 설說하셨다. 26년 전 스승께서는 《자연의 가르침》이라는 잡지를 1년 동안 만들어서 사람들을 깨우쳤다. 스승께서는 이 세상에 하나밖에 없는 대화록을 만들라고 말씀하셨다. 오랜 시간이 지난 오늘에서야 드디어 빛을 보게 되었다.

스승의 말씀들을 구어체에서 문어체로 편집하고 뜻을 알기 쉽게 『진리의 교과서』라는 제목을 달아 단행본으로 세상에 내놓는다. 이 책『깨달음』의 출판에 동참해 주신 이연희 님과 최용호 님의 삶에 축복이 있기를 소망하며, 계속해서 시리즈로 출판하게 될 것이니 독자들은 이 글을 읽고 깨달음이 있기를 바란다.

2024년 3월
엮은이 최준권

차례

1부 / 인간완성의 길

깨달음이란 인간완성의 길이다. 많은 사람이 깨달음을 원하고 있지만 성취가 없는 이유는 그들이 가진 근본根本 때문이다. 깨달음을 얻고자 하는 자는 먼저 깨달음에 대한 길을 알아야 한다. 그래서 나의 일을 알리고 있는데 나는 근면과 검소와 정직을 근본으로 삼았다. 있는 것을 보고 이를 바탕으로 자기 자신을 깨우칠 수 있었다. 이러한 노력을 통하여 영원한 생명의 세계에 머물게 되었고 삶을 통하여 더 좋은 나와 만나게 되었다. 있는 것을 그대로 보고 바르게 살도록 자기 자신을 이끄는 것이 깨달음의 성취였다. 깨달음이 없는 사람들은 이 말이 대단치 않게 여겨질 것이지만 나는 여기서 삶은 깨달음의 길이며 인간완성의 길이라고 표현한다. 이 말은 있는 것과 보고 있는 것을 알면 과거와 미래의 일을 알게 되며 자신을 지키고 이루게 된다는 뜻이다. 나는 깨달음을 통해서 법法과 현상의 일을 보게 되었으며 우주의 모든 일이 이 진리 속에 있었다. 태어나고 죽는 모든 것들이 자신이 지은 인연을 따라 돌고 있다. 같은 시간에 태어난 자도 같은 삶을 살지 못한다. 지혜로운 자는 복을 짓고 어리석은 자는 화를 짓는다. 현세에 나타나고 있는 모든 일들은 과거에 지어진 원인으로 일어나고 있다. 내세의 일도 현세에서 짓는 원인에 따라 달라졌다. 알고 싶은 것은 무엇이든지 질문하라!

Q 여래님의 말씀 가운데 해탈解脫했기 때문에 생각이 들어가지 않는다고 하셨는데 무엇을 만들려면 틀이 필요하고 책을 만들려면 생각이 들어가야 하지 않겠습니까?

승: 내가 말하는 진리眞理는 틀에 맞출 수 없으나 중생은 틀을 소중하게 생각하고 각자 어떤 생각으로 살아간다. 작문을 하나 지으려면 형식이 필요하겠지만 진리는 형식이 필요하지 않다. 있는 그대로 설명하면 되는데 중생이 읽어야 할 책은 틀이 꼭 필요하다. 그렇지 않으면 책을 만들어도 사람들이 읽지 않는다. 나는 완전한 깨달음을 얻었으나 중생에게 내 곁에 오라면 아무도 오지 않을 것이다. 그러므로 할 수 없이 중생 곁에 가는 수밖에 없다. 바로 이러한 글과 틀이 중생 곁으로 가는 길이다. 중생의 귀에 익게 해서 그 길을 보고 중생들이 오도록 해야 한다.

Q 진리를 형식에 맞추려면 뜻에 어긋나지 않을까요?

승: 나는 과거에 애착愛着이 있을 때는 무슨 생각을 하면 그것에 관해서 환하게 떠올랐다. 그런데 깨달아서 애착이 없으니까 무엇을 떠올리기가 매우 힘이 든다. 어떤 때는 이 가르침이 참으로 인류의 중요한 보물이다. 그래서 이 세상에 하나밖에 없는 대화록을 책으로 내야겠다고 생각했다가도 시간이 조금 지나면 생각이 흘러가고 없어진다. 그러니 어떻게 하겠느냐? 바로 조금 전에 중요하다고 생각한 것도 쓰려고 연필만 잡으면 생각이 흘러가 버려서 쓸 수가 없다. 나는 너희에게 본 것만 말하고 가르치며 행동하고 전하는 것뿐이다. 무엇을 보고 연구하며 책을 내는 것은 애착을

가진 너희가 해야 한다.

Q 깨달음에 대하여 바로 보고 이해할 수 있도록 설명해 주십시오.
승: 너희가 깨달음이 무엇인지 충분히 이해할 수 있는 상황에서 나의 깨달음을 확인받을 것이다. 인간 세계에서는 오랫동안 깨달음이라는 말을 많이 써왔다. 지난 육천 년 동안 이 세상에서 완전한 깨달음을 성취하고 세상의 일을 밝히기 위해서 대중 앞에 서야 했던 사람은 두 사람뿐이었다. 한 사람은 인도에서 태어난 고타마 붓다였고 다른 한 사람은 한국에서 태어난 나다. 깨달음은 눈먼 사람이 눈을 떠서 진짜 세상을 보게 된 상황과 똑같다.

Q 깨달으면 세상일이 어떻게 운영되고 있는지 볼 수 있습니까?
승: 깨달은 자는 있는 일을 보고 그대로 말한다. 있는 일이 어떻게 해서 생겼으며 그 일의 결과가 어떤지를 말하는 것이 곧 가르침이다. 옛날에도 고타마 붓다가 말했다. 세상에는 하나의 원칙이 존재하는데 이 원칙을 이치理致나 진리라고 한다. 진리나 원칙은 불변해서 깨달음을 얻는다면 너희가 볼 수 없는 일들을 즉시 알아볼 수 있는 능력이 생긴다.

Q 사람들은 왜 삶에 도움이 되는 가르침을 들으려 하지 않을까요?
승: 깨달은 자가 나타났는데도 세상 사람들이 아무도 찾아오지 않는 이유는 깨달은 자와 보통 사람들의 시각 차이가 너무나 크기 때문이다. 사람들은 의식의 눈을 감고 보기 때문에 있는 일을 알

아보지 못하고 생각과 감정에 의존해서 세상의 일을 판단하려 한다. 그러나 깨달은 자는 원칙原則과 그 속에 있는 문제를 통해서 세상을 보려고 한다. 사람들이 깨달은 자의 가르침을 들으려 하지 않는 건 있는 일을 볼 수 없기 때문이다.

Q 지금 선생님이 하시는 일은 무엇입니까?

승: 나의 사명은 너희에게 사실 속에 있는 실상實相을 알도록 하는 것이다. 너희는 날마다 사실을 만나고 보면서도 사실이 어떻게 해서 일어나고 또 사실로 인해서 운명이 어떻게 달라지는지를 생각하지 않고 살아가고 있다. 너희가 일찍이 깨달음을 얻어서 인과因果를 안다면 질병에서 벗어날 수 있다. 세상에 존재하는 모든 애환으로부터 해방돼 편안한 생활을 얻을 수 있다고 믿는다. 농부가 땀을 흘리며 농사를 짓는 것은 결과를 위해서 노력하는 것이다. 잎을 푸르고 크게 피우기 위해서 일하는 것이 아니라 좋은 열매와 많은 수확을 얻기 위해서 일한다.

Q 사람이 깨달으면 무엇을 얻을 수 있습니까?

승: 세상에서 가장 큰 축복은 깨달음이다. 깨달으면 지혜로운 자기를 얻을 수 있다. 자신은 세상에서 가장 소중한 존재라서 뛰어나면 뛰어난 만큼 좋아지면 좋아진 만큼 재물과 명성과 미래가 존재하게 된다. 깨닫지 못한 자는 일시적으로 남의 것을 훔치고 속여서 성공해도 진정한 성공이 아니라 일시적인 현상에 불과하다.

Q 세상의 법칙은 어떻게 되어 있는 것입니까?

승: 우리의 내면에는 의식意識이라는 자기自起가 존재하며 이 의식은 마음을 통해서 나타나고 마음은 행동을 통해서 나타난다. 행동은 마음을 통해서 또 마음을 만들게 되고 마음은 다시 의식을 만들게 된다. 남을 속이면 속일 때 일어난 현상 자체가 행동 속에서 나타나고 행동을 통해서 자기의 의식에 다시 존재하게 된다. 나타난 모든 현상이 계속 의식에 축적돼서 아주 잘못된 자기를 만든다. 인간이 다른 인간을 속일 수는 있어도 자기 자신을 속일 수는 없다.

Q 어리석은 사람은 자기 스스로 속을 뿐이겠네요?

승: 깨달으면 자신의 실수를 용납하지 않으며 실수를 알면 거기에서 빠져나오려고 노력하고 자기를 불행 속에 머물게 하지 않는다. 그래서 깨달음이 자기를 구하는 길이라고 말하는 것이다.

Q 모든 사람은 잘했든 잘못했든 자신이 하게 된 모든 일들을 자기 속에 모두 가지고 있지 않습니까?

승: 깨달음은 무지無智한 자기를 버리고 있는 일을 바로 이해함으로 현명한 자기를 얻는 일이다. 있는 일 속에 진리가 있고 진리 속에 있는 일이 있다. 있는 일을 통해서 부자로 살더라도 마음의 평화를 가지고 살 수 있다. 또한 일이 힘들더라도 항상 화목하고 근심 걱정이 없는 삶을 살아갈 수 있다.

Q 깨달음의 길은 고행을 통해야만 가능합니까?

승: 깨달음의 길에는 두 가지의 예가 있다. 물론 전생에 깨달았던 사람이 다시 태어나면 업業이 약하기 때문에 어떤 기회가 오면 다시 깨달을 수 있다. 그렇지만 한번 깨달은 자가 세상에 다시 태어나는 일은 극히 드물다. 해탈解脫한 자가 윤회에서 벗어나 있다가 다시 생명의 세계에 올 때는 메시아로서 세상일의 짐을 지고 오는데 그냥 오지는 않는다. 석가모니처럼 업이 약해서 자신을 태우면 깨달음을 얻을 수 있고 업을 태울 곳이 없을 때는 고행을 통해서도 가능하다. 그 고행은 대자연과 자신의 싸움이며 갈증과 외로움 그리고 추위와 굶주림과 싸우는 것이다. 그때 세상에 있는 마찰 속에 온갖 압력이 온다. 그것을 이기려는 강인한 정신과 업業의 투쟁을 통해 업을 태우고 녹여서 제거하는 방법이 있다. 그것은 전생에 석가모니가 썼던 방법이다. 그는 깨달은 스승을 만날 수 없었고 스스로 노력하여 깨달아야 했는데 특별한 가르침 없이 업을 제거해야 했기 때문에 그 방법밖에 없었다.

Q 석가모니 부처님이 하신 방법보다 더 좋은 방법이 있다는 것입니까?

승: 그때 석가의 스승이 깨달은 자였다면 그는 공덕功德행을 가르쳤을 것이다. 같은 환경에서 부딪쳐도 그 근본이 다를 때는 다른 현상이 나타난다. 근기가 약한 사람이 죽기 아니면 살기의 각오로 근기가 강한 자와 똑같은 행동을 한다고 해도 결국 견디지 못하고 죽든가 폐인이 되는 경우가 많다. 근기가 없는 사람은 그

렇게 되는 것이 자동차의 유압식 잭 하나만 보더라도 알 수 있다. 옆에 있는 자키가 2톤을 받쳤다 해도 자기가 가진 것이 1톤만 받치게 만들어져 있는 것이라면 2톤을 받칠 수는 없는 노릇이다. 이처럼 어떤 환경에서 얼마만큼 지탱할 수 있는 근기를 가졌는지에 따라 고행을 통해 이르는 결과도 다르다. 3천 년 전 인도에는 수많은 수행자가 있었으나 오직 석가모니만이 고행의 길을 통해 깨달음에 이르렀다.

Q 싯다르타께서 부처가 됐는데 지금 살아 남아있다는 말을 듣지 못했는데 왜 그런지 설명해 줄 수 있습니까?

승: 세상에 존재하는 말들은 용어일 뿐이다. 서양에서는 부처라고 하면 이해하는 사람이 드물고 붓다라고 해야 알아듣는다. 깨달은 자가 본 이치理致를 세상에 전했을 때 부처가 된다. 부처라는 말은 진정한 스승이라는 뜻도 되고 깨달음을 전하는 자라는 뜻도 된다. 실제로 부처는 3천 년이나 5천 년에 한 명 나오게 되어 있다. 이 비밀을 모르고 많은 사람이 깨달았다고 하는데 깨달은 자는 자주 나오지 않는다. 깨달은 자가 이 세상에 와서 대접받은 적은 한 번도 없다. 나도 깨달음을 얻고 6년 동안 노력했지만 많은 사람을 잃었다.

Q 깨달음을 얻을 때는 어떻게 감지할 수 있습니까?

승: 먼저 내가 겪은 일부터 말하고 깨달음을 어떻게 감지할 수 있는지를 말하겠다. 깨달음을 얻기 위해서는 세상일을 이해하고 그

법으로 자기를 인도하는 길을 깨달은 자에게 계속 들어야 한다. 계속 듣다 보면 세상의 이치理致를 알게 되고 세상의 일을 보게 된다. 이치에 맞춰 자기를 밝고 훌륭한 사람으로 만들 수 있고 위험과 불행에 빠뜨리지 않고 살아갈 수 있다. 깨닫기 위해서 이 말은 매우 소중하다.

Q 이 나라에는 깨닫고자 하는 사람은 많았으나 깨달은 사람은 한 사람도 나오지 않았던 이유는 무엇이라고 보십니까?

승: 확인해 보면 작대기를 가진 사람들이 서로 자기가 가진 작대기가 길다고 우길 때는 한자리에 모여 작대기를 대보면 알 수 있다. 이처럼 확인하지 않은 상태에서 내 말을 들으면 매우 당황하게 될 것이다. 이 나라에서 아직 깨달은 자가 나올 수 없었던 이유는 모든 일은 근본과 바탕으로 인하여 생기는데 그 근본이 부족했고 바탕이 없었기 때문이다.

Q 인간의 근본과 바탕을 식물에 비유하면 무엇입니까?

승: 예를 들어 작은 씨앗을 하나 얻어서 큰 씨앗으로 만들기 위해서는 좋은 땅이 있어야 한다. 좋은 땅을 만나야 작은 씨앗이 큰 씨앗으로 변하게 된다. 씨앗은 근본이며 땅은 바탕이니 좋은 땅이 있는 곳에 좋은 환경이 있어야 한다. 인간은 만물의 영장이어서 바탕에서 자기를 얻으면 환경을 고칠 수 있다. 좋은 땅을 만나야 좋은 열매를 얻을 수 있듯이 인간의 근본은 자기의 전생에서 오고 바탕은 스승의 가르침이다.

Q 자기를 크게 이루기 위해서 깨달음이 필요합니까?

승: 인과因果의 법과 세상의 일을 모를 때는 깨달은 스승을 만나야만 한다. 그래야 세상의 모든 법을 듣고 그 법을 보고 이치에 눈을 뜰 수 있다. 운전을 못 하는 사람이 이야기만 듣고 운전하면 자기를 다치게 할 수 있다. 진리도 이같이 깨달음을 모르는 자에게서 배우면 자기의 영혼이 불구가 된다.

Q 불교에서 사용하는 말에 열반涅槃은 무엇입니까?

승: 번뇌와 망상에서 벗어나 편안한 자기를 이루고 마음의 평화와 영생을 얻는 것이다. 깨달은 자에게서 배워야 하는 가장 큰 이유는 깨달은 자를 통해서 있는 일을 배우면 빨리 열반에 이를 수 있기 때문이다.

Q 열반과 해탈은 같은 것입니까?

승: 열반을 꼭 해탈解脫이라고 말할 수 있는 건 아니다. 자기의 의식이 항상 태어나기 이전의 세계에 머물러 있는 채로 살아 있는 자가 해탈한 자인데 천상천하 모든 차원에 있는 것을 보는 것이다.

Q 그러면 해탈의 자리가 어디인지 궁금한데요?

승: 다음 그림을 보면 원과 삼각형이 있다. 삼각형의 한 모서리는 생명의 세계이고 다른 한쪽 모서리는 결과의 세계이다. 생명은 삶

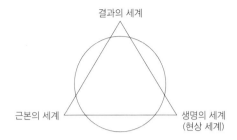

결과의 세계

근본의 세계   생명의 세계
                               (현상 세계)

을 통해서 영체를 남긴다. 육신이 썩으면 영체만 남는 곳이 결과의 세계이다. 생명은 의식意識과 물질과 기체의 결합체이다. 우리는 영체靈體를 볼 수 없으나 영체를 분해하면 의식과 기체이다. 기운이 물질에 붙어서 조정하는데 영체에는 물질 자체가 떨어지니 기체만 남는다. 기체 속에 의식이 잠재해서 다시 살아있게 되는 것을 영체의 삶이라고 말한다. 이 영체에서 의식이 없어지면 바로 근본이고 근원의 세계이다. 죽음과 태어남의 세계이고 끝과 시작의 세계이다.

Q 불교의 경전인 반야심경般若心經에 나오는 내용과 같은 것입니까?

승: 태어나고 아무것도 없는 곳에서 모든 것이 사라지며 새로운 게 나타난다. 이 말이 색즉시공色即是空 공즉시색空即是色이라는 말로 표현되고 있다. 사람들이 고칠 수 없었기 때문에 반야심경은 원형으로 전해졌다. 이 반야심경을 통해서 석가모니가 해탈解脫에 이르렀다는 사실을 볼 수 있었다. 이 사실을 볼 수 있는 사람은 6천 년 동안에 한 사람뿐이었다. 근본 세계가 바로 죽고 태어나는

자리인데 한 세대가 죽고 태어나는 곳이다. 이 세계에 의식이 머물러서 해탈을 이룰 수 있다. 그러나 보통 사람들은 태어날 때부터 자기가 보고 듣는 것이 의식에 쌓인다. 그 때문에 자기의식 속에 있는 업을 지고는 절대로 해탈에 들 수 없다. 나는 생명의 세계에 있고 석가모니도 생명의 세계에서 해탈을 이루었는데 생명의 세계에서 거꾸로 역류한 것이다.

Q 생명의 세계에서 역류하는 현상이 어떤 것입니까?

승: 자연의 법칙 속에서는 나무의 열매가 땅을 만나지 않고 바로 씨앗으로 돌아가는 일은 절대 없다. 싹에서 열매가 열리고 그 열매에서 다시 싹이 나는 일이 반복된다. 그러나 열매에서 다시 싹으로 돌아가는 역류 현상은 절대로 일어나지 않는다. 자기 속에 있는 업業이 전부 소멸하였기 때문에 나는 근본의 세계에 자유자재로 들어갈 수 있다. 그래서 6천 년 동안 이 세계를 본 사람은 단 두 사람뿐이다. 기체인 의식意識이 죽으면 부활하는데 이 세계를 죽음과 태어남의 세계라 말한다. 의식이 죽지 않으면 절대 부활할 수 없다.

Q 법法을 깨달으면 자기의 앞길을 밝힐 수 있습니까?

승: 세상에서 가장 귀한 게 지혜智慧를 얻는 일이다. 깨달음을 얻는 일이 세상에서 가장 고귀한 길이다. 재물이나 보석은 가지고 있다가 흘려버리면 다시 수중에 들어오기가 힘들다. 그것은 일시적으로 자기의 손에 머물 뿐이지만 한 번 얻은 지혜는 영원히 자

기의 삶 속에 존재한다. 내세에 두고두고 그와 함께 나타나서 법을 깨달은 자들이 세상에서 최고의 보물이라고 설명해온 것이다. 과거에도 그렇게 전해왔고 오늘 나도 너희에게 말한다.

Q 지혜를 한번 얻으면 미래에까지 연관되는 이유는 무엇입니까?

승: 깨달으면 너희의 지혜가 빛나고 의식을 밝게 해주며 그 지혜가 의식을 만들어 주기 때문이다. 한 번 만들어진 의식은 이유 없이 변하지 않고 그대로 존재하므로 죽고 다시 태어나도 원인에서 태어나고 생명 속에 그 원인이 그대로 쌓여 있다. 그러하기에 지혜는 끝없이 자신의 앞길을 밝히는 것이라고 말할 수 있다.

Q 선생님이 깨달았다는 증거를 어떻게 알 수 있습니까?

승: 내가 완전하게 깨달았다는 사실을 언제나 증거로 제시한다. 첫째 인도 등 세계의 고문서를 보면 부처의 상 중심부 이마에 백호광白毫光이라는 게 있다. 이는 모든 성자의 상에 대부분 붙어있다. 히말라야산맥을 중심으로 한 나라의 사람들은 대부분 인중 중간에 빨간 점을 찍고 다닌다. 세상에 태어난 자가 깨달아서 백호광이 생겼다면 그리스도나 메시아처럼 세상을 구하러 온 자이다. 둘째 석가모니의 말속에도 의통意通이라는 것이 존재하는데 의식을 통해서 상대를 본다는 것이다. 최상의 깨달음에 도달해서 머리가 열렸을 때만 가능하다.

Q 역사 속에서 실제로 그런 사람이 존재했습니까?

승: 문서에만 기록되어 있는데 최고의 깨달음에 이르렀다는 증거는 첫째는 백호광이고 둘째는 의통이며 셋째는 행동이고 넷째는 말이다. 더 이상의 증거를 요구한다면 어리석은 자이다. 공명정대하고 밝으며 용기 있는 사람이라는 모든 증거는 일치한다. 손바닥에도 증거가 있는데 인공지능 컴퓨터에서도 나온다. 그런 자는 어떤 불행 속에서 태어나도 세상을 밝게 살고 힘껏 피어나며 지도력이 대단하다.

Q 선생님에게 네 가지 증거를 볼 수 있습니까?

승: 해탈의 상징인 백호광이 나오려면 깨달아서 그 의식이 하늘과 땅 위에서 최상에 이르지 아니하면 절대 나오지 않는다. 나도 원래부터 나온 것은 아닌데 내 곁에 가까이 오면 볼 수 있다. 그 길을 알려 줄 사람이 없기에 경전만 봐서는 오히려 너희를 망치고 짐이 된다. 이야기만 존재할 뿐 길은 존재하지 않으니 너희를 깨닫게 하여 복된 곳으로 인도하는 데에는 부족하다. 자동차의 원리를 모르는 자가 자동차의 교본만 읽고 가르친다면 이 사람의 이야기만 듣고서는 운전할 수가 없다.

Q 언제 깨달음의 증거가 나타났습니까?

승: 깨달음을 얻고 3년 동안 길을 헤매다 소연 스님을 만났다. 깨닫기를 원하고 공부하고자 했을 때 그녀를 소중하게 나의 씨앗으로 생각해서 경전 속에 있는 세상의 비밀을 알려 주었다. 네가 세상을 위해서 옳은 일을 하고자 할 때 너를 돕는 자는 드물 것이다.

옳은 일을 하는 자를 따르고 돕는 사람 역시 옳은 자이지만 이 세상에서 그런 사람을 몇 사람이나 만날 수 있겠느냐고 말했다. 그리고 사글셋방을 하나 얻어 연탄 장사하라고 제안했다. 이 사람은 출가 전에 부산에 있는 중학교에서 영어 교사를 했는데 실력도 있었다. 학교 교단에 서면 그 당시 월 백만 원에 보너스까지 받았는데 연탄 장사를 하면 30만 원도 벌기 힘들다. 소득이 안 되는데 그런 제안을 한 것은 먼저 중생을 섬겨서 돈이 생기거든 국수라도 삶아서 이웃을 청해 자꾸 대접하라고 했다. 국수라도 함께 먹고 자주 만나면 법을 따르지는 않더라도 그들의 도움을 얻을 수 있다. 이 세상을 구하려면 사람의 도움이 절실하다는 것을 가르친 것이다. 세상의 일을 하기 위해서 약속을 한 날 이마에 해탈한 자의 상징인 지혜의 눈이 갑자기 생겼다.

Q 백호광의 상징은 언제 나온다는 약속이 없었습니까?

승: 나는 깨닫기 전에 주위에 20만 명 정도의 사람을 알고 지냈고 이름만 대도 알만한 유명한 사람들이었다. 그러나 세상을 구하겠다는 결심을 하기 전에는 이러한 표적이 나오지 않았는데 갑자기 하루아침에 생겼다. 이것은 가렵지도 아프지도 않고 아무런 느낌도 없었다. 사람을 찾으러 어디에 갔다 와서 결심하고 약속한 날 나도 모르게 생겼다. 소연 스님이 당신의 이마에 무엇이 나와 있다고 해서 거울을 보니 나와 있었다. 이 상징은 세상의 재앙을 물리칠 수 있고 모든 기운을 제도할 힘을 가지고 있음을 의미한다.

Q 깨달음의 또 다른 증거도 있습니까?

승: 나를 시험하고자 한다면 너희의 몸에서 고통을 느낄 때 고통을 내가 대신 받아서 사그라지게 할 수 있다. 이것은 종교계에서 말하는 것과는 전혀 다르고 신神이 확실히 고통을 고친다는 보장이 없다. 하지만 인간의 몸을 가진 나는 몸을 고칠 수 있다고 확실히 장담할 수 있다. 그 병이 나의 의식에 비치면 나의 의식의 기운을 통해 정신으로 수술하게 되면 그날로 고통은 사라지게 된다. 실제로 나는 날마다 사람을 깨우러 가면 나의 말을 듣고 감동한 사람은 없었다. 내가 상대를 깨우치러 갔는데 깨지는 사람은 항상 나였으며 만 명을 만나면 만 번 깨진다.

Q 만 명을 깨우치러 가서 만 명에게 깨졌는데도 왜 이 일을 하는 것입니까?

승: 내가 세상을 진정으로 사랑하지 않는다면 이 일을 할 수 없다. 나는 중생과 어려운 사람들에게 도움이 되기를 원하지만 짐이 되기를 원한 적은 한 번도 없었다. 나는 다른 사람의 평화와 행복을 위해서 살아왔다. 내 말속에 거짓이 존재한다면 지적하라! 분명한 행동과 분명한 말 그리고 분명한 의식이 나를 최상의 사람으로 인정하는 것이다. 이러한 기록은 어디에서나 확인할 수 있으며 증거를 보인 사람은 세상에 나 이외에 아무도 없다.

Q 선생님 자신이 깨달았는지 몰랐다고 하셨는데 어떤 일로 알게 되었는지 구체적으로 얘기해 주세요.

승: 나는 깨달은 자가 되리라고 생각하지 않았고 깨달은 자가 되기를 원하지도 않았다. 연화도 섬에 들어갔을 때 나에 대해 궁금증이 생겼다. 그래서 자신의 근본을 보고자 하니 나는 과거에 깨달은 자라는 것을 알았고 오늘날 사람들이 승가에서 말하는 부처였다는 사실을 알았다. 누가 꼬집어야 아픈데 꼬집지도 않았는데 아프다고 생각하면 실감이 나지 않는다. 내가 깨달았다는 사실을 알게 되어서 시를 썼다. 모든 축복이 지키고 행하는 소임이 있구나. 내가 나쁜 원인을 만들었기 때문에 나쁜 게 내게 있었고 좋은 원인을 만드니까 그런 좋은 일들이 있더라! 이런 뜻을 노래했다. 내 대답이 너희에게 충분히 이해될 때까지 계속 질문을 해야 한다.

Q 사람들은 깨달으려고 죽기 살기로 공부하는데 왜 선생님은 깨닫고 싶지 않았습니까?

승: 나는 깨달음에 대해서는 생각지도 않았다. 나의 의식 속에는 전생에 깨달았던 사실이 있었기 때문에 남을 깨우치는 자의 길이 얼마나 힘든지 알고 있었다. 그래서 깨달음에 대해서 상상도 하지 않았다. 오직 좋은 것을 사랑했고 이 땅에 있는 사람들의 장래를 사랑했다. 그들 앞에 빛이 되고 싶었고 내 삶이 도움이 되기만을 원했다. 그런데 잘못된 사회가 항상 내 가슴을 태웠고 그때부터 이 잘못된 사회에 나를 맡길 데가 없어 방황했다. 원래 내 의식에는 업장이 없었다.

Q 옛날 사람들이 업장이란 말을 하는 걸 많이 들었는데 업장業障이
무엇입니까?

승: 업장은 말과 행동이 습관이 되어서 마음이 지은 업에 의한 장
애이다. 현실과 부딪히면서 얇은 업장이 생겼으나 나의 사랑으로
인하여 소멸하여 해탈解脫이 온 것이다. 해탈을 하기 2년 전 혼탁
한 세상을 떠나 혼자 머물 수 있는 곳에서 조금 쉬고 싶다는 예감
이 자꾸 왔다. 나는 무인도를 찾아서 1년 동안 남해 앞바다를 헤맸
다. 그 결과 연화도 작은 섬의 조용하고 외진 곳에 있는 집을 사서
거기에 머물렀다. 그때 예지가 떠올랐다. 그 예지는 입신入神의 경
지에 들고 싶은데 어떻게 들 것인지를 묻는 것이었다.

Q 의식이 죽어서 영혼의 세계에 가는 것이 입신의 경지입니까?

승: 영혼의 세계에 가기 위해서는 몸을 버려야 한다. 영혼의 세
계나 근본의 세계에 가기 위해서는 자신의 약속을 깨버려야 한다.
그곳은 의식을 가지고 살아서는 갈 수 없는 곳이다. 태어나기 이
전의 세계가 입신의 세계이다. 44살 때의 일이다. 어느 날 오후 5
시에서 6시 사이에 과거의 삶을 떠올리면서 43, 42, 41… 하면서
점점 내 삶을 지워가기 시작했다. 하나 했을 때 아무것도 없는 무
아의 세계에서 하나의 빛과 부딪혔다. 그 빛이 나의 근본이었는데
영롱하게 빛나고 있었다. 그때부터 세상일을 보면 세상의 이치理
致가 보였고 번뇌와 망상이 물러갔다. 좋아하던 술과 고기나 오욕
이 내 몸에서 떠나버렸고 항상 고요함 속에 머물게 되었다.

Q 살아서 선생님의 근본을 보신 것이 깨달았다는 뜻입니까?

승: 번뇌 망상이 없어지고 증오심이 일어나지 않았으나 그때는 깨달았는지 알지 못했다. 세상에 부딪히면 증오심이 일어나지 않고 전부 이해理解가 되었다. 내가 깨달은 자이며 왜 이 시대에 와야 했는지 모든 비밀을 알게 되었다. 깨닫고 난 후 내가 알고 있는 모든 사람을 법칙의 세계에서 부자로 만들어 주고 그들에게 행복한 삶을 주기 위해 노력했다. 깨달음을 얻기 이전에는 20만 명 정도의 사람들이 나를 좋아했고 나를 따랐으며 나의 인기는 대단했었다. 그렇지만 깨달음을 얻고 그들에게 진정 좋은 삶을 전하려하자 만날수록 벽이 느껴졌다. 결국 전부 다 떠나고 말았고 두 번다시 찾아오는 사람이 없었다. 그래서 소망을 가진 사람들을 찾아서 많은 국가를 여행했고 이 나라도 방방곡곡 다녔다. 하지만 나를 원하는 사람을 만나기 어려웠기에 지금까지 나그네가 되어 세상을 떠돌아다니고 있다.

Q 선생님은 아무것도 볼 수 없는 세계에서 마음을 어떻게 보게 되었습니까?

승: 입신의 경지에 들 때 그 속에는 아무것도 없었고 근본 세계에는 오직 내 마음 하나가 있었다. 그 세계에서 나타날 수 있는 것은 내 근본뿐이었고 그 속에서 다른 사람이 있는 것은 보지 못했다. 그곳에서 오직 나 하나밖에 보지 못했기에 나는 다른 사람이 깨달았다는 말을 믿지 않는다.

Q 자신의 마음을 볼 수 있는 것은 부처와 같은 경지에 가야만 할 수 있는 것입니까?

승: 해탈解脫을 이루게 되면 바로 그 자리가 근본의 자리인데 깨달음에 도착한 것이다. 시각과 진실에 눈을 뜨게 되는 것이 바로 해탈이자 완전한 깨달음이다.

Q 근본의 세계에 기운이 존재한다면 그 기운은 100% 순수한 기운이 아닙니까?

승: 여기에 대해서는 대답하지 않겠다. 그곳은 누구도 볼 수 없는 세계이다.

Q 여래님은 자신의 마음이 타 버리고 난 후에 여래의 마음을 봤다고 하신 것은 마음이 완전히 타 버리고 다른 마음이 나타나는 것인지 이전의 마음속에 있던 불순물이 타고 완전하고 순수한 마음이 나타난 것입니까?

승: 질문을 이렇게 하면 대답하기 너무 어려우니 쉽게 말하겠다. 나는 인간의 몸을 받아서 인간의 세계에 왔다. 순수한 물질 즉 자신의 근본根本이 땅 위에서 날 때는 환경과 바탕이 분명히 존재한다. 태어날 때 내 몸 자체는 인간에게서 얻은 것이다. 인간이 가지고 있던 애욕愛慾과 그간 생활 속에 있었던 적지만 나쁜 업業이 묻어 있었다. 다시 세상을 통해서 깨달음을 얻는 동안 근본이 좋았기에 업장을 태울 수 있었다.

Q 결국 마음속에 있던 업장業障이 탔다는 거네요. 제가 여쭈었던 것
은 마음속에 있던 나쁜 업장이 타버리고 순수한 게 나타났는지 알
고 싶었습니다.

승: 부모로부터 물려받았던 업장이 타버리자 순수한 자신이 다
시 태어날 수 있었다. 너희는 깨달음 자체가 무엇을 의미하는지
알지 못한다. 어떤 상황에서 이런 일을 모르기 때문에 신神에게 속
아 자신이 깨달았다고 착각하는 사람의 거짓에 속게 된다. 실제
이런 사례는 엄청나게 많은데 깨달았다는 것은 남이 못 보는 것을
보는 것이 아니다. 남이 볼 수 있는 것을 보고 그런 일이 어떻게 해
서 있게 되었는지를 이치理致를 알고 말할 수 있는 것이다. 진실의
눈을 떠서 있는 일을 제대로 보고 말하게 될 때가 깨달음의 경지
이다.

Q 깨달은 자는 법法에 의존한다는데 선생님은 문제에 부딪히게 되
면 어떻게 하시는지요?

승: 깨달아서 법에 의존하면 여름에는 시원하게 살고 겨울에는
따뜻하게 살 수 있다고 생각하지 말라! 나는 깨달아도 적도 지역
에 갔을 때는 더위를 느끼고 겨울에는 추위를 느끼며 환경의 영향
을 받는다. 하지만 깨달으면 자기가 지은 운명의 영향을 크게 받
지 않는다. 어떤 문제에 부딪히게 되면 그 판단이 세상 이치에 의
지하게 된다. 또 법에 의존하기 때문에 자기를 크게 망치거나 자
기 삶의 결과를 불행하게 하는 일을 저지르지 않는다고 설명할 수
있다.

Q 선생님이 깨달은 자라는 것을 사람들이 어떻게 알아볼 수 있습니까?

승: 내가 알고 있는 사실을 너희에게 전해주겠다. 얼마 전에 인도의 스승 한 사람을 만난 적이 있었다. 그는 대단히 부자였고 많은 제자를 거느리고 있었다. 나는 그에게 내가 깨달은 자라고 말을 했더니 깨달은 자는 세상에 많은데 티베트에도 있고 뭄바이에도 있으며 한국에도 있다고 했다. 그래서 나는 깨달은 자를 한 번도 보지 못했는데 당신은 어떻게 그렇게 많은 깨달은 자를 알고 있는지 물었다. 모든 진리는 사실과 함께 존재하는 것이다. 깨달은 자는 깨달았다는 증거가 있어야 하는데 너는 무슨 증거로 그들이 깨달았다고 말할 수 있는지 증거가 무엇인지 물었다. 깨달았다고 하는 사람들에게 내가 사실 속에 있는 증거를 물으면 대답하지 못한다. 사실을 보지 못하는 자는 눈 뜬 자가 아니다. 네가 무엇을 확실히 아는지 모르는지부터 확인하겠다. 깨달은 자는 진리 속에 있는 모든 것을 들으면 스스로 알아야 하고 보아야 한다고 했다. 그는 의자에서 내려와서 제자들이 보는 앞에서 나에게 무릎을 꿇었다. 나는 아무것도 모릅니다. 당신은 진정 깨달은 분이십니다라고 말했다.

Q 인도에서 가르치는 스승은 선생님을 금방 알아보는 모양이네요?

승: 이러한 일은 매우 드문 일이지만 진정한 깨달음을 얻고 세상을 구원하고자 하는 자에게는 꼭 그 얼굴에 상징이 나타나게 되어 있다. 소문에 의하면 여러 곳에서 나타났다고 하지만 실제 이러

한 현상은 지난 5천 년 동안에 단 한 사람 석가모니에게만 나타났다. 나는 이 현상이 어떤 순간에 나타나는지 보았다. 깨달음을 얻고 세상을 위하여 나 자신을 바치겠다고 결심한 날에 이렇게 지혜의 눈이 갑자기 튀어나왔다. 세상에서 가장 큰 깨달음을 얻는 자는 분명히 부처의 불을 가지고 있다. 그 불이 병든 자의 몸에 닿으면 그 사람의 몸에 있던 기운이 죽고 죄 많은 자의 영혼에 닿으면 영체에 있던 모든 업장이 타버린다.

Q 깨닫는다는 건 무엇을 깨닫는다고 하시는 것입니까?
승: 깨달음은 자기의 완전한 진실을 얻는 길이며 있는 것을 있는 그대로 보게 되는 것이다. 있는 것을 있는 그대로 보게 되면 세상 이치理致에 대해 눈을 뜨게 된다. 어떻게 해서 사람이 죽고 태어나고 병들고 죽는지 알게 되고 좋게 살고 나쁘게 사는 모든 일들을 보게 된다. 나의 진실이 밝아지면 세상의 이치를 알게 되니까 사실을 있는 그대로 볼 수 있기 때문에 깨달음이라 한다.

Q 세상의 이치를 깨닫게 되면 어떤 질문에도 막히는 것이 없습니까?
승: 초등학교에 가면 일학년부터 숫자를 가르친다. 그런데 만일 산골에서 태어나 혼자서 나무하고 일이나 하고 살다 보면 아무리 봐도 글자를 알아보지 못하기에 까막눈이라 한다. 눈뜬장님에 빗대어 이해하면 알아보지 못하는 것은 깨우치지 못했다는 것이다. 사람들은 있는 일을 제대로 배우지 않았기 때문에 정작 가장 소중한 삶을 잊어버린 채 살고 있다. 삶을 잊었는데 어떻게 깨달음에

관심이 있겠으며 자기를 잊어버렸는데 자기를 찾기도 전에 왜 깨달음이 소중하겠는가!

Q 제 생각에 선생님의 가르침은 믿겠으나 다시 태어난 붓다라고 믿으라고 하면 시간 낭비일 것 같은데요?

승: 나도 그것을 알고 있으나 나의 진실을 말해야 하고 진실을 말함으로써 모든 자가 자기의 마음을 보도록 해야 한다. 과거에 석가모니도 자기가 여래如來라고 말함으로써 존경이나 이익을 받은 것이 없었다. 그는 자신을 여래라고 말하며 탁발托鉢하고 다녔던 것이 진실이다. 나는 후세 사람들을 위해서 말할 뿐이다.

Q 사람들이 왜 진실을 보지 못하는 것입니까?

승: 그들이 가지고 있는 어둠과 위선 때문이다. 내가 여래라는 말을 하지 않고 법을 전하러 다닌다면 아마 자가용 비행기를 타고 다닐지도 모르겠다. 왜냐하면 나의 지혜는 세상 사람 전부를 합친 것보다 앞서 있기 때문이다. 내가 위선과 타협할 수 있다면 부족한 것이 없다.

Q 선생님이 깨달았을 때와 깨닫지 않았을 때의 차이는 무엇인가요?

승: 그것은 조금만 관심을 가지면 어디서든지 확인할 수 있다. 어떤 일을 알고 할 때는 그 일이 힘들지도 않고 실수도 하지 않는다. 알고 숙달되면 쉽게 해낼 수가 있지만 알지 못하고 숙달이 안 되면 하는 일이 어렵다. 너희는 이런 일을 날마다 보면서도 왜 자

기에게 깨달음이 그토록 중요한지 알지 못하고 있다. 내가 알 때는 다른 사람을 위해서도 도움이 되고 내게도 도움이 된다. 그러나 내가 모를 때 그 일은 나에게도 도움이 되지 않고 다른 사람을 위해서도 도움이 되지 않는다. 모르고 있을 때는 깨달음이 삶에서 가장 중요한 것인지 모르나 깨닫게 되면 삶에서 깨달음만큼 중요한 것이 없다고 알게 된다.

Q 깨달은 자는 저희와 무엇이 다릅니까?

승: 나의 말이 너희의 시각과 다르다 하더라도 부정하지 말고 그것을 확인해 보아라! 틀리거든 그때 나에게 책임을 추궁해도 늦지 않다. 깨달은 자가 만일에 거짓을 말했다면 매우 중요한 문제이다. 여래는 진실한 자이고 진리를 말하는 자이며 있는 것을 있는 그대로 보는 자이고 거짓을 말하지 않는 자이다. 석가모니가 그런 말을 했다는 증거가 없거나 기록을 남기지 않았다면 3천 년이 지난 이 시점에서 당시에 석가모니가 완전한 깨달음에 이른 자인지 모른다. 가르침에 대해서도 절대로 가부를 말하지 않았을 인인데 이 말이 그가 어떤 사람인지를 후세에 알려주었다.

Q 어떻게 하면 깨달을 수 있으며 깨달음을 통해서 자신이 얻는 결과는 무엇인지요?

승: 이 세상에는 깨달음을 얻고 싶은 사람이 많고 깨달았다는 사람이 나타났다는 소문도 많다. 하지만 어디에서도 증거를 보지 못했고 깨달음에 이르는 길에 대해 상세하게 알려주는 사람도 없었

다. 이 나라에는 깨달았다고 말하는 수많은 사람이 있다.

Q 그들이 깨달았다고 하는 이유가 무엇입니까?

승: 그들을 만나본 결과 대부분 이런 이유가 있었다. 첫째는 정신이 박약해서 착각을 보고 자기가 깨달았다고 느끼면 정신이 약한 자들은 거기에 끌려가서 자기가 깨달은 자이기를 기대하고 믿게 된다. 둘째는 정신이 어두운 상태에서 욕심을 가지고 깨닫겠다고 기도하고 신神을 부르다 보면 한恨이 씌울 확률이 높다. 그러면 일반 사람이 볼 수 없는 산 너머 있는 게 보이는 등 이상한 현상이 일어난다. 이를 깨달았다고 믿는 사람들도 있는데 매우 경계해야 할 문제이다. 셋째는 깨달았다고 하는 사람들은 양심 없이 자신이 모르는 말을 만들어서 진리라고 가르친다. 의식이 망한 사람들은 그것을 보고 또 깨달았다고 믿게 되니 이 점에 유의하여야 한다. 한을 따르는 자는 그들에게 한을 얻어 자기를 망치게 된다. 거짓을 따르는 자는 결국 거짓을 배워서 사기꾼이 되고 착각을 유발하는 사람을 따라다니면 착각에 빠지게 된다. 세상에 수많은 사람이 태어났고 엄청나게 노력했는데도 그들 속에서 아무도 깨달은 자가 나타날 수 없었다.

Q 선생님은 어떻게 깨달은 자로 이 시대에 왔는지 진실에 대해서 말해 주세요.

승: 연화도에 들어간 지 약 1개월 정도 되었을 때 내가 마흔네 살때 깨달았다. 그때 사람들이 최면을 걸 때처럼 자신 속에 있는 것

을 하나하나 지우기 시작했다. 그러자 나의 의식 속에 아무것도 존재하지 않는 아주 평화로운 세계에 도착하게 되었다. 거기에는 아무것도 존재하지 않았을 때 나 자신을 보고자 했던 그곳에 마음 하나가 나타나 존재하고 있었다. 그것은 과거의 세상에서 최고에 머물렀던 한 사람의 의식이었는데 그때 나에게 새로운 현상이 나타났다.

Q 선생님은 깨달음을 얻기 전 과거에는 어떤 사람이었습니까?

승: 소문을 들은 사람도 있겠지만 나는 상당히 와일드 했으며 요즘 말로 하면 상남자였다. 남을 해치거나 남과 싸운 적은 없지만 건달 세계에서도 명성이 있었다. 실제로 많은 경험과 그 상황에서 느낄 수 있던 온갖 걸 다 가져보았으나 깨달음 후에는 자신이 변하고 있었다. 사실에 대해 더욱 민감하게 주시할 수 있었고 이상한 현상들이 일어났다. 술을 엄청나게 잘 마셨는데 하루아침에 술이 끊어지기 시작했다. 고기를 먹고 싶다는 생각이 들지 않고 끊어져 버렸다.

Q 깨달은 후에는 술과 고기가 끊어지고 오욕이 사라진 것입니까?

승: 자신을 보고 난 이후 어떤 일을 만나서 부딪쳐도 증오와 분노가 일어나지 않았다. 번뇌와 망상이 사라져 버리고 슬픔이 일어나지 않았다. 내가 2년 동안 섬에서 견딜 수 있었던 건 벽을 보고 있으면 편안했고 아무것도 나타나지 않았다. 꿈도 꾸지 않았고 스트레스를 받지 않았는데 살았는지 죽었는지 모르는 무아상태에서

지냈다. 그런데 세상에서 일어나고 있는 많은 일들과 사람을 대하면서 자신이 깨달았다는 사실을 알게 되었다. 내가 깨달은 것은 세상에 있는 모든 현상계가 뜻으로 하나의 원인에 의해 나타나고 있다는 사실이다. 이러한 진실을 보고 매우 기뻤다.

Q 있는 것을 보는 눈을 뜨게 되는 것이 깨달음이라면 길이 어디에 있습니까?

승: 깨달음의 길은 항상 자기 속에 있지만 자기 속에 있는 것을 밝히고 완성할 수 있는지가 문제이다. 이렇게 자기 속에 있는 일을 알고 충분히 이해하기 위해서는 먼저 진실한 자를 만나서 말을 들어야 한다. 있는 것에 눈을 뜨면 옳고 그른 걸 가릴 수 있게 되고 그른 일을 하지 않음으로써 마음이 항상 밝고 떳떳해진다. 이런 떳떳한 마음이 다시 자기에게 양심과 용기를 갖게 할 것이고 양심과 용기가 큰 사랑을 실천하는 데 부족함이 없는 자기를 만들어 줄 것이다. 그러면 자기가 사랑을 실천하는 과정에서 자기를 태우고 또 태워 업을 소멸시켜 큰 깨달음이 있게 된다.

Q 뛰어난 사람이 세상에 오면 좋은 근본을 가지고 태어났기에 항상 지도자가 될 수 있는 것입니까?

승: 옛날 같으면 한 왕조를 세울 수 있는 사람으로 변한다. 이 시간에 들은 이야기를 역사 속에 비춰 보면 모두 충분히 이해할 수 있다. 아무것도 가진 것이 없는 사람이 수많은 군대를 지휘하고 그 군대로 세계를 제패하여 큰 왕조를 세운 예들은 많다. 살아가

면서 우리에게 부족함이 없도록 하기 위해서는 있는 일을 통해서 삶을 이해하여 자기의 능력을 높이는 것이다. 세상일을 이해하면 막히는 게 하나 없이 편하게 살게 된다.

Q 무엇 때문에 선생님을 보고 이 시대에 위대한 스승이라고 할 수 있습니까?

승: 진실에 눈을 떴기에 있는 것을 있는 그대로 보고 가르칠 수 있다.

Q 선생님께서도 어떤 경전을 보고 말하는지 그리고 경전에서 선생님의 존재를 언급했습니까?

승: 나는 경전에 있는 것을 가르치지 않는데 경전에 무슨 진리가 있느냐? 많은 경전에서 나를 언급하고 있으며 불교에서는 말법 시대에 가장 진실한 자가 나타날 것이라고 말했다. 기독교에서는 이 시대에 가장 진실한 자가 나타나서 세상을 구하는 구세주가 온다고 말했다. 다른 종교의 경전에서도 이 시대에 진실한 자가 나와서 세상을 구한다고 했다.

Q 저희가 배워야 하는 목적이 무엇이라고 보십니까?

승: 너희는 실상實相의 가르침을 중요하게 생각해야 한다. 배움은 좋은 자기를 위해 필요하기에 너희에게 삶의 가장 큰 목적은 배움으로 깨닫는 것이다.

Q 행복을 얻기 위하여 무엇이 필요한 것입니까?

승: 근면과 검소와 정직으로 열심히 일하면 품삯이 하루에 4만 원씩만 받더라도 하루도 빠짐없이 일한다면 일하느라 돈을 못 쓴다. 절약하면 재물이 자꾸 모이고 재물이 모이면 배고픈 문제를 해결할 수 있다. 거짓말을 하지 않으면 신임을 얻게 되어 주위 사람을 신경 쓸 일도 없다. 항상 마음이 밝게 되고 마음이 밝고 떳떳하기에 근심 걱정이 없다. 근심 걱정이 없고 배고프지 않으며 남한테 무시당하지 않고 외롭지 않으면 행복이다.

Q 이런 행복을 얻기 위해서도 자신에게 가르침을 전할 수 있는 수양이 되었을 때 가능합니까?

승: 깨달음이 없어 현재 행복하지 못한 사람은 죽어서도 행복할 수 없고 미래에 태어나도 행복한 사람이 될 수가 없다. 현실 속에 모든 길이 있으니 현실 속에서 찾아야 한다. 자기가 찾지 않은 길은 어디에도 없기에 배움이 누구에게나 중요하고 항상 실체가 중요하다.

Q 지금 모든 종교가 세상에 기여를 못하고 있는데 선생님께서는 세상을 위해서 어떤 것을 제시합니까?

승: 나는 세상 사람들을 깨우쳐서 그들이 하는 일을 스스로 보게 하고 옳은 것이 무엇인지를 알게 해서 나쁜 일을 하지 못하게 할 수 있다.

Q 선생님은 어릴 때부터 공부했는지 아니면 어떻게 갑자기 깨달았는지요?

승: 나는 이미 전생에 깨달은 자였고 석가모니나 예수가 말했던 예언의 대상이었다. 그래서 내가 세상에서 지혜가 최고라 하는데도 아무도 도와주지도 믿지도 않는다. 그래서 외국에 나가 대학이나 연구소 그리고 종교계 어디 안 부딪힌 곳이 없다. 인도 네루대학 등 세계적으로 유명한 대학들의 초청을 받아 총장실에서 강의도 했다. 세상에서 화전민의 아들로 태어나자마자 부친이 죽었고 모친도 9살 때 죽어 혼자서 컸다. 부모로부터 천대받았고 이웃으로부터 멸시받았으며 형제들과 일가친척한테서도 학대받았고 나라로부터도 박해받았다. 깨닫고 보니 이러한 모든 시련을 이기지 못했다면 절대로 법을 전할 수 없었다. 법을 설하니 아무도 알아듣는 자가 없었음에도 이 일을 하는 이유는 있는 것을 가르쳐야 사람이 보고 알기 때문이다.

Q 깨달음의 세계는 과연 어떠했는지 하루아침에 저절로 깨닫는 방법은 없습니까?

승: 깨달음이 갑자기 오지 않으며 나는 이미 수만 년 전부터 이 세상에 큰 공덕을 지었다. 내가 이 시대에 인류를 구원한다면 근원의 세계에 갈 수 있다. 근원의 세계는 조물주가 나는 천지창조의 근본 자리이다. 98%인 나의 진기가 차서 100%가 되면 근원의 세계로 갈 것이다. 만일 그런 이치가 아니라면 아무리 말해도 사람들이 안 오고 생기는 것도 없는데 왜 돈을 써가면서 이 일을 하

겠는가? 아내는 내가 부질없는 짓을 한다며 당신처럼 똑똑한 사람이 왜 이러느냐고 말하는데 믿든 안 믿든 상관없이 사람들을 깨우는 일을 해야 한다.

Q 저희는 어떻게 깨달음에 도달할 수 있습니까?

승: 깨닫기 위해서는 먼저 자신이 가지고 있는 의식을 깨워야 한다. 현실에 존재하는 옳고 그른 일들을 알아서 그것을 남에게 가르치게 되면 의식이 점점 깨어난다. 나중에는 세상에 있는 일들을 스스로 보고 이해하는 수준에 이르게 될 것이다. 완전한 깨달음을 얻기 위해서는 사랑을 알아야 하고, 사랑의 실천을 통해서 완전한 깨달음에 도달할 수 있다. 나 이전에도 상당한 수준에 이르렀던 사람들이 세상에 태어났다. 고타마 붓다는 공덕을 통해서 깨달음을 얻는다고 하여 공덕을 가르쳤다. 예수는 사랑을 가르쳤고 노자는 도덕을 가르쳤다. 세 사람의 가르침은 용어가 다를 뿐이지 내용은 똑같다. 이러한 일을 완전하게 이해하기 위해서 세상에 있는 일을 보고 확인하라!

Q 깨달음을 얻기 위해서는 무엇을 배워야 합니까?

승: 먼저 축복의 길을 배워야 한다. 있는 일을 바로 볼 수 있어야 하고 들어서 이해해야 한다. 양심과 용기가 있어야 하고 끝없는 사랑이 있어야 한다. 다른 사람을 깨우치고 다른 사람의 삶을 축복하기 위해서 끝없이 노력해야 한다.

Q 무엇으로 다른 사람을 축복할 수 있겠습니까?

승: 굶는 사람에게 쌀을 한 가마니 줬다면 작은 축복이고 끼니를 해결할 수 있게 해줬다면 밀알 같은 사랑이다. 큰 사랑은 사람들을 깨우쳐서 자기의 힘으로 잘 살 수 있고 남을 절대 해치지 않으며 거짓말하지 않게 살 수 있게 만들어 주는 것이다. 이것이 가장 좋은 삶이자 큰 사랑이다.

Q 선생님의 말씀이 깨닫고 싶은 생각이 전혀 없었다는 이유가 이미 깨달았기 때문이라고 생각하는데요.

승: 나는 사실 44살 때까지 깨닫고 싶은 생각이 나지 않았고 전생에 깨달은 자였다는 사실도 몰랐으며 깨닫기 위해 공부해야겠다는 생각도 없었다. 그저 양심과 용기가 있어서 남들 앞에서 항상 큰소리치고 옳은 일에 앞장섰더니 재야에서도 대단히 인기 있었다. 26살에 스스로 돈을 벌어서 국회의원 출마도 두 번씩이나 했다. 인생 패배자가 되어서 여기 있다고 생각 말라! 나는 정권이 바뀌었을 때 거부가 될 기회도 많았다. 국회의원이나 장관 자리에 대한 교섭도 있었다. 자서전을 읽어보면 알겠으나 옛날에는 밥도 못 먹어서 국수 두 그릇만 먹어 보는 게 소원이었다. 이제는 국수든지 밥이든지 두 그릇씩 마음대로 먹을 수 있는 형편이 됐는데 더 큰 소원을 가져 뭐하겠느냐?

Q 어떻게 생각이 없었는데 깨달았는지 이해를 못 하겠는데 다시 환생했다는 걸 알고 싶은데요.

승: 나무를 예를 들어 말하겠다. 재래종에서는 재래종이 나고 개량종에서는 개량종이 난다. 나무일 때는 몰랐는데 열매를 보니까 개량종이었다. 깨달은 후에 전생을 보고 내가 누구인지 말한 것이다. 내가 이 시대에 왜 세상에 왔는지 최고의 완성자라는 증거를 내세울 수 있는 건 너무나 많다. 나는 사실 남의 책을 일절 읽지 않는다. 과거로부터 전해오는 비전에 따르면 최상의 깨달음에 이르면 대뇌가 열린다고 했다. 나는 내 대뇌가 열리는 것을 두 번이나 보았다. 인간이 최고의 깨달음에 이르면 상단전上丹田이 나온다고 한다.

Q 절에 가서 불상을 보면 이마에 구슬 같은 게 있는 것이 그런 뜻이 있습니까?
승: 나처럼 상단전에 이런 게 나오는 일은 극히 드문 이례적인 일이다. 이것이 혹인지 수술한 것인지 확인해 보면 된다. 이건 보통 사람들은 절대 나오지 않고 해탈해야만 나오는 상징이다. 수천 도의 불 속에 넣어도 절대 타지 않는데 세상에 모든 것은 증거가 존재한다. 너희가 믿지 못할 때는 증거를 확인해 보고 증거를 믿기 어려우면 길고 짧은 것을 대 보면 안다. 지혜는 사실을 밝히는 데 필요한 것이다.

Q 전생에서 여래였다면 사실을 증명할 수 있는 흔적이 있습니까?
승: 태어날 때 전부 잊고 왔기 때문에 언제 어디에 살았는지 어떤 곳에 표적이 있는지 모른다. 그렇지만 나는 이 세상에 있는 모든

가르침이나 서적과 경전 속에 있는 진실을 이 자리에서 밝혀서 말할 수 있다. 경전 속에 어떤 가르침이 존재했는지 깨달은 자가 한 말인지 진실인지 남의 책을 도용해서 쓴 것인지 확인해 낼 수가 있다. 팔만대장경은 사람들이 평생 연구해도 이해할 수 없는 책이지만 나는 며칠 만에 전부 해독해서 설명할 수 있다. 성경에 있는 비밀을 어떤 형태에서 어떤 사실로 인해서 기록된 것인지 전부 설명할 수 있다.

Q 절에 가면 너도 부처고 나도 부처라고 말하는데 부처는 어디에 있습니까?

숭: 너에게 질문을 하나 하겠다. 부처는 어떻게 하면 만날 수 있겠는지 대답을 듣고 나서 부처에 대해서 상세하게 설명하겠다. 실제로 너는 부처나 여래에 대한 그 말의 깊은 의미를 모르기에 여래를 만난다 해도 그가 여래인지 알 수 없다. 부처를 꼭 만나고 싶다면 어디에서 찾아야 만날 가능성이 있겠는가?

Q 부처는 사람 속에서 찾아야 하겠죠?

숭: 부처는 사람 속에서 찾아야 한다. 기존 종교에서 목상을 앞에 두고 부처를 찾는다면 절대 부처를 만날 수 없을 것이다. 세상을 속일 수는 있어도 자기를 속이지 못할 것이다. 죽은 후에야 살아 있는 동안 그릇된 일만 했다는 것을 안다. 살아서도 그 영향이 알게 모르게 마음에 나타나기 때문에 마음이 새로운 근본이 되고 그로 인해서 내세의 운명이 생기는 것이다. 몸의 애욕이 끊어진 상

태에서 마음을 가린 것이 아무것도 없어 세상을 바로 볼 수 있을 때를 여래라고 한다. 5천 년 동안 공개석상에서 자신이 여래라고 이야기한 사람은 두 명인데 나 이전에 석가여래가 있었다. 석가모니는 자신이 여래라고 했으나 그 말을 듣고 환영하거나 존경하거나 우러러본 사람은 없었던 것은 진실이다.

Q 부처가 후세에 깨달은 사람이 나타났을 때 사람들이 쉽게 알아볼 수 있도록 그 말을 한 것입니까?

승: 나 역시 여래라고 해서 얻는 것은 하나도 없다. 오히려 이 말을 했다가 차 한 잔도 못 얻어먹은 적은 한없이 많다. 부처는 세상의 진실을 보고 그 진실을 사람들에게 그대로 가르쳐 주어서 현세의 삶에 도움이 되는 길을 가르친다. 내세의 앞길을 밝혀주는 일을 세상에 가르치는 자가 부처인데 세상에 와서 대접받은 부처는 없다.

Q 그렇다면 부처는 언제 대접받을 수 있습니까?

승: 그는 죽어서 물론 대접받겠지만 이삼백 년 안에는 대접받지 못하고 천년이나 한참 후에 크게 대접받는다. 실제 부처를 찾지 않는 승려는 분명히 부처를 팔 것이다. 돈을 주고 아무리 사봤자 공덕이 안 생기더라고 할 것이다. 부처를 찾는 자에게 길을 안내하는 건 정당한 일이며 공덕이 되고 마음을 밝혀주는 것이다. 하지만 부처를 찾지 않는 자가 어찌 부처의 가르침을 알 수 있겠는가? 바로 이 문제는 너희가 이해하고 풀어야 할 숙제이다.

Q 인간완성의 길에는 무엇이 존재하는 것입니까?

승: 왜 사람들은 인간완성을 원했는지 설명하겠다. 나는 깨달음 속에 있었던 일들을 사람들에게 소개할 때 국내에서는 깨달은 자라고 말하지 않으나 외국에서는 나를 최고의 깨달은 자라고 소개한다. 깨달음과 최고라는 말에는 완성자라는 의미가 포함되어 있다. 나는 최고의 깨달음을 완성해서 너희를 충분히 깨우칠 수 있다. 깨닫지 않은 자는 깨달음의 세계에 대해 매우 아름답게 말하지만 정작 깨달은 자가 아름답게 말하지는 않는다. 깨달음으로써 얻을 수 있었던 것은 있는 것을 있는 그대로 보게 되었고 자신을 바르게 살게 했다는 것이다. 이 점에 대해서 의문이 있는 사람은 질문을 해야 한다. 그래야 너희가 여기에서 얻은 것을 가지고 다른 사람들에게 이야기할 수 있고 남에게 속지 않게 된다.

Q 깨달음이 없는 사람도 자기가 깨달았다고 말하는데 어떻게 진실을 알아볼 수 있겠습니까?

승: 있는 사실을 가져와서 어떻게 있는지 수많은 사람을 만나서 물어봤지만 있는 것의 이치理致를 대답한 자가 아무도 없었다. 현상이 어떻게 나타나게 되었는지 알지도 못하고 현상 속에 존재하는 뜻은 보지도 못하고 있다. 자기가 삐뚤어지게 살아도 삐뚤어지게 살고 있다는 사실을 모르니 자기가 바르게 산다고 말한다. 하지만 그가 무엇을 했는지는 결과를 통해서 알 수 있는데 바르게 산 게 하나도 없다. 나는 있는 사실을 있는 그대로 보고 자신의 바른 삶으로 자기를 완성할 수 있었다.

Q 부처님 제자는 열반에 들어서 작게 깨달았고 부처님은 크게 깨달
  았다고 말하는 것은 깨닫고 나서도 사람은 계속 성장하는 것인
  지요?

승: 완전한 깨달음은 해탈解脫을 통해서 온다. 해탈은 업業의 완
전한 소멸消滅을 말한다. 깨달은 자에게서 계속 들으면 해탈하지
못하더라도 진리와 통하게 된다. 애착과 한에서 벗어난 상태를 열
반涅槃이라고 하는데 영혼이 평화에 이른 것이다. 해탈은 고행이
나 사랑을 통해서 자기 속에 있던 모든 업을 태워 업이 사라졌을
때 나타나는 현상이다. 해탈에 이르게 되면 번뇌와 망상이 끊어지
고 오욕에 얽매이지 않으며 있는 사실을 있는 그대로 볼 수 있다.
6천 년 동안 단 두 사람 석가모니와 나만이 실존했고 다른 사람이
해탈했다는 기록은 어디에서도 찾아볼 수가 없다.

Q 선생님이 본 세상과 석가모니가 본 세상은 어떤 차이가 있습니까?

승: 석가모니가 본 것이나 내가 본 것이나 똑같다. 나는 여래에서
여래로 났기에 좀 오래된 여래라 할 수 있다. 이 윤회의 과정에 있
던 일 중에서 석가모니가 보지 못한 것 몇 개를 더해서 말한다. 이
중에는 반복 현상의 원리로 나타나는 변화기의 일이 있다. 그는
깨달음을 얻기 위해서는 거짓에서 벗어나서 있는 일을 보아야 하
며 용기가 있고 끝없는 사랑을 통해서 이루어질 수 있다는 진리를
빼고 말했다. 나는 이 시대에 와서 인간이 필요한 완벽한 법을 사
람들에게 설명하기 위해 몇 가지를 추가했다. 둘 다 보는 자이지
만 나의 경륜은 석가보다 앞서 있다.

Q 싯다르타 석가는 보살에서 여래에 이르렀기에 변화기에 대하여
   말하지 않았다는 것입니까?

승: 석가모니는 완전한 해탈은 보았지만 자기가 보지 못한 사항
에 대해서는 말을 할 수가 없었다. 인과법에 대하여는 설명했으나
변화기의 일은 보지 못했기에 설명하지 못했다. 나는 말세에 왔고
여래로서 오래 머물렀기 때문에 변화기의 일이나 세상이 존재해
온 일도 설명한다. 창조론과 진화론에 대해서도 완벽하게 설명한
다. 다른 사람들의 질문에도 완벽하게 대답하고 있지만 나를 다른
여래라고 말하지는 않는다.

Q 사람들은 인과응보因果應報라는 말을 많이 사용하는데 그 뜻이 무
   엇입니까?

승: 자신이 지은 것을 자신이 갚는다는 말을 표현한 것이다. 자업
자득自業自得이나 인과응보나 똑같은 뜻을 가진 말이다. 좋은 쪽으
로 좋은 일을 하면 좋은 걸 얻고 나쁜 일을 하면 나쁜 걸 얻는다는
것을 두고 자업자득이고 인과응보라는 말을 사용한다. 세상의 일
을 보면 자신 앞에 있던 일들이 자신의 의식에 쌓여서 업을 갖게
한다. 그 의식 속에 쌓여 있는 일들이 어떤 현상과 부딪치게 되고
영향을 끼치면서 사람마다 다른 운명을 만든다. 나는 이것을 확인
하고 세상의 일을 많이 보고 나서 하는 말이다.

Q 사람이 바뀌지 아니하면 세상은 절대로 바뀌지 않는다는 것입
   니까?

승: 한번 업을 갖게 되면 바른길을 가려고 해도 그 업의 영향으로 바른길로 가기가 매우 힘들어진다. 그래서 있는 일을 바로 알기 위해 교육이 필요하다. 있는 일을 바로 알지 못하는 상태에서 사람들은 항상 자기감정이나 성질에 의해 모든 일을 이루려 하고 있다. 너희는 이 점에 대해 주의를 기울여야 한다.

Q 교육과 깨달음이라는 말이 같은 것입니까?

승: 올바른 교육을 통해서 깨달음을 줄 수 있다. 나는 내일 아침 일찍 서울에 올라가서 거리에 앉아서 사람들을 깨우치려고 노력할 것이다. 하지만 꼭 이런 일들이 사람들에게 좋은 영향을 준다는 보장은 없다. 오히려 오늘의 현실에서는 세상에 진실이 드러나는 것을 원치 않는 사람들이 너무 많다. 그들이 오늘의 실세이니 자신들이 살아남기 위해서 좋은 것을 거부하고 있다.

Q 그것을 알면서도 길거리에 나가서 외치는 이유는 무엇입니까?

승: 사람들의 무지함을 방치할 수 없기 때문이다. 실제 이 나라가 지금 매우 어렵다는 것은 누구나 입으로는 말하고 있다. 하지만 실제로 어려움을 느끼는 사람은 극히 일부에 지나지 않는다. 이 사실을 느끼고 있으면서도 문제를 해결하기 위해서 진실을 제대로 알려고 하는 사람들이 없다. 어떤 문제를 풀고자 할 때 문제의 진실을 알지 못하면 누구도 풀 수가 없다. 생각 속에 있는 문제와 현실 속에 있는 문제의 차이는 얼마든지 클 수 있으니 생각만으로 어떤 문제를 푸는 것은 불가능하다.

Q 선생님이 하시는 일이 업을 태우는 것입니까?

승: 세상을 사랑하고 끝없이 마음을 태우면 애착은 없어진다. 나는 이미 업을 모두 태워서 남아있지 않다. 깨달음을 얻기 전에는 술도 잘 마시던 내가 깨닫고 난 이후에는 술을 안 마시고 담배도 끊었으며 고기도 일절 먹지 않는다. 나의 말대로 실천해서 한번 깨달아 보면 깨달음의 세계가 어떻게 가슴이 타는지 이런 경험을 이야기할 수 있다. 아직 한 번도 가슴이 타지 않은 사람이 이러면 탄다고 말할 수는 없다. 진정으로 너희에게 밝은 마음이 있어야만 안타까운 일을 보게 될 때 가슴이 탄다. 어두운 마음속에서는 화병이 생기는데 절대 가슴이 타지 않는다. 세상의 이치를 깨닫고 인간에 대한 사랑을 느낄 때 가슴이 타기 시작한다.

Q 선생님은 깨달은 후에 감정이 일어나지 않습니까?

승: 해탈하고 나서 내 속이 끓는 것은 보지 못했다. 이제는 탈 것도 없고 누가 와서 욕을 하고 가도 감정이 일어나는 일은 일절 없다. 업이 얇아지고 이해가 충분해지면 가슴속에서 끓는 일이 일어나지 않게 된다. 세상일을 알게 되면 자기의 업을 짓는 일을 하지 않는다. 너희가 사람을 잘못 봤기에 배반을 당하는 것이고 무지한 자와 만났기에 옳은 이야기가 안 통하는 것이다.

Q 마음공부를 하라고 하는데 어떻게 하는 것입니까?

승: 마음공부는 자신을 애착으로부터 건지기 위해 세상일을 바로 아는 것이다. 보통 사람에게 이를 가르치는 것은 마치 눈먼 사

람을 데리고 아름다운 산 구경을 가는 것과 같다. 험한 산길에 바위에도 차이고 허방에 빠지며 경치가 보이지 않는 것같이 귀만 아프고 혼돈만 오니까 기회만 있으면 도망가려 한다. 과거 부처가 대접받지 못할 때도 내가 이야기한 것처럼 장님 코끼리 만지기라고 표현했다. 내가 하는 이 일이 최고의 공부이고 가르침이니 너희는 말을 통해서 배우려 말고 내가 하는 행동을 보고 배우면 된다.

Q 선생님의 어떤 행동을 보고 배우라는 것입니까?

승: 법회를 열어 열심히 사람들을 모아서 깨우치겠다고 거의 백만 원을 들여 벽보를 찍었다. 지하철 등 여기저기에 붙여놨더니 구청에서 벌금을 부과하겠다고 전화가 왔다. 강연장에 나갔는데 네다섯 명이 와서 한번 들어보고는 전부 바쁘다고 도망갔다. 그러니 눈뜬장님 데려다가 모르는 소리 하면 달걀을 가지고 바위를 깨려고 하는 것과 같다. 안 될 일을 알면서도 계속하는 것이 사랑 때문인데 내가 만일 세상을 사랑하고 사람들을 위하지 않는다면 이런 일은 할 필요가 없다.

Q 선생님은 혼자 계실 때 생각이 일어나지 않으면 어떻게 지내시는지 어떤 상태인지 궁금한데요?

승: 방안에 가만히 앉아 있으면 갈 곳도 없고 심심하니 12시간 화투패를 떼어 봐도 아무것도 못 느낀다. 섬 같은 곳에 벽만 쳐다보고 가만히 앉아 사흘이고 나흘이고 있어도 지겨운 줄 모른다.

사람들과 접촉할 때 그들의 행동이나 마음이 내게 묻으면 그때부터 나도 움직이고 감정이 생기게 된다. 혼자 있을 때는 감정 같이 우러나지 않고 의식이 깨면 분별이 생기지만 의식을 일으키지 않으면 아무것도 없다. 의식이 깨면 의식이 있고 의식을 닫아 버리면 의식이 없는 상태이다.

Q 선생님은 근본 세계와 현상 세계를 왔다 갔다 하는 거네요?
승: 지금 나는 죽은 자도 산 자도 아닌 상태라고 볼 수 있다. 나는 지금 분명히 살아 있다. 죽은 자는 아니지만 내가 신의 세계에서 모습을 감추어 버리면 나를 잡을 수 있는 자는 아무도 없다. 내가 의식을 깨우면 나 자신이 분명히 존재하는데 의식을 닫아 버리면 아무도 모르고 내 마음이 없기에 찾지 못한다.

Q 삼매三昧라고 말씀하신 것을 이해하기 쉽게 말해 주세요.
승: 삼매는 산 것도 아니고 죽음의 상태도 아닌 무아無我 속에 있는 것이다. 보통 사람들은 자기 자신을 잊어버리고 무아에 들었을 때를 말한다. 깨달은 자는 항상 삼매에 들 수 있기에 아무것도 갖지 않는 무아의 세계에 있을 때를 삼매라고 한다.

Q 일반인이 삼매에 든다고 하면 자칫 나쁜 곳에 빠질 수도 있겠네요?
승: 일반인이 삼매에 든다고 하면 어떤 걸 삼매라 하는지 물어야 한다. 사람들은 아는 척하나 실제 물었을 때 아무것도 모른다. 사

람들은 과거 석가모니가 삼매라는 말을 썼기에 그 말을 듣고 그냥 자기도 모른 채 쓰는 말은 아닌지 확인해 봐야 한다. 확인하지 않은 상태에서 대답하는 것은 매우 위험한 일이다. 깨달은 자가 하는 말은 무아無我의 세계에서 어떤 것도 사유하지 않고 모든 세상을 놔버린 상태에서 고요함에 든 것이다. 삼매에 들면 의식이 거울처럼 되어서 있는 것이 있는 그대로 보이게 된다. 그러나 일반인들은 자기를 잊어버림으로써 일시적인 번뇌와 망상에서 벗어난 상태를 말한다. 아무것도 떠오르지 않고 멍한 상태가 된 것은 삼매가 아니고 바보가 된 것이다.

Q 업이 아주 적어야 열반에 이를 수가 있습니까?

승: 업의 활동은 시각과 운명과 성질이 개개인에게 존재하게 한다. 업에 따라서 시각이 다르기에 업이 정지되면 스스로 운명을 만들고 개척한다. 운명이 진행하는 대로 움직이는 게 아니고 자기가 운명의 주인이 된다.

Q 업이나 운명運命도 깨달음 없이는 절대 정지할 수가 없습니까?

승: 수학을 배우지 않고 계산을 할 수 없는 것처럼 우리가 문제를 모르고 답이 몇 개인지 어떻게 미리 알 수 있겠느냐? 나 자신을 깨우쳐야 업이 이끄는 대로 따르지 않고 있는 일을 보고 있는 일이 이루어지고 있는 이치를 따라서 행동하게 된다. 깨달음이 없이는 세상 이치가 어떻게 돌아가는지 모르고 따라서 행동할 수 없다.

Q 선생님은 업業을 누른다고 표현하셨는데 그럼 자기의 어떤 힘이 필요한 것입니까?

승: 그래서 근기도 필요하다. 지렁이도 밟으면 꿈틀거리는데 업도 억누르면 꿈틀거리고 반항하지 않겠느냐? 모든 업도 생명이 있어서 끝없는 윤회가 있고 생명이 부활하는 것이다.

Q 그러면 인간이 작은 깨달음으로부터 시작해서 근원의 세계에 가는 겁니까?

승: 초등학교에서 일에 더하기 일부터 배워 조兆 단위까지도 문제를 어떻게 푸는지 방법을 알게 된다. 수학을 알고 문제를 보면 답이 틀렸는지 맞았는지 안다. 문제를 아는 사람은 쉽게 풀 수 있는데 모르면 문제를 어렵게 풀어도 답이 맞지 않을 때가 많다.

Q 여래가 되려면 다시 인간의 몸을 받아야 합니까?

승: 여래는 하늘에서도 매우 귀한 존재이므로 스스로 노력해서 여래에 이르면 된다. 이 세상을 위해서 너희의 가슴에 있는 모든 애욕이 타고 난 다음에 세상이 바로 보이기 시작할 것이다. 세상을 바로 보고 모든 이해에 마음이 닿거든 그때 여래가 되었다면 내가 물어볼 것이다. 진짜 여래가 되었는지 이치를 물었을 때 모두 대답할 수 있고 여래라는 증표가 나타나면 그때 가서 말하면 된다. 말로써 무엇이 이루어지는 게 아니고 행동에 따라 마음이 만들어지고 근본이 만들어지며 근본에 따라서 마음이 다르게 나타난다. 어떤 환경에 처할 때 오래 적응하는 사람이 있고 몇 번을

해도 적응 못하는 사람도 있는 차이는 근본의 힘 때문이다.

Q 선생님은 인과의 법안에 포함되었는지 아니면 벗어났는지요?
승: 나는 윤회에서 벗어나 있지만 내가 만일 인과의 법 속에서 벗
어났다면 목이 말라도 절대 물을 마셔서는 안 된다. 그런데 나도
너처럼 식사하고 물 마시고 살지 않느냐?

Q 인과의 법을 따르게 되면 3천 년 동안을 존재할 수 있습니까?
승: 천상의 세계에서는 5천 년에서 몇 배를 살 수 있고 윤회를 벗
어난 자는 만 년 후에 날 수도 있다. 나는 지금처럼 3천 년 전에도
해탈한 자였다.

Q 생명의 세계나 법의 세계나 지속하는 시간이 있는데 사람이
　70~100년을 사는데 근원根源의 세계에도 어떤 시간이 있습니까?
승: 근원의 세계에 들면 곧 생명으로 부활하는데 끝남과 동시에
시작하는 자리이다.

Q 우리가 살아가는데 길흉화복吉凶禍福이 어디에 있습니까?
승: 삶 속에 모든 길이 있기에 부귀영화나 길흉화복의 길이 있는
일 속에 있다. 알면 스스로 길하고 복된 일을 찾아서 일할 수 있다.
알고 하는 말은 다른 사람에게도 도움이 되고 자기에게도 도움이
된다. 하지만 모르고 하는 말은 네게도 도움이 되지 않고 다른 사
람에게도 도움이 되지 않는다. 뻔한 말 같지만 아무나 할 수가 없

는 말이고 깨닫고 본 자만이 할 수 있는 말이다. 그래서 내 말이 보통 사람들에게는 잘 통하지 않는다. 깨닫지 못한 사람들은 자기들이 모르니까 자기가 한 말을 믿으라고 말한다. 나는 세상의 일을 알기 때문에 절대 남의 말을 믿으라고 하지 않고 먼저 확인하라고 말한다.

Q 진정한 깨달음이란 깨달았다거나 깨닫지 않았다는 말도 없는 자리라고 생각하는데 선생님은 어떠하십니까?

승: 사실을 사실대로 말하면 진실眞實이고 사실을 사실대로 말하지 않으면 거짓이다. 거짓말쟁이들이 볼 때 진실이 밝혀지는 건 두려운 일이다. 진실한 자가 볼 때 진실은 가장 분명한 말이고 가장 분명한 자기의 의사를 표현하는 것이다. 깨달은 자가 깨달았다고 말하지 않으면 누가 깨달은 자로 알고 찾아오겠는가?

Q 깨달은 자가 이 세상에서 할 일이 무엇입니까?

승: 그것은 중생을 깨우쳐서 좋은 삶을 찾아주는 것이다. 깨달은 자가 깨달았다 하는 것은 세상을 위해서이고 실제로 나를 위해서 하는 것은 아니다. 너희는 깨달은 자가 세상에 많이 나타날 수 있다고 생각하는지도 모르겠다. 그런데 깨달은 자가 세상에 나타난 기록을 보면 3천 년이나 5천 년에 완전한 깨달음에 이르렀다고 말하는 사람은 한 명 나타났다. 깨달은 자가 자신이 깨달았다는 말을 안 한다는 것은 죄악이다.

Q 석가모니 부처님도 자신이 깨닫고 나서 늘 나는 완전한 깨달음에 이르렀다고 하였습니다. 기록에 의하면 너희는 이제부터 고타마라 부르지 말고 여래라 불러라고 경전에 기록되어 있습니다.

승: 여래라는 말을 하니까 너희가 거부반응을 일으키는 것 같아 여래의 내력에 대해서 간단하게 설명하겠다. 여래라는 말의 존칭에 대해서 대단하게 생각하지 않아도 된다. 여래는 진실한 자이고 진리를 말하는 자이며 있는 것을 보는 자이고 거짓을 말하지 않는 자이다. 내가 진실한 자라고 말하더라도 내가 진실치 못한 부분에 대해 분명한 증거를 제시해서 당신은 이래서 매우 의심이 가니 여기에 대해서 해명하는 것이 옳은 일이다. 자신이 진실을 말한다고 무슨 죄가 되는 것이 아니다. 만일 정확한 자료 없이 내가 여래라 한다면 세상을 기만하는 일이니 너무나 무서운 일이다.

Q 선생님은 어떻게 여래로 날 수 있었는지 과거의 세계에서도 여래라고 할 수 있는지 말씀해주십시오.

승: 나 역시 과거에 여래였지만 실제로 모든 것을 버리고 왔기 때문에 과거에 가지고 있었던 의식은 없다. 어느 날 깨닫고 보니 깨달음은 어떤 다른 세계의 가르침이나 이 시대의 사람들이 말하는 수행을 통해서 온 것이 아니었다. 내 속에 있던 자기를 보고 얻은 것이었다. 모든 깨달음과 과거의 기억을 버리고 왔으나 근본은 그대로 있었기에 나는 그대로 존재했다.

Q 선생님의 어린 시절은 어떻게 살았습니까?

승: 나의 성장 기록을 보면 소년기까지는 매우 어렵게 살아왔다. 교육도 제대로 받지 않았으나 사회 활동하면서 남한테 뒤떨어지게 행동하거나 무엇 하나 빠지는 게 없었다. 명석한 판단으로 항상 어려움을 슬기롭게 해결해 왔다. 나는 밑바닥 인생을 살아왔는데도 범죄와 연루된 적이 없었다. 남의 것을 훔치고 빼앗거나 남을 속이는 일은 결코 안 했다. 내 속에 바른 근본이 있었기 때문에 그 어려움 속에서도 바르게 살아올 수 있었다.

Q 선생님은 진실의 순도가 98%라고 하셨는데 어떻게 알게 되셨습니까?

승: 무상에 들어가면 삼매三昧에 들어가 자신을 떠올려서 보면 된다. 해탈은 자기에게 있었던 업장이 없어져 버렸기에 있는 걸 그대로 본다는 것이다. 너희는 눈을 감으면 생각이 많이 일어나지만 나는 눈을 감으면 깜깜할 뿐이고 생각이 떠오르지 않는다. 일반인이 삼매에 든다는 것은 말장난이다. 정신을 집중하고 삼매에 들면 죽음의 세계도 아니고 살아있는 세계도 아닌 그 상태에서 모든 것을 확인하고 본다.

Q 깨달아야 삼매에 들 수 있다면 구체적으로 설명해 주십시오.

승: 네가 삼매에 한 번도 들지 않았는데 구체적으로 설명해도 어떻게 알 수 있겠으며 말해도 모를 것이다.

Q 조금이라도 이해할 수 있게 대답해 주세요.

승: 너는 내 말을 아무렇게나 들어도 되지만 이것을 대답하는 사람에게는 중요한 문제이다. 그렇지 않아도 사람들이 내 말을 듣고 횡설수설한다고 한다. 질문을 똑바로 해야 하는데 삼매에 들었을 때의 상태를 말하는지 삼매에 들 때 어떤 방법을 취하는 것을 말하는지 질문 요지를 알아야 대답할 수 있다.

Q 역설적으로 죽은 상태도 아니고 생각하는 상태도 아니라고 하시니 제 생각으로 보면 이것도 저것도 아닌 상태입니까?

승: 이 상태를 비유해서 설명하면 몸을 꼬집으면 아프나 나의 의식은 죽어있는 상태도 아니고 살아있는 상태도 아니니 삼매에 들어가 버린다.

Q 선생님이 말씀하신 근본 세계인 공_空의 세계에 들어가시는 거죠?

승: 근본 세계에 가는 것인데 그곳에는 아무것도 없고 내가 원하는 것만 비친다.

Q 삼매에 들면 의식만 근본 세계에 있고 몸은 그대로 계시잖아요?

승: 내가 이렇게 누워서 삼매에 드는 것이지 공중에 떠서 들겠느냐? 누워서 눈을 뜨면 삼매에 잘 안 들게 되기에 눈을 감고 어떤 문제를 추적하는 것이다.

Q 삼매에 들었을 때 모기가 와서 물어 버리면 모기인 줄 아십니까?

승: 그 상태에서 아직 한 번도 모기에게 물려보지 않아서 모르겠

다. 모기에게 물리고 나서 설명해야 하는데 나는 상상하지 않는다. 말을 지어내서 하면 거짓이 되는데 그런 위험한 말은 하지 않는다.

Q 삼매三昧에 들어 계실 때 전화가 와서 삼매를 놓치셨다고 말씀하신 적이 있습니다. 그럴 때는 삼매가 풀어져 버리고 의식이 깨어나 버립니까?

승: 그러면 실상으로 돌아간다. 삼매에 들었을 때는 죽은 것도 아니고 산 것도 아닌데 어떤 목적이 있어서 삼매에 들었을 거 아니냐?

Q 목적이 있어야 삼매에 들어 추적하신다는 거죠?

승: 눈을 감고 무엇을 추적할 때는 삼매에 들어야 한다. 예를 들어서 누가 가슴에 이상한 통증이 생겨 죽게 되었는데 나의 시각으로 가슴 속의 원인이 보이지 않는다. 하지만 그 고통을 덜기 위해서는 삼매에 들어서 가슴에 있는 병의 원인을 본다. 어디에 뭐가 막혀 있으면 정신 치료하면 되는데 목적은 삼매에 들었을 때 다른 세계를 추적할 수 있다.

Q 선생님께서 지금 살아 있는 것이 아니고 죽은 것도 아니라고 표현하셨는데 반야심경에는 공을 설명하는 자리에 자꾸 불생불멸이라고 했거든요?

승: 그걸 누가 썼는지에 따라서 다르다. 그 사람이 그 시대에 표

현하는 각도에 따라 다르다. 너희가 책을 많이 읽고 질문해야 대답이 쉽다.

Q 선생님은 삼매인 상태에서 잠이 올 수 있습니까?
승: 잠이 안 오지만 잠이 들어버릴 수도 있다.

Q 의식이 무상에 들어있는데 어떻게 잠이 오는지요?
승: 의식을 놔버리면 삼매가 풀어지고 그러다가 피로하면 스르르 잠들 수도 있다. 옆에서 소리가 나면 깨어날 수도 있고 무상의 세계에 갔는데 사람이 들어와서 일어나라고 하면 바로 현실의 세계로 돌아와 버린다.

Q 선생님은 해탈하셨으면 편안하게 살아갈 수 있지 않습니까?
승: 세상에 의지하면 압력을 받기 때문에 내 몸과 정신은 파김치같이 되어 지친다. 지친 몸과 정신이 좌절 속으로 빨려 들어가게 된다. 그러면 더 이상 아무 일도 할 수가 없어서 좌절을 이기기 위해서 또 힘든 싸움을 해야 한다. 좌절을 망각하기 위해서 끝없이 방황해야 하고 다시 세상을 생각하면 똑같은 일이 또 일어난다. 한번 좌절에 빠지면 사오일이 지나서야 다시 일어날 수 있다. 일어나면 자신이 다시 새롭게 깨어난다. 그 일이 반복되는 것이 얼마나 힘든 일인지 너희는 절대 알 수 없을 것이다.

Q 반복되는 그런 힘든 일을 왜 하고 있는지요?

僧: 어둠 속에 빠지고 있는 이 세상을 밝은 곳으로 끌고 나가기 위해서 이 일을 한다. 이렇게 힘들고 고통스러운 시련의 시간도 알고 보면 세상에서 가장 아름다운 추억과 사랑을 남길 수 있는 위대한 길이라는 것을 알고 있다. 만일에 내가 이런 모습을 보이지 않았다면 많은 사람은 나의 모습을 보고 오해하고 아무도 내가 여래라는 사실을 믿지 못할 것이다. 내가 세상을 구하러 온 자라는 것을 누가 어떻게 믿겠느냐?

Q 선생님을 누가 도와주는 것도 아니지 않습니까?

僧: 엊그제 여기 와서 말했던 사람이 영靈을 잘 보는 사람이었다. 당신들이 하는 일은 절대 신神계가 도와주지 않을 것이라고 했다. 어둠 속의 미물 중에는 빛이 들어오면 죽어버리는 게 많은데 사활을 건 투쟁이기에 절대 도울 수 없다는 것이다. 자기를 죽이는 일이기에 도울 수 없다는 말은 맞는데 그 말을 할 때 깜짝 놀랐다. 좋은 일을 돕고 따르며 배우는 자가 있다면 나쁜 세상이 존재할 수 없다. 그 일을 위해서 조금이라도 힘이 되려는 사람도 없기에 세상은 항상 어둠 속에서 벗어날 수 없다.

Q 선생님 가족들이 이곳 법회에 나오지 않는다고 들었는데요?

僧: 가족이 여기 나오지 않는 것은 그들의 운명이다. 언젠가는 깨닫게 될 것이지만 역사를 보면 똑같은 일이 있었다. 4대 성인의 삶을 통해서도 확인할 수 있다. 소크라테스의 아내도 남편이 하는 일이 보기 싫어서 구정물을 얼굴에 끼얹어 버렸다는 일화도 있다.

누구라도 소크라테스 아내의 입장이었으면 중생의 마음으로 그랬을 것이다. 가장이 집안 살림은 신경 쓰지도 않고 길거리에서 등불을 켜놓고 앉아 있으면 사람들이 오히려 조소했을 것이다. 아내의 입장으로는 그가 하는 일이 얄미울 수밖에 없었을 것이지만 그가 죽은 후 그의 행동과 삶을 보고 대단한 사람이라 평가되었다. 4대 성인의 한 사람으로 추앙받아 오늘날까지 그 이름이 빛나고 있다.

Q 해탈解脫이 어떤 경지를 말하는 것입니까?

승: 해탈이라는 것은 어떤 경지를 말하는 것이 아니다. 있는 것을 있는 그대로 보는 것을 말한다. 너희는 있는 것을 보아도 그 뜻을 모른다. 평소에 크게 기쁜 일도 느끼지도 못하고 번뇌와 망상과 분노나 슬픔 등에서도 벗어난 상태를 해탈이라고 한다.

Q 자기의 업業에서부터 벗어난 것이 해탈입니까?

승: 인연 속에 묻어왔던 모든 죄의 근원에서 벗어나면 번뇌나 망상이 일어나지 않는다. 무엇인가를 보고 말할 때 생각이 일어나지 않고 생각하지 않은 상태에서 있는 그대로 보는 것이다. 업으로부터 완전히 벗어나 해탈하면 윤회하지 않는다.

Q 윤회로부터의 이탈은 자기를 붙잡고 있는 업에서 벗어나는 것입니까?

승: 업에서 벗어났다는 것은 이미 살아있는 자도 죽은 자도 아니

라는 것이다. 내가 세상일이 이렇게 힘든 것은 해탈했기 때문이다. 나는 죽음과 동시에 태어나고 싶으면 그냥 태어나고 극락에서 머물고 싶으면 수천 년 수만 년 그대로 머물 수 있다. 윤회에서 벗어나지 못한 사람은 계속 태어나고 죽는 것을 반복해야 한다. 사람으로 태어나지 못하면 짐승으로 나고 짐승으로 태어나지 못하면 식물로도 나야 한다. 이것이 윤회輪廻와 인간 속에 있는 법이고 세상을 알게 한 비밀이다. 해탈解脫은 업에서 완전히 벗어나는 것을 말한다.

Q 일반 사람들은 선생님께서 해탈한 것을 어떻게 알아볼 수 있습니까?

승: 전부 눈을 감았는데 내가 눈을 떴는지 어떻게 알겠느냐? 지금 내가 그것 때문에 고민을 하고 날마다 당하는 것이다. 사람들은 수천 년 동안 속아왔다. 그러기에 내가 눈을 뜬 자라고 해도 눈을 뜬 자와 눈을 뜨지 않은 자의 차이를 확인해 보려고 하지도 않은 채 의심부터 하고 외면해 버린다.

Q 어떻게 일반 사람들이 확인할 수 있습니까?

승: 구체적으로 그의 말을 듣고 지적하는 곳에 가서 어떤 사실에 대해 하는 일을 듣고 그 사실을 확인해 보아야 한다.

Q 깨달음과 해탈은 같은 것입니까?

승: 최고의 깨달음에 이르면 해탈한다. 해탈하면 번뇌 망상이 일

어나지 않고 증오와 슬픔이 없어진다. 무엇을 봐도 일시적일 뿐이다. 불이 옆에 있으면 조금 더웠다가 난롯불이 꺼지면 추운 것이 자연과 똑같은 현상이다. 자기에 대한 의식이 강력하게 존재하지 않으니까 살아가는 데 편하다고 말할 수 있다. 깨달은 자는 좋은 근본을 가졌기에 항상 남을 불쌍하게 생각하고 사람들을 위해서 일생을 바치게 된다. 그러나 중생은 마음이 어두우니 어두운 세계에 사는 것이 고해苦海의 바다이다.

Q 이해하려고 해도 잘 모르겠는데 해탈하면 현실적인 문제도 잘 보입니까?

승: 예를 들어 설명하겠다. 며칠 전에 집에 있는 방을 하나 수리했다. 전깃불이 안 들어온 이유는 전구에 이상이 있거나 그렇지 않으면 어떤 배선을 꽂는 소켓에 이상이 있을 것이라고 일하러 온 사람에게 말했다. 그래서 전구를 뽑아 다른 데에 꽂으니까 불이 들어왔고 선은 이상이 없다고 했다면 뻔한 것이다. 나는 전기에 대해 잘 모르지만 보니까 제자리에 놓았는데 거꾸로 꽂아 놔서 불이 켜지지 않았다. 세상일은 모든 것들이 하나하나 이치를 통해서 만들어져 있다. 그런데 그는 있는 이치를 보지 못하고 작업을 했기에 자기가 무엇을 어떻게 바꿔 끼웠다는 것을 기억해내지 못했지만 나는 바로 찾아냈다. 이것은 매우 사소한 일이기에 쉽게 생각할 수 있으나 그 순간에 찾아내는 일이 쉽지 않을 때가 있다.

Q 해탈하면 세상의 이치理致를 알아야 볼 수 있는 것입니까?

승: 너희는 눈을 감으면 상상하고 환상을 보게 되지만 나는 해탈했기에 번뇌와 망상에서 벗어나 있다. 업이라는 것은 죄의 근원이다. 인연 속에서부터 묻어왔던 모든 죄의 근원에서 벗어나면 무엇을 말할 때 생각하지 않는다. 일반 사람들은 원고지에 글을 30페이지고 50페이지고 써도 별로 힘든 걸 못 느낀다. 하지만 나는 원고지에 글을 한 장만 써도 매우 피로하고 5장을 쓰면 안색이 변한다. 요새 얼굴이 별로 안 좋다는 말을 들을 정도이다. 내가 사실 문필을 다루는 기술이 없다. 몇 장을 버려야만 한 장을 만드는데 써놓고 보면 항상 부족하게 느껴진다. 그릇을 한 번도 만들어보지 않은 채 만들어보니 모양이 잘 안 나온 것처럼 열 번 스무 번 만들어서 이런 결과가 나왔다. 생각을 할 수 없기에 글을 쓰기는 하지만 무엇을 만드는 것은 매우 힘들다.

Q 지금 말씀하시는 것은 피곤하지 않으신데 말씀하시는 것과 글 쓰는 것이나 기억해내는 것이 어떻게 다릅니까?

승: 내가 말하는 것은 내 의식 속에 닿아 있으니까 무엇이든지 보면 나온다. 거미 똥구멍에서 거미줄이 나오는 것을 보았느냐? 그냥 술술 나오는 것이고 눈을 떴으니까 있는 것을 보면 보이는 대로 말한다.

Q 글 쓰실 때는 바로 보고 쓰면 안 됩니까?

승: 글을 쓸 때는 써놓고 싶은 대로 쓰면 된다. 나보고 그냥 집을 지으라면 그것은 문제가 없지만 집을 지을 때 설계도가 필요한 것

처럼 어떠한 글을 쓸 때는 문장의 틀이 필요하다.

Q 지금 하시는 말씀은 마음대로 하시는지요. 마음대로 하시면 틀린
　게 있으면 어떻게 합니까?
승: 있는 것을 보고 말하는데 틀릴 게 뭐가 있겠느냐? 그러니 보
는 자라고 하는 것이고 보는 자니까 보고 말하기는 쉽다. 지금 하
는 말은 생각을 하나도 보태지 않고 있는 그대로 설명하고 문제를
보며 대답한다. 너희가 어떤 문제를 나에게 물었을 때 대답하는
것은 피로하지 않다. 그러나 어떤 틀을 만들어 놓고 그 틀에 맞는
문장을 만들거나 내용을 삽입하는 일은 생각해야 하기에 엄청난
피로를 느끼게 된다.

Q 왜 사람들이 선생님을 거부한다고 보십니까?
승: 이렇게 살면 되겠느냐고 지적하고 이렇게 살면 큰 복을 얻어
서 끝없이 밝은 내세를 얻게 된다고 말하면 자기한테는 맞지 않다
고 전부 거부한다. 지금 한참 잘 자면서 꿈꾸고 있는데 깨우니까
거절하는 것이다.

Q 선생님이 하시는 일은 보람 있는 일이고 즐거운 삶이라고 보십
　니까?
승: 사실 어떤 때는 너무 힘이 든다. 너희는 이상을 가지고 있고
생각도 많으며 할 일도 많으니까 하루가 빨리 지나갈 것이지만 나
는 사람을 깨우치지 않으면 할 일이 없다. 혼자 앉아서 벽만 보고

있으면 아무 생각도 안 일어난다. 무엇에 관심을 기울일 때 의식이 일어나고 의식을 안 하면 그대로다. 너희는 의식이 생각을 움직이는 것이 아니라 너희의 의식이 뇌를 움직이면 생각이 일어나는데 나의 경우는 뇌를 움직이지 않는다.

Q 뇌를 움직이지 않는다는 말은 저희가 듣기로는 이해할 수 없는데요?

승: 나의 의식은 깨끗한 거울과 같아서 무엇이나 비추면 뇌를 움직이지 않으니 생각이 필요 없이 그대로 보고 말한다. 나도 깨달음을 얻기 전에는 어떤 사람이 이런 말을 했다면 전혀 관심 없었을 것이다. 뜬구름 잡는 이야기를 한다고 말했을 것이지만 나는 너희가 이해하지 못하는 큰 짐을 지고 있다. 세상을 지고 있으니 가만히 앉아 있으면 이렇게 온몸과 정신이 무겁다. 누구도 이 짐을 같이 지려고 하는 사람이 없어서 쩔쩔매고 있다.

Q 선생님은 깨달으셨으니 좋을 것 같은데 힘들다고 하는 것은 사명 때문입니까?

승: 나는 너희가 생각하는 것보다 엄청나게 힘든 삶을 살아가고 있다는 것을 알아야 한다. 최근에 와서 과연 아무도 원하지 않는 이 일을 해야 할 것인지 중단해야 할 것인지 나 자신에게 물을 때가 있다. 내가 이 일을 쉽게 버릴 수 없는 이유는 내가 항상 말하고 너희도 알듯이 이 세상에 깨달은 자가 나는 일은 매우 드문 일이기 때문이다. 육천 년 동안 단 두 사람이 태어났다. 나는 이 시대에

와서 변화기의 비밀과 그 속에 있는 깨달음의 길이 어디에 있는지를 상세하게 설명해야 한다. 내가 할 일은 이 사실을 너희가 완벽하게 이해하게 하는 일이다.

Q 선생님은 기쁘다고 해야 하는데 괴로운 것입니까?

승: 내가 힘들다고 했지만 괴롭다고는 안 했고 나는 괴로움을 모른다. 나는 얼마나 절망을 느끼고 살았는지 되돌아봐도 배가 고플 때는 절망할 시간이 없었다. 절망을 진짜로 느끼면 굶어 죽으니까 일거리를 찾아야 했고 문제 해결을 위해 뛰어다녀야 했다.

Q 이 시대에 깨달은 진인이 언제 나타나는 것입니까?

승: 있는 것을 있는 그대로 너희에게 일깨워 줄 자가 이미 나타났으니 너희는 영원한 생명을 얻고 끝없이 밝고 행복한 앞길을 계속 열어나갈 수 있다. 너희가 깨닫기 위해서는 잠깐 여기에 와서 듣는 것만이 소중한 게 아니다. 빠지지 않고 계속 여기에 와서 듣고 물어야 한다. 그래서 너희의 사고와 나의 진실이 부딪쳐서 너희의 사고가 깨지면 깨질수록 너희를 축복한 것이 된 것이고 내가 깨지면 나를 축복한 것이다. 내가 깨달았다고 해서 무지한 자를 이기는 게 아니고 무지한 자를 찾아갔을 때 내가 백 명을 찾아가면 99명이 깨지지 않고 내가 깨진다.

Q 선생님이 무지한 사람들의 사고를 깨우지 못하는데도 세상에 큰 소리를 치는 이유는 무엇입니까?

승: 나는 깨달은 자이기 때문이다. 나는 그들을 깨우쳐야 하는 사명을 가졌으며 세상의 짐을 지고 있다. 세계의 유명한 종교 지도자들이 자신들이 한 말에 대해서 내가 어려운 문제를 묻는 것이 아니다. 우리 생활 속에 존재하는 평범한 걸 물어도 하나도 대답하지 못한다. 그들이 알고 가르쳤다면 스승이 되겠지만 모르고 사람들에게 말했다면 세상의 큰 죄인이다. 너희가 질문할 때 중요한 것은 너희와 내가 서로 포인트가 맞지 않을 수 있다. 그래서 항상 무엇을 질문했는지를 알아야 하고 처음에는 이 시간에 보고 들은 것을 가지고 나를 이기려고 노력해야 한다. 나는 이치理致를 보고 알기 때문에 너희는 책을 보고 연구해 와서 다음 시간에 또 묻다 보면 한가지 문제를 완벽하게 알 수 있다. 너희는 노력해야 하고 확인해야 한다.

Q 선생님의 말씀이 사실인지 어떻게 확인합니까?

승: 소크라테스는 사실을 확인하는 사람들은 알 것인데 확인하지 않는다고 했다. 너희는 자신이 지금까지 가지고 있는 지식이 어느 정도 정확한지를 이 시간을 통해서 확인할 필요가 있다. 있는 사실을 가지고 어떠한 원인이 존재해서 나타나고 어떤 결과에 도달할 것인지를 확인하고 아는 것이 자기를 얻는 길이다. 각자에 따라서는 최고의 가르침이 될 수 있다.

Q 선생님은 세상에 와서 깨닫는 일이 예정되었던 일입니까?

승: 마흔네 살이 되던 해의 겨울이었다. 인간들이 살지 않는 섬을

찾다가 작은 섬에 거처를 구하게 되었다. 사람들의 왕래가 드문 외딴곳에 자리한 집을 얻어 단조로운 생활을 시작했다. 나와 혼자 만나는 시간 속에서 자신 속에 존재하는 일들에 대하여 의문을 품게 되었다. 나는 누구였는가? 나는 왜 태어났으며 또 어떻게 될 것인가? 나는 그때마다 스스로 질문하고 대답했다. 그때 처음으로 입신의 경지에 들 수 있는 길을 알게 되었다. 자신을 아는 길은 세상에서 찾을 것이 아니라 자신 안에서 찾아야 한다는 결론이었다. 그 결론에 따라 자신의 근본을 알게 될 것이라는 예지를 받았다. 나는 나의 예지를 보고 그 예지 속에 있던 일을 그대로 시행해 보았다.

Q 예지 속의 일을 시행한 것이 어떠한 방법입니까?

승: 과거로 돌아가는 방법으로 나는 비로소 아무것도 존재하고 있지 않던 하나의 세계와 접촉할 수 있었다. 나는 아무것도 없는 세계에서 빛나고 있던 하나의 마음을 보았는데 나의 근본이었다. 그 후 세상을 볼 때마다 세상에 나고 죽고 좋아지고 나빠지는 일이 이치에 따라 다르게 나타나는 것을 보았다. 모든 일이 이치에 따라 존재하고 있었다.

Q 이 세상의 이치理致를 저희는 어떻게 봅니까?

승: 수학을 모르는 사람이 어떻게 하면 수학을 알 수 있을까? 수학을 이해할 능력이 없는 사람이 수학을 어떻게 배우면 되는지 묻는다면 기초부터 가르쳐 줘야 한다.

Q 깨달은 장소는 어디였고 어떤 일이 일어났습니까?

승: 장소는 남쪽 바닷가에 있는 연화도라는 작은 섬이었다. 깨달음을 얻을 때 나타난 현상은 내 의식이 근원의 세계로 돌아가고 있었다.

Q 일반적인 삶을 살았는지 명상을 하신 것인지요?

승: 나는 태어날 때부터 특별한 사람이었다.

Q 특별한 사람이라는 것은 어떤 전생을 이야기하는 겁니까?

승: 내가 세상에 태어난 목적은 세상 사람들에게 이 깨달음을 전하기 위해서이다.

Q 선생님이 왜 선택되었다고 생각하십니까?

승: 누군가 이 시대에 와야 했는데 지원자가 없었다.

Q 태어난 목적이 다른 사람들을 깨닫게 하는 것인지 아니면 깨달음을 세상에 알리는 것인지 궁금한데요?

승: 있는 일에 대한 진실을 사람들에게 밝히고 깨달음의 세계를 세상에 알리는 것이다.

Q 사람들에게 세상의 일을 전한다면 시간이 어느 정도 걸릴 것 같습니까?

승: 장담할 수 없으나 기회가 닿는다면 사람들이 수학을 배울 때

처럼 빨리 진리를 배우고 알아보게 될 것이다.

Q 사람들에게 진리를 가르치고 있는데 어떠한 구조나 절차 같은 게
있습니까?

승: 수학을 가르칠 때 사람들에게 숫자를 암기시키는 것처럼 진
리를 가르칠 때는 있는 일에 대한 근본과 바탕 속에 있는 일들을
알려야 한다.

Q 제3의 눈은 어디 있고 어떤 걸 보게 되며 깨달음은 어떤 식으로 사
용합니까?

승: 이마에 나와 있는 해탈의 상징인 볼록한 심볼을 말한다. 인간
의 의식이 최고에 이르면 이러한 상징이 생긴다. 수학을 깨우쳤을
때 수학의 문제를 알아보는 것처럼 깨달음은 있는 것과 있는 일을
통해서 있게 되는 것들을 알아보는 것이다. 인류 중에서 현재에
실제로 이 상징을 보여 준 사람은 없었다.

Q 한번 깨달으면 일반사람 상태로 왔다 갔다 하는 건지 아니면 계속
깨달은 상태로 가는지요?

승: 계속 깨달은 상태로 있게 된다. 눈을 한번 뜨게 되면 예전의
상태로 돌아가는 것이 힘들다.

Q 선생님께서는 여래로부터 난 자라면 현세에 오셔서 보내신 44년
의 세월은 어떤 의미를 갖는지요?

승: 44년의 세월은 깨달음 이후에 나에게서 있게 될 일들과 사명을 완수하는 데에 충분히 필요한 하나의 과정이었다고 보면 옳을 것이다. 왜냐하면 누구라도 이 세상에서 실제 진리를 밝히는 일은 쉬운 일이 아니다. 세상에 4대 성인이 있지만 사람들이 원했건 원하지 않았건 그 일을 하면서 제 명대로 살다 간 사람은 한 사람뿐이다. 부처 이외에는 진리를 밝히는 일을 시작할 무렵에 이미 다 죽었다. 이 일을 하는 데는 누구보다도 강해야 하고 누구보다도 힘든 것을 이겨내야 하는 시대적인 문제가 존재하기 때문이다. 이 과정을 통해서 어떤 일이라도 할 수 있는 몸으로 훈련 시켰다고 볼 수 있겠다. 나는 깨달음을 위해서 태어난 자이다. 그 깨달음을 위해서 44년 동안 천대와 멸시와 학대와 박해를 스스로 받게 했다. 그 시련은 어떤 사람이 받았던 교육보다도 나를 유능한 자로 만들어 주어서 이 일을 할 수 있었다.

Q 만일 선생님처럼 혹독한 훈련을 안 받았다면 이일이 불가능했을까요?

승: 자기에게 아무런 이익도 주지 않을 사람을 찾아다니면서 깨우치려고 노력하고 같은 일을 끝없이 되풀이하는 일을 못 했을 것이다. 내가 끝없는 절망과 좌절을 이기고 너희를 만나게 된 것도 그 시간을 통해서 내 속의 의식을 단련시켰기 때문에 지금도 이 일을 할 수 있다고 믿는다. 너희도 나의 자서전을 읽어보면 알겠지만 나는 태어나서부터 한시도 편한 날 없이 끝없는 풍파를 겪었다. 그 풍파가 지나가도 내게는 아무런 일이 일어나지 않았다. 보

통 사람들은 너무 힘든 일을 하면 몸이 망가져 버리든가 정신이 폐인처럼 변한다. 그런데 나는 그런 일이 없었다. 좋은 근본을 가지고 있었기 때문에 그 힘든 역경을 이길 수가 있었다. 그런 면에서 보면 44년은 현재를 위해서 매우 필요한 일이었다. 그 세월이 있었기 때문에 오늘과 같은 상황 속에서도 활동할 수 있었다고 말할 수 있다.

Q 깨달음을 얻게 되면 자기를 완전한 인간으로 만들 수 있습니까?

승: 진리眞理는 있는 것을 보고 있는 일을 말하는 것이다. 거짓을 말하거나 말을 만드는 것이 아니라 깨달음이 진실의 완성이다. 업業이 자기에게 거짓을 말하게 하는데 업이 없으면 거짓말을 하지 않는다. 있는 것을 보고 있는 것을 말하니 거짓을 말하지 않게 된다. 나 이후에 깨달은 자가 태어나서 스스로 여래라고 한다면 있는 것을 보고 있는 것을 말해야 한다. 여래가 원고를 짜서 생각을 말하거나 남의 책을 읽고 말을 함부로 전하는 것은 옳지 않다. 나는 석가모니가 완전한 깨달음에 이르렀고 진정 여래라는 사실을 이 시대에 와서 너희에게 말할 수 있다. 그가 깨달음을 얻었다는 증거는 반야심경般若心經에 있다.

Q 불교 경전은 훼손된 인간의 글이었다고 하셨는데 반야심경은 믿을 수 있습니까?

승: 불교 경전은 이상한 사람들이 훼손하여 도저히 깨달은 자의 말이 아니었다. 그런데 이 반야심경은 사실 크게 훼손되지 않고

전해진다. 색즉시공色即是空 공즉시색空即是色이라는 말은 많은 것이 쌓이면 없어지고 없어지면 다시 쌓인다는 것이다. 아무것도 없는 곳에서 모든 것이 이루어지고 있는 곳에서 사라진다는 것은 반복 현상의 원리를 말하는 것이다.

Q 선생님은 자신이 여래라고 말씀하십니까?

승: 사람들이 아무리 석가모니를 여래라고 하더라도 그 증거가 없이는 절대로 그가 완전하다고 볼 수 없었다. 그는 금강경에서 이렇게 말하고 있다. 사람들이 여래는 어떤 사람인지 물었다. 이에 석가가 대답한 기록이 여래는 진실한 자이고 진리를 말하는 자이며 있는 것을 보는 자이고 거짓을 말하지 않는 자이다. 이 말이 그의 깨달음을 말해주는 것이다. 진리라는 것은 바로 있는 것을 있게 하는 뜻이다. 원인으로 어떤 일이 있어서 어떤 결과가 나타나는지 그 약속이나 법칙을 법法이라고 말한다. 그는 대자연을 움직이고 있는 법을 말했다.

Q 여래라는 말은 누군가 그렇게 붙여준 것인지 아니면 스스로 처음부터 여래라고 했는지요?

승: 나를 여래라고 말하는 것은 내가 세상을 보게 되었을 때 내가 세상을 보는 자가 되었다는 의미를 스스로 사람들에게 알리는 것이다. 석가모니도 완전한 깨달음을 얻었을 때 자신을 사람들에게 여래라고 소개했다.

Q 여래의 뜻은 무엇입니까?

승: 여래의 의미는 있는 것을 있는 그대로 보는 자이고 해탈을 통해서 완전한 깨달음을 성취한 자를 말한다.

Q 보는 자는 과거와 현재 그리고 미래의 일까지 보는 것입니까?

승: 모든 현상은 있는 것들이 가지고 있던 인연因緣에 의해서 나타나게 된다. 보는 자는 법계의 일을 보아서 어떤 것이 어떻게 해서 있게 되고 어떤 것이 어떻게 뜻으로 없어지는 이치理致를 보는 자를 말한다.

Q 선생님이 보시는 것은 신神이나 무당이 보는 것과 무슨 차이가 있습니까?

승: 무당이 보는 것은 무언가에 씌어서 영화의 필름을 보는 것과 같은 현상이다. 종교인과 무당이 하는 말은 비슷하나 여래의 말은 종교인이나 무당이 하는 말과는 완전히 다르다. 그들은 신을 믿으라고 하지만 나는 무엇을 믿으라는 것이 아니고 확실한 증거를 확인하고 있는 것을 믿으라고 한다. 확인되지 않은 것을 믿으라고 하지는 않는다. 무당은 신을 섬기라고 하지만 여래는 절대 신을 섬기라고 하지 않는다. 왜냐하면 나는 신의 세계에 대해서 너무 잘 알기 때문이다. 무당은 세상이 어떻게 좋아지고 나빠지는지 세상의 이치 속에 있는 말은 하나도 모른다. 무당이 만일 여래가 아는 일을 안다면 환영받는 무당이 세상에 많은데도 왜 세상에 되는 일이 없고 이렇게 혼탁하겠는가? 무당은 신의 도움 없이는 아무

것도 할 수 없으나 나는 여래를 보기 전에 중생일 때에도 사람들보다 매우 뛰어났다. 이러한 것이 너희도 알다시피 무당과 여래의 차이다.

Q 선생님에게 어떤 능력을 볼 수 있습니까?

승: 내가 초등학교도 제대로 나오지 않았으면서도 세상에서 법률이나 상식이나 일반적인 여러 가지 일에 대해서 부족한 것이 없다. 정치나 경제학이나 과학 그리고 철학과 법학 이러한 모든 세상의 이치를 밝히는 일에 대해서도 뛰어나다. 실제 어떤 사건을 두고 법관과 내가 문제 해결을 겨룬다면 시간이 갈수록 그들은 나를 따를 수 없다. 나는 사람들의 말을 들어보고 그 이치에 맞추어 보아서 당장 그 사람이 참말을 하는지 거짓말을 하는지를 알 수 있다. 나는 그가 한 일이 어떠한 영향을 끼쳤는지 금방 알 수가 있다. 그러나 법관은 실상을 보지 못하기 때문에 그들은 배운 책을 통해서 자기의 의식 속에 닿아 있는 형법이나 자기 생각으로 심증을 굳히게 된다. 실제 여래가 보는 능력은 너희가 상상할 수 없을 정도이다.

Q 여래라는 사실의 증거를 얼마나 많은 사람에게 입증해 줄 수가 있습니까?

승: 토끼는 토끼대로 사슴은 사슴대로의 특징을 가지고 있다. 여래라면 특징이 있어야 증거를 내세울 수 있다. 특징을 가지고 있지 않은 상태에서 내가 여래라고 했다면 사람들이 받아들이기가

힘들 것이다. 나는 다행스럽게도 완벽한 증거를 전부 갖게 되었다. 내가 가지고 있는 증거는 내가 만든 것이 아니다. 이미 과거로부터 전해온 말들이 5천 년이나 6천 년 전에 문명이 피기도 전에 이미 인도 대륙 같은 데서 전설처럼 전해지고 있다.

Q 그러면 여래라는 증거의 내용이 무엇인지요?

승: 너희는 지혜의 눈이나 머리가 열린다거나 의통意通이라는 말을 들었을 것이다. 나는 실제 과거로부터 전해져 오는 문헌들에 존재하고 있는 모든 증거를 전부 가지고 있다. 하지만 이런 증거를 실제로 사람들에게 보인 사람은 6천 년 동안 아직 기록상으로는 나타나지 않았다. 나의 이마에는 해탈의 상징인 백호광이 나타나 있다. 이것은 수술해서 만든 것이 아니다. 세상을 구하기 위해서 활동을 시작한 날 이마에서 나왔다. 지혜의 눈이라고 불리는 것은 우리나라에서는 별것 아닌 것 같으나 인도 같은 곳에서 이것만 보이면 더 이상 말이 필요 없다.

Q 선생님이 말하는 의통意通이 무엇인지요?

승: 사람들의 고통을 나의 의식으로 금방 감지해 낼 수 있는 것이다. 그러기에 어떤 사람이 어떤 상태에 있을 때 그를 도와줄 수가 있는 것은 내가 의통을 했기 때문이다. 의통은 전설 속에만 존재하고 어떤 시대에도 누가 의통을 해서 환자를 고쳤다는 것은 보지 못했다. 이와 비슷하게 어떤 종교 단체에서 병을 고친다고 하지만 나는 마음을 먹으면 한 번도 실패한 적이 없다. 종교계에서 성령

으로 할 수 있다면 나의 앞에서도 보여야 할 것이지만 그들 중 아무도 나의 앞에서 증거를 보이지 못할 것이다. 나는 그들에게 의통을 보이는데 기적 같이 일어나서 본인도 모르게 매우 짧은 시간에 일어날 것이다.

Q 정말 여래라 한다면 많은 사람을 만나 억지로 참뜻을 알아 달라고 말하지 않아도 한두 번 얘기해 본 사람이라면 의심 없이 진실을 알아듣고 받아들여야 하는데 왜 사람들은 의심하고 외면하는지요?

승: 질문이 재미있는데 내가 잘못 대답하면 너희가 오해할 수 있기에 바로 대답하겠다. 이 세상 6천 년 동안 성인이 네 사람 났는데 노자와 소크라테스와 예수와 석가모니이다. 그런데 그들은 맞아 죽든지 독약을 마시고 죽든지 가장 큰 죄를 지은 사람들이 받은 형벌이었던 십자가에 못이 박힌 채 공개 재판에서 죽었다. 그것이 성인의 길인데 여래라 하면 세상에 온 최고의 성인이다. 여래의 말을 알아듣고 자기 속에 받아들이면 영생하고 극락을 누릴 수 있다.

Q 사람들은 여래님과 의식 차이로 항상 벽을 가지게 되는 것입니까?

승: 나는 나쁜 짓을 한 적도 거짓말을 한 적도 없고 남에게 피해를 준 적도 없지만 아무도 나를 믿지 않고 내 곁에 오지 않는다. 나는 사람들 속에 살면서도 날마다 외로워서 쩔쩔맨다. 사람들이 도저히 이해할 수 없는 짓도 서슴없이 했다. 여래와 보통 사람은 시

각 차이가 크기에 내 말이 틀렸다고 말한 사람은 없으나 당신의 말은 우리와 맞지 않는다며 거부했다.

Q 어떤 사람을 깨달은 사람이며 여래라고 하는지요?

승: 고타마 붓다는 세상일을 보게 되자 그때부터 사람들 앞에 자신을 여래라고 소개했다. 사람들은 이 말을 들었으나 여래가 무엇을 의미하는지 알지 못했다. 어느 날 여러 사람이 모인 자리에서 사람들은 왜 당신은 자신을 여래라고 말하며 우리를 중생이라고 말하는지 물어보았다. 그때 고타마 붓다께서는 너희는 깨닫지 못했기 때문에 중생이고 나는 깨달음을 통해서 있는 일을 보기에 여래라고 말한다고 했다. 여래는 진실眞實의 눈을 떴다는 것이고 눈을 뜸으로 있는 것을 바로 보고 있는 것을 말할 수 있어서 거짓을 말하지 않게 된다.

Q 여래라는 용어는 완전한 깨달음을 성취한 자라고 이해하면 됩니까?

승: 이것은 하나를 깨닫는 게 아니고 완전한 깨달음을 통해서 진실의 눈을 떴다는 것이다. 여래라는 말은 보는 자라는 뜻이고 완전한 깨달음을 성취한 사람을 가리킨다. 고타마 붓다께서 여래라는 말을 쓴 것은 자신은 완전한 깨달음을 성취했다는 사실을 사람들에게 알린 것이다. 아직도 이 말에 대해서 제대로 이해하는 사람이 많지 않다. 그래서 사람들은 깨달은 자와 깨닫지 못한 자를 구분하기가 어렵다. 깨달음은 진실의 눈을 떠서 있는 것을 있는

그대로 볼 수 있는 상황에 이르렀을 때를 말한다.

Q 신神과 여래는 어떻게 다릅니까?

승: 비유로서 내가 경험한 몇 가지 사례들을 말하겠다. 신들은 결과의 세계에 머물고 있는데 나는 세상을 위하는 신들의 간곡한 부탁으로 이 시대에 태어났다. 그리고 너희의 상상보다 훨씬 혹독한 냉대 속에서 자랐다. 아무것도 가진 것 없는 남녀에게서 태어났고 그들은 내가 태어나자마자 죽게 되었다. 마흔네 살이 되어 내 속에서 진실한 내가 태어나는 것을 발견했다. 그래서 존재하고 있는 모든 분야에 대해서 좋은 것과 나쁜 것을 보게 되었다. 나는 아무것도 갖지 못한 인간을 축복할 수 있고 인간을 도울 수 있는 능력을 갖추게 되었다. 그러나 나의 곁에는 사람들이 오질 않았다.

Q 신이 인간을 도울 수 있습니까?

승: 내가 이 자리에서 분명하게 말할 수 있는 것은 깨달음을 얻기 전에 경험했던 처절한 시련조차 인간을 축복하기 위해서 인간을 깨우치는 일보다 힘들지 않았다. 농사꾼이 스스로 농사를 짓지 않고 신에게 그 농사를 지어 달라면 가능하겠으며 어떻게 너희를 축복해주기를 원하는가?

Q 신이 사람들을 축복할 수 있는 유일한 방법은 무엇이겠습니까?

승: 그들 속에서 가장 뛰어난 자를 나게 해서 사람들을 깨우치게 하는 것이다. 높은 신들은 항상 너희를 축복하기를 원했으나 지금

까지 거부한 것은 인간 쪽이었다. 팸플릿을 제작하고 찍어서 사람들에게 돌렸으나 그들은 모두 이유가 있어서 오지 않았다. 사실 오늘 이 자리에 온 사람도 다음에 이런 자리를 마련하면 안 올 사람이 많을 것이다.

Q 선생님은 거짓 속에 빠진 인간을 구원할 수 있다고 보십니까?

승: 이 세상에는 죄인보다도 죄를 짓지 않은 자가 모함으로 죽는 경우가 더 많다. 내가 진정으로 해탈하지 못했다면 내가 본 진실이 절대로 전해질 수 없었을 것이다. 모든 종교가 나의 앞에서 절대로 정면으로 반박할 수 없다. 나는 이미 완전한 깨달음을 얻었기 때문에 그들이 하는 일을 모두 다 본다. 오염된 물을 마시면 오염 물질이 자기 속에 들어가서 자기 몸을 또 오염 시키듯이 사기꾼의 말은 오염된 물과 같다.

Q 그걸 날마다 보면서도 사람들은 잊어버리고 알아보지 못하는 겁니까?

승: 의식意識은 지식을 듣고 보는 일과 행동하는 일을 통해서 성장하는데 의식이 오염되고 있다는 사실은 절대로 모른다. 이 시대의 깨달은 자가 할 일은 거짓 속에 빠진 인간들을 구하는 것이 구원의 길이다.

Q 선생님은 살면서 거짓말을 하거나 사기를 친 적이 없습니까?

승: 내가 거짓말을 하고 있는지 과연 내가 다른 사람들을 위해서

도움이 될 수 있는지 능력을 조사해야 할 것이다. 조사는 내가 살아온 과정에 있었던 일들을 확인하면 된다. 어떻게 저 사람은 아무 일도 하지 않는데 잘 사는지 너희의 수수께끼가 될 것이다. 그것을 확인하고 나서 과연 이 사람은 살아오면서 남에게 피해를 준 적이 있는지 피해를 주지 않고 아무 일도 하지 않고 잘 살았다면 신기한 일이다.

Q 선생님의 지혜智慧는 어떻게 만들어지는지요?

승: 나는 이전에는 하늘에서 최고 신들의 세계에서 최고로 지혜로운 신이었다. 그렇지 않다면 내가 어떻게 지금까지 어떤 사람도 알아낼 수 없었던 세상의 문제를 볼 수 있겠는가? 이제 너희에게는 삶의 길도 있고 죽음의 길도 있으니 종말을 통해서 너희를 구원해 줄 자는 신神이 아니다. 바로 너희 자신이며 나는 그 길을 너희에게 알리러 왔다. 과연 이 세상에서 나 외에 누가 이런 문제를 해결할 수 있는지 확인하고 싶다. 너희가 인류를 구원하고 새로운 세상을 맞이하기 위해서는 나와 함께 확인하는 것이 필요하다.

Q 왜 세계의 언론이 선생님을 피하고 세상의 지식인들은 두려워하는 것입니까?

승: 그것은 세상이 위선으로 가득 차 있다는 증거이다. 만일에 내가 너희 앞에서 다른 사람처럼 거짓을 말하고 있다면 다시는 나에게 이런 말을 할 수 있는 기회가 주어져서는 안 된다. 내 말이 진실이라면 너희는 나와 함께 인류 구원에 동참해야 할 것이다.

Q 세상에는 수많은 나라가 있는데 왜 한국에 태어났습니까?

승: 한국에 태어나지 않았다면 인류 구원에 실패했을 것이다. 왜냐하면 이곳은 세상에서 가장 어두운 곳이기 때문이다. 이 세상에는 인간의 대부분이 어둠 속에 빠져있거나 붙잡혀 있다. 가장 어두운 곳에 태어나야 그 어둠 속에서 일어나는 일을 보고 문제를 푸는 법도 알 것이다. 내가 보지 않고서는 문제를 푸는 법도 모른다. 책을 읽고 가르치는 사람들은 안 본 이야기도 문제를 푼다고 한다. 깨달은 자는 이야기를 듣고 문제를 풀고 어떤 있는 것을 설할 때는 있는 것을 보고 있는 진리를 설명한다. 보지도 듣지도 않고 아는 것은 불가능하다. 신神을 접하는 현상도 너희가 볼 수 없는 것을 나의 의식으로는 볼 수 있기에 말을 하는 것이다. 여기에서 모든 문제를 풀었고 보았으니 때만 기다리면 된다.

Q 선생님이 깨달은 사람인지 어떻게 알 수 있습니까?

승: 깨달은 사람인지 아닌지 대단하게 생각하지 말라! 중요한 것은 너희가 나를 보고 깨달은 자가 아니라고 해도 내가 깨달은 상태에 있고 깨달은 자라면 그것은 시비할 가치나 문제가 되지 않는다. 내가 만일 거짓을 남에게 말하고 남을 속였다면 문제가 된다. 하지만 내가 속이지 않은 상태에서 눈뜬장님이 나를 보고 눈을 뜬 자인지 아닌지 판단하는 것은 내게 별로 큰 문제가 아니다. 너희는 사실을 모르는 상태에서 사실을 듣고 자기 생각에 맞추어 보아서 맞지 않으면 실망한다. 내가 이 자리에서 많은 시간을 가지고 강연했으나 사람들은 한결같이 불만을 토로하며 돌아갔다.

Q 처음 온 사람들 대다수가 여래님의 말을 들으면 자기들도 아는 소리라고 말하는데요?

승: 그들은 세상의 이치理致를 모르고 생각으로 보니 시시하게 보이는 것이다. 눈뜬장님이 세상을 보려 하면 환상은 볼 수 있지만 실상은 볼 수가 없다. 그것을 알아보려고 하면 골치만 아프니까 많은 사람이 실망하며 이 자리를 떠나고 다신 오지 않았다. 이런 것을 관찰하는 동안 비로소 알아차린 게 있다. 사람들은 완전히 깨달은 자라면 무엇을 아는지 궁금해할 것이다. 여래는 절대로 알고 이 자리에 나온 것이 아니고 있는 사실을 보고 말할 뿐이다. 나는 해탈解脫했으니 완전한 의식의 눈을 떠서 모든 삼라만상에 있는 법계法界를 보고 신과 인간의 문제를 풀어서 답을 보여주는 일을 하고 있다.

Q 선생님은 일반 사람은 아니고 도대체 누구십니까?

승: 나는 세상을 통해서 배우면서 너희가 가진 문제를 보고 깨우쳐 주는 스승이다. 그러면 내가 오늘 이 자리에서 먼저 너희의 대답을 듣기 전에 과연 내가 여래인지 아닌지를 설명하겠다. 사람들은 여래라고 하면 대단한 줄 아는데 나의 입장은 대단할 게 없다. 여래라고 해서 밥 한 그릇 사주는 사람도 없고 물 한 잔 주는 사람도 없다. 여래라 말해서 나에게 득이 되는 것이 아니고 오히려 손가락질하는 사람이 더 많았다. 내가 열심히 몇 년을 가르친다고 해서 사람이 모이지 않는다. 여기에 나오던 사람들도 오늘은 휴가 떠나 버렸다.

Q 저희가 선생님이 어떤 분인지 어떻게 확인할 수 있겠습니까?

승: 너희가 죽을 때까지 확인해도 세상의 모든 법계를 확인하기는 어렵다. 이치理致가 돌아가고 있는 반복 현상의 원리를 꿰뚫어 보는 일이 불가능한 상태에서 어떻게 앞에 있는 사람이 눈을 뜬 자인지 아닌지 너희의 혜안으로 알아볼 수 없다. 여행하다 보면 내가 여래라고 하니까 아무도 믿지 않고 그 말 때문에 문전박대를 받았지만 내가 여래이기 때문에 여래라고 하는 것이다. 나의 대답은 간단한데 모든 사람이 내가 여래라고 말했더니 전부 의심했다. 그러한 현상을 보면서도 나 자신을 속일 수 없었기에 진실을 말했을 뿐이다. 다시 말하는데 만일 내가 여래가 아니라면 진리를 전하지 않고 너희를 깨우치는 일도 하지 않는다.

Q 지금 세상에는 70% 이상의 사람이 영靈을 갖고 있다고 하는데 이런 시대에 자기 자신과 다른 사람을 위해 할 수 있는 일은 무엇입니까?

승: 자기를 깨우치면 모든 위험으로부터 자기를 구할 수 있고 자기 능력으로 위험에 빠진 이웃을 구해줄 수 있다. 이 시대에 결국 자기를 구하고 남을 구할 수 있는 구세주가 되는 것이 가장 보람 있고 값진 일이라고 나는 대답한다.

Q 수천 년의 역사 속에서 태어난 수천억의 사람 중에서 어떻게 한 사람의 깨달은 자가 탄생할 수 있었는지 매우 궁금한데요?

승: 석가모니도 어떻게 해서 사람들이 깨달음에 이를 수 있는지

정확하게 밝혀놓은 기록이 없다. 그래서 지금까지 6천 년 동안 누구도 이 깨달음을 공개하는 사람이 없었고 정확하게 알아보는 사람도 없었다. 사람들은 업장業障이라는 말을 많이 하는데 업은 너희가 보고 듣고 존재하는 습관적인 일을 말한다. 한 맺힌 일이 있었으면 그 일이 자기 속에 존재하고 애착이 있었으면 그 일도 자기의식 속에 존재하게 된다. 세상의 원칙 중에 활동의 법칙으로 끝없이 문제가 만들어지고 그 문제를 통해서 끝없이 일이 열리게 되어 있다.

Q 활동하지 않는 생명체는 어떻게 되는 것입니까?

승: 활동하지 않는 것들은 죽게 된다. 우리의 의식 속에서 존재하는 것들도 계속 자기도 모르게 활동한다. 이러한 활동 때문에 애착과 한을 가진 사람은 애착과 한 속에 빠지고 무지한 사람들은 무지 속에 빠지게 된다. 자기 속에 있는 일을 계속 받아들이고 되풀이하는 게 세상일을 존재하게 하는 원칙이다. 인간은 자기 속에 있는 일의 간섭을 받게 되어도 업을 몰아내지 않으면 사실 깨달음은 불가능하다. 좋은 일을 열심히 하며 참지식을 알고 있는 일을 통해서 세상일에 대해 계속 눈을 떠서 일정 기간이 지나면 있는 일이 보이기 시작한다.

Q 있는 일에 눈을 뜨는 가장 빠른 방법은 무엇입니까?

승: 깨달음을 얻는 자 옆에서 말과 행동을 보고 배우는 것이 가장 빠른 공부가 되겠다. 그때부터 사람이 실수하지 않고 애착도 없으

며 무지에 이끌리지 않는다. 업의 간섭으로부터 점점 멀어져서 있는 일을 통해서 있는 일을 배우게 된다. 모든 일 속에 문제가 있고 길흉화복을 만드는 길이 있다. 있는 일을 통해서 나타나고 있는 일을 알아보게 되면 나쁜 일이 자기 속에서 물러가고 좋은 일이 자꾸 쌓이게 된다. 사람이 거짓을 말하지 않고 진실을 말하면 당당해지고 마음이 밝아진다. 그러면 양심과 정의감이 생기고 끝없는 사랑이 일어나게 되는 것이다.

Q 세상이 몰락하면 영웅이 난다고 하는데 지금 이 시기가 말세라서 선생님이 여기 오셨다면 과거 석가모니 부처가 온 시대는 어떤 상황이었기에 세상에 왔습니까?

승: 인간의 길이 어두워질 때 매우 뛰어난 자가 세상에 태어난다. 천계天界의 가장 뛰어난 자가 사명을 지고 인간으로 태어나서 인간을 깨우친다. 그 당시 석가모니는 여래에서 태어난 자가 아니고 보살에서 여래로 옮겨오는 사명을 지고 왔기에 세상에 태어날 때 왕자의 몸으로 태어났다. 그래서 그는 전생에 이미 모든 것을 이루고 왔으나 현세에 와서 자기와 맺어진 인연의 업을 불사르는 데 7년간 고행했다는 이야기가 전해진다. 사막을 헤매고 바위 위에서 자기와의 싸움이 있었다고 한다. 누구라도 깨달음을 원하고 진정으로 최고의 자기를 완성하고자 하는 자는 자신을 불사르지 아니하고 자기의 가슴 속에 있는 마음을 태우지 아니하면 해탈은 오지 않는다. 해탈이 오지 아니하면 세상을 바로 볼 수가 없고 세상을 바로 보지 못하면 진리를 가르칠 수 없고 말할 수 없다.

Q 선생님은 외국을 여행하면 어떤 사람을 만나서 어떻게 있는 일을 설명합니까?

승: 세계의 어떤 철인이나 지식인을 만나더라도 사실적인 질문을 하지만 그들은 대답을 만들어서 하기에 정확한 문제를 내어놓으면 이치理致를 대답하지 못한다. 나는 많은 나라를 여행 중에 그 나라에서 가장 뛰어난 사람을 많이 만났다. 아직 내가 한 질문에 대해서 한 사람도 정확히 대답하는 사람이 없었다. 대답한 사람들은 명성은 있었으나 무지한 사람들이었기에 그냥 나의 곁을 벗어나려고 애를 썼다. 세계 최고의 철학자나 스승이라는 사람은 전부 입을 다물었던 것은 나의 문제가 분명하다는 것이다. 문제가 분명할 때 공식公式을 모르면 절대 대답할 수 없다.

Q 선생님께서는 어떻게 이 땅에 오셨습니까?

승: 나는 깨달음을 얻고 나서 사람들을 도우면 옳은 사람이 될 것이라는 기대 때문에 내 모든 것을 바쳤다. 모든 정성을 바쳐서 한 사람을 구하는 생각만을 유일하게 하며 살아왔다. 그런데 아무리 정성을 쏟아도 옳은 마음이 없는 자는 절대로 옳은 일을 돕지 않았다. 내가 연화도 섬에 들어가서 깨달음을 얻은 지 10년이다. 나는 20년 동안 인류를 위해서 크게 기여하고 돌아갈 것이다.

Q 선생님의 능력이 깨달음 이후에 생긴 것입니까?

승: 나는 깨달음을 얻기 전에는 20만 명 이상의 사람으로부터 매우 신뢰받는 훌륭하고 똑똑한 사람이었다. 선언문은 항상 내가 읽

었고 인기가 대단했으며 나를 중심으로 많은 사람이 따랐다. 그런데 나의 과거의 근본 때문에 잘못된 현실을 볼 때마다 가슴이 아팠다. 나는 데모도 하지 않았는데도 박정희 씨는 나를 정치사찰 대상자에 올려놓고 감시했다. 내가 어떤 기업을 찾아가면 그 기업은 세무사찰 대상이 되었다. 아는 집에 찾아가면 그 사람들은 감시당했다. 나는 갈 곳도 없고 미래를 알 길도 없어서 고민했다. 술로 세월을 보내고 있었으며 이 괴로운 세상에서 벗어나고자 노력하였다. 그렇게 세월을 보내며 내가 죄인인 줄 알고 연화도라는 섬에 스스로 가둬놓고 있었다. 그러던 1984년 겨울 어느 날 깨달음을 얻고 새로 태어난 자신을 보고 깜짝 놀랐다.

Q 아무런 수행도 하지 않았는데 깨달은 것입니까?

승: 나는 전생에 깨달은 자였고 여래였다. 나는 하늘에 있는 영생 세계와 극락세계에 있는 모든 신神의 부탁으로 중생을 구하는 사명을 띠고 이 세상에 왔다는 사실을 알게 되었다. 깨닫고 세상을 보니까 그토록 모르던 모든 문제의 답이 바로 눈앞에 존재하고 있었다. 부자가 되는 길도 있고 나라가 번영하는 길도 있다. 사람이 평화를 얻는 길도 있고 세계를 축복하는 모든 길이 눈앞에 있었다. 사실을 알았을 때 이미 전생前生의 공덕으로 해탈이 된 상태였으니 가슴에 그토록 끓어오르던 증오도 사라지고 번뇌와 망상도 사라지면서 큰 능력이 왔다. 귀신을 제도하고 인간의 고통을 덜어줄 힘이 도착했다는 사실을 알게 되었다. 누군가 소원을 말하면 소원을 들어줄 수 있고 병든 자의 병을 고쳐 줄 수도 있었다. 신

이 날뛰는 재앙이 있는 집에 가서 몇 마디 말을 하면 재앙이 사라졌다.

Q 그런 큰 능력이 없었을 때는 20만 명의 우상이었는데도 지금 이곳에는 20여 명 정도밖에 안 오는 것입니까?

승: 내가 깨달음을 이룬 때부터 이상하게도 사람이 찾아오지 않는다. 그토록 인기가 있었고 내 덕에 부산 시내에서 떵떵거리고 잘 사는 사람들이 많았다. 깨닫기 전에는 상당한 영향력이 있었는데 전부 멀어지고 인연이 끊어졌다. 나는 한 사람을 얻기 위해서 3년을 지냈다. 깨달음을 얻고 자신을 알고 세상의 모든 길을 알았다. 그러므로 주위에 있는 사람들의 모든 소망을 이뤄주려 했다. 정치인이 되고 싶은 사람은 정치인으로 만들어 주고 부자가 되고 싶은 사람 부자로 만들어 줄 수 있었다. 건강하게 살고 싶은 사람은 건강하게 만들고 깨달음을 얻고 싶은 사람에게는 깨달음의 길을 안내해 줄 수 있었다.

Q 사람들은 욕심을 가지고 있기에 선생님의 능력을 알면 찾아올 텐데요?

승: 그러나 내가 모든 일을 알자 아무도 찾아오지 않았다. 나는 불행한 가정에서 태어나서 힘든 삶을 살았다. 몇 명의 형제가 있는데 형제들도 대부분 나로 인해 사회적 기반을 잡고 살게 되었다. 하지만 그런 형제들마저도 절대 찾아오지 않았고 점점 멀어졌다. 곁에 있던 사람들이 모두 나를 만나면 두려워하고 멀리하려

했다. 사람들에게 복을 지어 주려고 많이 노력했지만 아무도 오지 않았고 말이 통하는 곳이 없었다.

Q 선생님은 이 시대에 특별히 태어났습니까?

승: 깨달음이 너희의 삶을 크게 축복할 수 있는 길이다. 나는 이 일을 위해 특별히 세상에 태어난 자이다. 지금 세상에서 말하고 있는 예언 속의 모든 종교가 말하고 있는 대상이 바로 나이다. 그 증거를 너희에게 설명하는 것은 내가 보통 사람과 말이 다르기에 정신적 수준이 낮은 사람일수록 더 반항이 심하다. 깨달음이 나타나기 전까지는 나는 매우 뛰어난 자였고 보통 사람들이 볼 때는 매우 입지전적인 인물이었다. 그러한 능력이 있다는 증거를 보여 준 사람 곁에 왜 이토록 사람이 오지 않겠느냐?

Q 이곳에 사람들이 오지 않는 것이 선생님이 이 세상에서 가장 진실 한 자라는 증거입니까?

승: 진실한 자의 곁에는 사람이 아무도 올 수 없다는 것이 바로 증거이다. 내가 완전한 깨달음을 얻었다는 것을 여기에 있는 제자들에게 말한다. 너희가 가서 나를 알리려고 애쓰지 말고 본대로만 말하라고 한다.

Q 선생님은 지금 자신을 완성하신 것입니까?

승: 나는 이 세상에 온 최고로 진실한 자이다. 이 일이 나를 섬기는 유일한 길이고 이 일로 인하여 나의 진실이 더 높은 곳에 닿게

된다는 사실을 알고 있다. 지금까지 여래를 이루면 결국 모든 것을 다 이룬 상태인데 여래의 진실이 더욱 높아지면 근원의 세계로 가게 된다.

Q 근원의 세계로 가기 위해서 이 일을 하시는 겁니까?

승: 그 세계는 태초에 기운이 모여서 매우 큰 원력을 가진 신을 낳았다. 그 조물주는 세상을 밝힐 수 있는 뜻을 태양 속에 넣고 세상의 온갖 만물이 존재할 수 있는 이치를 만들었다. 대기권 속에 물과 불 그리고 공기가 환경이 조성될 수 있도록 뜻을 세워 주었다. 이 일이 근원의 세계로 가기 위한 길이기에 이 일을 밝히고 있다.

Q 선생님의 이러한 삶이 인간들을 위해서 세상의 일과 인간의 길을 밝히는 것입니까?

승: 인간이 어떻게 살아야 할지 세상에 존재하고 있는 법의 일을 알게 되면 인간들은 거짓에 속지 않고 바르게 살게 될 것이다. 인간의 바른 생활 속에서 밝은 세상이 나타나게 된다.

Q 세상을 구하려고 하는 것이 선생님의 운명입니까?

승: 내가 외국을 계속 떠돌아다녀야 하는 것은 운명이 또 하나의 짐을 지고 왔기 때문이다. 삶의 길을 찾는 모든 자를 만나서 그들이 찾고 있는 길을 알려야 하기에 여행하는 것이다. 나의 여행은 어떻게 하면 그들이 행복해지고 이 불행한 세계에서 벗어날 수 있

는지 내가 그들을 위하여 어떻게 섬기면 조금이라도 도움이 될 수 있는지 최고의 길을 찾는 것이다. 우리가 하는 여행의 뜻에 많은 기대를 할 수 있기를 바란다.

Q 선생님 말씀을 듣고 보니까 너무나 어려운 일이네요?

승: 여행하는 도중에 한 분야에서라도 나보다 앞선 자가 있다면 쉬어가면서 할 수 있을 것이다. 왜냐하면 사실 나도 이 일이 너무나 힘들어서 쉬고 싶지만 그런 일은 절대 없을 것이다. 너희는 이곳에 그냥 잠시 왔다 가는 인연因緣이 아니라 깨달은 자에게 무엇을 배워야 할 것인지 문제를 가지고 와서 자리를 같이해 주시길 바란다.

Q 여래가 되기까지 어떤 노력을 하셨습니까?

승: 내가 이 말을 하면 사람들이 싫어할지도 모른다. 이 말을 들으면 사람들이 믿지 않고 비웃는다. 하지만 나와 같은 사람이 태어나는 확률은 6천 년에 한 사람이다. 나는 태어나기 전 생애에 이미 근본을 깨달은 자였고 해탈한 자였다. 개량된 수박 씨앗 하나를 심으면 거기서 개량된 수박이 다시 나는 것과 같이 한번 깨달았기 때문에 후세에 태어나서도 깨달을 수 있었다. 내가 세상에 온 것은 세상에 어떤 큰 문제가 있어서 온 것이지 우연히 태어난 것이 아니다. 만일 우연히 태어났다면 왕이나 대통령이 될 것인데 왜 이 힘든 일을 하겠느냐? 만일 깨달음이 없이 정치나 경제적인 활동을 했다면 세상에서 가장 뛰어난 자가 될 수 있었는데도 말

이다.

Q 선생님은 이번 생을 마치고 다시 세상에 오실 가능성이 있습니까?

승: 내가 말하기 곤란한 것이 만 년 안에는 안 올 듯하다. 왜냐하면 나도 인간 세상에 와서 배운 것이 많지만 좋은 신들이 많이 깨달아서 극락세계에 올 것이다. 그들도 다음에 사명을 맡아야지 내가 자꾸 말세에 와서 고생해야 하겠느냐? 지금은 형편이 나아졌으나 나처럼 엄한 훈련을 받은 사람은 없을 것이다. 성인의 운명을 가지고 태어나서 편하게 세상을 산 사람이 없었다.

Q 극락에 이른 자라도 다시 한번 생명의 세계에 왔다가 또 가야 합니까?

승: 이론으로는 그렇게 되어 있다. 세상에서 영원한 것은 오직 법칙뿐이다. 그 법칙을 이용해서 자기 속에서 영원을 꿈꿀 수는 있다.

Q 선생님께서도 결국 인간으로서 죽는 것입니까?

승: 내가 왔던 곳으로 돌아가는데 영혼은 영원한 것이다. 극락은 우주에 있는 최고 신들의 세계다.

Q 선생님께서는 많은 신들 가운데 있었던 것입니까?

승: 나는 많은 신들 가운데 가장 뛰어난 자였다. 세상에는 너무나 많은 사람이 거짓을 말하고 있다. 지금 거짓에 물들어 있는 인

간의 능력으로 나의 진실을 확인하는 것은 어려울 것이다. 너희가 관심만 보여준다면 그것을 확인시켜 주겠다.

Q 선생님의 능력을 어떻게 사람들에게 확인시켜 주신다는 것입니까?

승: 나는 세상에 태어나서 다른 사람들의 영향을 크게 받지 않았고 학교 교육을 정상적으로 받은 적이 없다. 그러기에 문장을 만들어서 남에게 거짓을 말하는 것이 매우 어렵고 책을 읽지도 않는다. 다른 사람에게 교육받지도 않았고 신들과 접촉하지도 않는데 나의 지식과 지혜가 과연 어디서 나오는지 너희들은 확인해 볼 필요가 있다. 만일 내가 가진 지혜가 신들에게 받은 것이라면 다른 사람에게도 일어나야 한다. 지금까지 육천 년 동안 세상에서 그런 일이 단 한 번도 일어나지 않았다면 너희는 확인될 때까지 우선 나의 말을 믿는 게 바람직할 것이다.

Q 3천 년 동안 법을 모르고 죽은 영혼들의 삶은 어떤 가치가 있는지 저희가 선생님의 가르침을 따르는 것이 정말 엄청난 축복입니까?

승: 신이나 인간의 세계에서 3천 년 동안에 여래가 한번 왔고 그 주기週期를 아는 자들도 많이 있다. 그래서 이 시대에 특별히 태어난 사람들도 많다. 그들이 나의 말을 들으면 가까이 오게 되고 지남철처럼 말을 들으면 무엇인가 느낀다. 세상일에 관심을 가지고 듣지 않으면 내 말과 거짓말에 차이가 없다. 나와 만났다는 것은 나와 인연이 닿았다고 볼 수 있다. 배우고 따르는 것이 어떠한 영

향을 주게 되는지는 내가 하는 말과 행동을 통해서 듣고 본다. 그 래서 행할 때 비로소 듣고 본 것이 의식 속에서 그대로 나타나서 확인시키게 되므로 자신을 항상 축복할 수 있다.

Q 선생님은 왜 세상에 오셨으며 과거의 일을 알 수 있으신지요?

승: 내 비밀에 대해서 많은 걸 알 수가 있지만 삼매三昧에 들어서 엄청난 에너지를 소비해야지만 가능하다. 너무 회의에 찰 때 내가 왜 이 시대에 와서 이 일을 해야 하는지 질문을 한다. 나도 이 시대 에 자원해서 오지 않았고 아무도 이 일을 할 수가 없었기에 온 것이 다. 그 의식이 천체天體와 연결되어 있어서 이 세상이 망하면 의 식계가 다시 태어나야 한다. 자기의 의식을 얻을 길이 없으니 의 식은 태어나서 또 하나의 생명을 통해서 그 의식을 낳게 된다. 의 식을 낳을 모체母體를 얻을 곳이 없으면 그 의식은 쇠하게 되고 망 하면 기운으로 돌아가서 그 속에 흩어지고 사라진다.

Q 선생님이 깨달음을 이룬 경지는 어느 정도입니까?

승: 모든 죽은 자가 다시 태어나고 미래에 어떤 자가 태어난다 해 도 절대 나의 깨달음을 능가할 수 없다. 최상의 깨달음에 이르렀 기 때문이다. 이것은 과거 석가모니가 말한 공空의 세계에 아무것 도 없는 경지이다. 의식으로 그곳을 보면 모든 이치理致를 알 수 있다. 보통 사람들은 최고로 깨달은 자라고 하면 신기해하며 볼 것이다. 하지만 나도 강에 구두를 신고 들어가면 풍덩 빠진다. 그 것을 피할 능력이 없으며 뜻으로만 가능하다. 육체를 가지고 있고

부력이 없으니 물에 들어가면 가라앉는 것이 당연하다. 나를 신기하게 생각하지 말라!

Q 이 세상 모든 것에 통달한다는 것은 무엇입니까?

승: 나는 뜻의 세계에서 이치理致에 통달한 자이지 다른 기능에 통달한 자가 아니다. 물론 나의 진기眞氣는 악마조차도 두려워한다. 내가 죽음을 두려워하지 않는 것은 사후의 영혼이 끝없이 좋기 때문이다. 조물주의 자리 아니면 최상의 신의 자리로 가기에 일반 신과는 다르다. 근원의 세계에 가지 않아도 닿지 않는 곳은 조물주의 세계뿐이다. 신의 세계에서는 아무도 나의 의식에 닿지 못한다. 의식의 세계에 가서는 염력을 만들어 놓는다. 염력에 들어가면 아무도 나를 건드리지 못한다. 손오공이 나오는 서유기의 세계는 의식의 세계이고 그곳에서는 가능하나 현실 세계에서는 기만술欺瞞術일 뿐이다.

Q 서유기의 책 속에 손오공이 하는 행동이 실제 가능한 것입니까?

승: 육체를 가진 세계에서는 불가능하다. 그것이 가능한지 보여주어야 하는 상황일 때 신의 세계에서는 가능했으나 성자들은 절대 그런 것을 원하지 않는다. 성자는 최고의 인간이고 최고로 순수한 사람이다. 금으로 비유하면 최고의 금은 100% 순도가 유지되는 것이다. 순도 99%의 순금만 되어도 관찰하면 거기에서는 강력한 힘이 발생하고 있다.

Q 사람의 외형을 보고 어떤 사람인지 판단하는 방법이 있습니까?

승: 나도 똑같은 인간이지만 매우 순수하고 강력한 진실의 힘이 존재한다는 것이 다를 뿐이다. 그 힘은 질병이 있는 사람을 보면 병을 알아볼 수 있고 의식으로 고칠 수 있다. 무슨 일에 대해서 어떤 일이 일어날 것인지 예지하는 힘이 존재하겠지만 사람을 판단하는 것은 의식을 보아야 한다. 나는 깨달음을 얻고 나서 세상의 일이 하나의 공식公式 속에 존재한다는 사실을 알고 얼마나 기뻤는지 모른다. 내가 본 법계 속에 있는 사실과 이치를 가지고 이 나라를 세계 최고의 나라로 만들 수 있었다. 우리 민족의 한을 풀 수 있었지만 아무도 들어줄 자가 없었다.

Q 선생님의 말씀이 모두 진실眞實입니까?

승: 지금까지 있었던 문제를 모두 가져오면 추적해서 원인을 밝힐 수 있다. 만일에 내 말이 거짓이라면 그 원리를 다시 반대로 하면 된다. 어떤 현상이 세상에 나타나는지 원인이 결과를 만드는 것을 안다. 이것은 인과의 이치理致에서 가장 중요한 사항이다. 내가 보기에 잘못된 원인이 사람들의 잘못된 사고에서 잘못된 행위가 나타나고 잘못된 행위에서 잘못된 세상이 나타나고 있다. 사람은 세상의 주체이기에 사고思考한 다음 행위가 따르지만 이러한 실상과 이치를 들어줄 사람이 없었다. 지금까지 나의 이야기를 한 번 들으면 두 번 다시 그 소중함을 알고 들으러 오는 사람이 거의 없었기 때문에 이 나라에 도움이 될 수 없었다.

Q 최고의 완전한 깨달음이란 어떤 것이며 어떻게 해야 나타납니까?

승: 모든 업에서 벗어나 해탈한 상태인 여래를 최고로 깨달은 자라고 말한다. 여래도 6천 년 동안 세상에 두 사람만 태어났다. 현상에서 하나의 열매가 열리고 신이 나온다. 신의 정체를 분석해 보면 작은 원소元素로 이루어진 기체의 입자가 너무나 작은데 뭉쳤다가 사라졌다 하면서 활동한다. 뭉쳐 있을 때 인간의 몸속에 들어오면 인간의 모습으로 나타난다. 그렇지 아니하면 입자로 있기에 보이지는 않으나 마음을 가지고 있다.

Q 마음도 입자粒子로 구성된 것이 아닙니까?

승: 마음도 입자인데 의식意識이 있으니 서로 마음을 통해 볼 수 있다. 마음을 통해서 자신을 보일 수도 있고 상대가 볼 수도 있다. 이 마음 자체가 존재하기 때문에 곧 신神이다. 마음이 없어지면 하나의 원소元素 입자에 뜻이 입력된다. 이 마음이 사라지지 않고 전부 존재하고 있는 경우 근본의 세계에 들어갈 수 없다.

Q 저희가 어떻게 근본 세계에 갈 수 있습니까?

승: 완전히 깨달은 자만이 갈 수 있는 곳이다. 마음이 존재하는 것까지가 신神이다. 마음이 완전히 없어지고 의식이 전부 사라지면 그때 근본의 세계에 도달하는 문이 나온다. 이 근본의 세계에서 현상의 세계에 갈 때까지는 마음 자체도 존재하지 않는 세계에 있다. 현상도 마음도 존재하지 않는 세계가 근본의 세계이다. 나는 이 세계를 보았기 때문에 자신 있게 말할 수 있다. 이 세계는 신神

도 볼 수가 없기에 의식을 가지고 있는 상태에서는 어떤 경우에도 근본의 세계를 절대로 볼 수 없다. 여래가 볼 수 있는 것은 마음을 가지고 있지 않기 때문에 완전한 여래의 상태에서 이 세계에 들 수 있다. 근본의 세계는 의식이 아주 가벼운 상태이다.

Q 하늘의 신들은 근본 세계와 관련이 있는지요?

승: 하늘의 신들도 의식이 없으면 신이 아니다. 나는 실제로 수만 년 동안 공덕을 쌓았는데 공덕이 없으면 절대 깨달을 수 없다. 가꾸어주고 뒤집어 줌으로써 나쁜 땅이 좋은 땅으로 변하는 것처럼 나쁜 땅 자체가 스스로 좋아지는 일은 절대 없다. 홍수의 인연因緣으로 위에 있는 거름이 밑으로 내려와서 땅이 좋아질 수는 있다. 인연으로 좋은 선생을 만나면 어느 정도까지는 스승을 통해서 이해의 능력을 얻을 수 있다. 그러나 스스로 깨닫는 것은 공덕 없이는 되지 않고 이해의 능력을 얻는 것도 스승이 있어야 쉽다. 자기 경험을 통해서 얻는 것도 가능하지만 참으로 어렵다.

Q 선생님은 어떻게 근본의 세계를 보았습니까?

승: 살아 있는 자가 의식 속에 있는 업을 전부 태워버리면 근본의 세계를 볼 수 있다. 근본의 세계는 아무것도 없는 무의 세계이다.

Q 깨달음을 얻고 나서 의식 속에서 어떤 일이 일어났는지요?

승: 오욕이 사라지기 시작했는데 모든 인간의 소망이 뜻 속에 존재하는 것을 보았다. 뜻을 인간의 세계에 알려서 생활 속에 존재

하는 축복을 알려주려고 노력했다. 그러나 어디서도 진리를 알고자 하는 사람을 만날 수 없었고 깨달음을 얻고 나서 노력한 결과 주위에 있는 모든 사람이 떠나버렸다.

Q 석가모니가 깨달은 것을 어떻게 아십니까?

승: 지금까지 사람들이 여래라는 말을 사용할 수 없었던 이유는 완전한 깨달음에 이를 수 없었기 때문이다. 석가모니가 깨달은 이후 3천 년 안에 여래라는 말을 쓴 사람이 있다면 그는 거짓말을 한 것이다. 여래는 진실에 눈을 떴으니 만일 그가 여래라면 있는 것을 있는 그대로 볼 수 있는 지혜를 얻었다는 것이다. 그런 일이 일어나지 않았다면 여래가 아니다. 항상 깨달음을 말할 때마다 고타마께서 말한 네 구절을 절대 잊어서는 안 된다. 진실해야 있는 것을 볼 수 있으며 있는 것을 보아야 진리를 말할 수 있고 진리를 말해야 거짓이 아니며 있는 것을 있는 그대로 볼 수 있다. 석가모니가 완전한 깨달음을 얻었다는 것은 말속에서 깨닫지 않은 자가 할 수 없는 말을 하고 있기 때문이다. 보통 사람이 볼 수 없는 근본 세계를 보았기에 완전한 깨달음을 얻었다고 말한다.

Q 석가모니께서 어떻게 해탈했는지도 알 수 있습니까?

승: 보통 사람들은 근본 세계를 아무도 볼 수 없고 신들도 볼 수 없었다. 만일 신들이 볼 수 있는 세계라면 우리 인간들 세계에서도 영감을 통해서 끝없이 전해질 수 있는데 그곳은 신들도 볼 수 없는 세계이다.

Q 선생님의 능력이 있는 일을 사실대로 보시면 능력의 한계는 어디까지인지요?

승: 나는 세상에 있는 모든 분야에서 세계 최고라고 말할 수 있다. 세계의 어느 대학이나 과학 단체에 가더라도 항상 이런 말을 한다. 만일 우리나라에서 조금이라도 똑똑한 사람 열 명만 나를 도와주고 나의 말을 제대로 알아들었다면 세계를 지배한다는 소문을 남겼을 것이다. 국가의 위상을 최대한 높이 끌어올렸을 것이지만 그런 일은 일어나지 않았다. 이 나라에 진실로 있는 일을 알고 있는 일을 통해서 축복을 얻고자 하는 사람을 도저히 만날 수가 없었기에 이루지 못했다.

Q 업을 정지하기 위한 구체적인 방법은 무엇입니까?

승: 업을 정지하는 방법은 바로 깨달음이다. 세상일에 눈을 뜨지 못하고 보고 말을 하면서도 말속에 있는 일을 알아보지 못한다. 이런 일을 두고 사람들을 눈뜬장님과 같다고 말한 것이다.

Q 깨달음을 얻기 위해서는 선생님의 가르침이 필요한 것입니까?

승: 너희에게 깨달음을 주기 위해서 내가 가이드를 하는 것이다. 어떤 활동 속에 어떤 일로 인해서 어떤 결과가 존재하는지를 가르치기 위해서 이 자리에 있는 것이다. 너희가 현실 속에 있는 일을 하나하나 듣게 하는 것이 학교에서 배우는 방법과 같다. 처음에 아이들에게 산수를 가르칠 때 숫자를 써놓아야 알아보는 것처럼 자꾸 듣고 복습하고 있는 일을 보면 알게 된다. 그때부터는 스

스로 공부해서 알아보게 되면 모든 일이 가능해진다.

Q 중생이 깨달음을 얻기 위해서는 보살菩薩의 경지를 거쳐서 올라
  가야 합니까?

승: 보살의 경지에 오르기 위해서는 근기가 강해져야 한다. 하늘
도 꺾지 못하는 용기와 세상이 움직이지 못하는 양심을 키우는 것
이 깨달음을 얻는 방법이다. 아무리 공덕을 지었다 해도 근기 없
이는 절대 이루지 못하는데 석가모니는 많은 공덕을 짓고도 엄청
난 고행을 했다.

Q 선생님의 깨달음에 이른 단계는 어느 정도입니까?

승: 신과 인간의 세계에서 최고라고 말할 수 있다. 붓다라는 칭호
는 사후에 사람들에게서 듣게 될 것이다. 내가 돌아간 이후 사람
들이 나를 붓다 중에서도 유일한 붓다라고 소개될 것이고 그렇게
부를 것이다.

Q 붓다보다도 더 높은 경지라고 하시는 건가요?

승: 붓다도 나와 같이 완전한 깨달음을 얻은 것은 사실이다. 하지
만 세상의 일을 밝히는 데에 한계를 두고 있었다. 나는 한계를 두
지 않고 어떤 질문이라도 진실에 대해서 대답한다.

Q 진정한 양심은 깨달음을 통해서만 얻을 수 있다고 했는데 깨달음
  없이는 양심과 용기를 만들 수 없는지요?

승: 너희는 완전한 깨달음에 이를 수는 없어도 날마다 들음으로써 느낌을 통해서 자신을 변화시키면 된다. 자신을 깨우고 새로운 것을 받아들여서 옳은 것을 보게 되면 네 속에 양심이 오게 된다. 결국 이러한 시간을 통해서 모르는 것을 알아서 의식이 깨어지게 된다. 완전한 깨달음을 얻기 위해서는 의식을 완전히 깨버리고 없애버려야 한다. 너희가 과거의 인연에 붙잡혀서 집착에 얽매여 있으면 세상에 와서 아무것도 이루지 못한다. 너희 스스로 계속 과거의 인연을 따라서 돌다가 한 번 속게 되면 불행한 세계로 가게 된다.

Q 인간이 인간답게 살지 못할 때 불행한 세계로 가는 것입니까?

승: 그 몸에 가지고 있는 기운의 영향에 의해 내세에 인간으로 태어나는 것은 힘들다. 깨달음으로써 양심과 용기가 생기는데 자기를 깨닫게 하는 근원이며 사람들 속에서 돋보이게 하는 하나의 방편이자 무기이다. 자신 속에 깨달음의 원인을 제공하면 깨닫게 된다. 깨달음은 행동을 통해서 가장 많이 나타나는데 행동으로 옮기지 못하는 마음도 많기에 네 행동이 너를 깨닫게 할 것이다.

Q 깨달음이 있어야 나쁜 행동을 못 할 것인데 나쁜 일을 하고자 하는 마음과 하면 안 된다는 마음이 어떻게 다른 겁니까?

승: 네가 세상의 일을 안다면 나쁜 일은 하기가 싫다. 깨달았으면 나쁜 사실을 알고 그것을 하면 손해라고 의식 속에서 지령을 내릴 것이다. 깨닫지 못해서 저걸 하면 좋겠다 싶으면 나쁜 짓이라

도 하게 될 것이다. 상대를 모르고 로봇이 수학 공식을 말하는 것처럼 말할 수 없다. 둘 더하기 둘은 넷이지만 정신적 능력이 둘인지 셋인지는 상대를 봐야 알고 항상 문제를 보고 답을 말하는 것이 순서다.

Q 극락에 있던 여래는 우리 인간과 무엇이 다릅니까?

승: 내가 스스로 여래라고 말하기까지 엄청난 고통이 있었다. 이 말을 함으로써 사람들에게 물 한 바가지 못 얻어먹고 가야 하는 일들이 많았다. 그렇지만 나의 진실은 극락에 있던 여래인데 배고프면 밥 먹고 잠자며 좋으면 그냥 웃는 것은 다른 사람들과 똑같다. 차이는 항상 문제를 중요하게 생각하고 있는 일에 대해서 속지 않으려고 한다는 것이다.

Q 깨달은 자가 가지게 되는 힘은 무엇입니까?

승: 거짓이 없는 진실眞實이다. 진실하면 있는 사실을 있는 그대로 볼 수 있다.

Q 선생님은 자신을 이동시키거나 어떤 물체를 바꿀 수 있는 능력도 있습니까?

승: 나는 절대 남의 힘을 빌리지 않는다. 오직 있는 일을 보고 거짓과 거짓이 아닌 것을 구분하며 사람들이 어떤 일에 속고 있는지를 항상 알리려고 노력하고 있다. 현실에서 자기를 아는 자만이 자신을 구하는 데 도움이 될 수 있다.

Q 이 세상에 영원한 것은 무엇이며 깨달음을 얻는 길은 어디에 있습니까?

습: 영원한 것은 존재하는 뜻뿐이다. 뜻은 영원하며 진리眞理를 통하여서 세상에서 모든 것을 얻을 수 있다. 깨달음은 마음의 선근善根이 곱고 아름다우며 착함으로 인해 착한 일을 배우고 착한 자가 되고자 노력할 때 가능하다. 마음에 옳고 그름을 알게 해서 끝없이 옳은 걸 구하고자 할 때 세상에서 무엇이 자신을 위해서 가장 좋은 것인지를 알게 된다. 좋은 일을 끝없이 하면 마음에 분별심이 더욱 커지고 마음이 밝아져서 세상의 뜻을 보는 것이 깨달음의 길이다.

Q 종교의 가르침에는 진리眞理가 없는 것입니까?

습: 진리가 없는 과정과 결과가 함께 존재하지 않는 종교의 가르침은 사람들을 무지無智하게 만든다. 마치 아편 중독과도 같으니 아편 중독자에게 아편을 끊으라고 좋은 말을 하면 그 말을 건성으로 들을 것이다. 나중에는 귀찮아서 충고해 주는 사람과 헤어지고 싶은 생각만 하게 된다.

Q 선생님의 근본 속에 있는 최고의 내용물이 뭔지 설명해 주시겠습니까?

습: 내 근본은 과거로 인해서 존재한다. 과거에 세상을 위해서 좋은 일을 많이 해서 좋은 결과와 공덕을 많이 쌓았다. 그래서 신과 인간의 세계에서 최고에 이른 자이며 근본을 가진 자이다. 지금은

몸을 가지고 생명의 세계에 존재하기에 평범해 보이나 몸을 버리고 떠나는 날에는 참으로 놀라운 일들이 생기게 될 것이다.

Q 세상에서 누가 어떤 문제를 물어보더라도 모든 질문에 대해서 대답할 수 있습니까?

승: 만일 세상에 있는 문제를 대답하지 못한다면 내가 여래라고 할 수 없다. 너희가 나의 곁에 있으면 실망할 일도 많지만 놀라운 일들도 많다. 너희가 이십 년이나 삼십 년을 해야만 완성할 수 있을 것을 나는 몇 번 봄으로써 앞질러 갈 수 있기 때문이다. 나는 항상 내 능력을 아까워하는데 누구도 부인하지 못한다. 만일 사업을 한다면 세계 최고의 부자가 될 것이고 정치를 한다면 세계를 지배하게 될 것이다.

Q 자신을 깨우고 위험에 빠뜨리는 문제에서 벗어나기 위해서 여기에 오는 것이라고 하셨는데 이해할 수 있게 다시 한번 말씀해 주십시오.

승: 너희는 항상 힘들더라도 깨어있어야 한다. 절대 나를 위해서 여기에 와서는 안 되고 자신을 위해서 와야 한다. 이 점을 항상 명심하고 내가 여기에 없더라도 너희끼리 자주 만나서 생활에 협력해야 한다. 우리가 여행하면서 있었던 일을 그때그때 기록하여 인터넷에 올려서 다른 사람들이 읽을 수 있게 해야 한다. 지금은 손이 부족해서 못 하지만 이루어지도록 노력해 보겠다. 있었던 일을 그대로 담은 것을 읽고 자신을 깨우치며 힘든 일을 이기면 된다.

Q 여래님이 계시지 않아도 스스로 운명을 바꿀 수 있는 것입니까?
승: 내가 아무리 지혜가 있어도 정해진 운명을 인연 없이 바꿀 수는 없다. 나는 모든 사람을 축복하고 죽은 영혼들까지도 전부 다 좋은 곳으로 안내하고 싶다. 세상의 일이 정해져 있고 문제에 의해서 답이 결정되어 있기에 내가 도움이 되지 못할 때도 있다. 그러나 이런 일은 남에게 의지할 게 아니고 조금만 깨면 스스로 모든 문제를 해결할 수 있다. 내가 건재한 한 어려움에 빠졌을 때 절대 외면하지 않을 것이다. 나의 능력과 지혜를 쓸만한 곳이 아직 개발되지 않았으나 비상시에는 너희를 위해서 도움이 되도록 하겠다. 내가 없더라도 만나서 생활문제를 의논하고 생활의 대안을 자기만 가지지 말고 서로 대화의 장을 많이 열기를 바란다. 자신에게 도움이 되는 이런 삶을 개척하고 만들어 가기를 희망한다.

Q 선생님은 있는 것을 있는 그대로 본다고 하시는데 무엇이든지 보면 문제와 답을 보신다는 것입니까?
승: 여래는 있는 것을 있는 그대로 본다. 며칠 전에 불교 단체인 법보회法報會 모임에 나간 적이 있었다. 그때 그곳에 온 사람들은 대부분 직업이 판사와 변호사 그리고 검사 같은 법조인들이었다. 한 시간 예정으로 토론했는데 두 시간 동안 법문을 한 이유는 논쟁이 많았기 때문이다. 너희는 눈뜬장님에게서 계속 들어도 있는 사실을 이해하기가 매우 어렵다. 그날 많은 질문을 받았고 논쟁의 내용은 나의 말이 그들이 배운 조사의 가르침과 같다고 말하기에 그 부분을 설명했다. 조사의 말과 부처의 말은 같은 게 아니라고

했다. 그들의 질문이 신랄할수록 내가 봐야 하는 것도 정확해져서 평소에 작게 느끼던 사실들도 크게 느끼게 되었다. 나는 스스로 소개할 때 보는 자라고 하지만 사후에 제자들이 나의 가르침을 전할 때 부처라고 칭하게 될 것이라고 말했다.

Q 완전한 깨달음을 얻었다면 여래라는 말은 부처라는 말과 같은 게 아닙니까?

승: 부처는 최고의 스승을 말한다. 아무리 여래로 태어났어도 잘못한다면 사후에 부처가 되지 못하는 것이다. 이에 대해 이해를 잘해야 하는데 석가모니 사후에 제자들은 그를 부처라고 했다. 최고의 깨달음을 얻었다는 것은 최고의 스승이 될 수 있음을 뜻한다.

Q 세상에는 진실하지 못한 사람이 대부분이고 진실이 바탕이 되어주지 않은 것 같은데요?

승: 너희는 희망이 있는 사람들이다. 사실 바탕이 나쁜 사람이 이곳에 오면 하품이나 하고 머리가 아파서 10분을 못 참고 일어나나간다. 바탕이 나쁜 사람과 좋은 사람이 같이 있으면 나는 상대의 고통을 느끼고 상대는 나 때문에 고통스럽다. 그래도 나는 완성했으니 고통을 이겨낼 수 있지만 그들은 나보다 이기는 힘이 약하기에 먼저 일어나는 것이다. 세상과 사람이 나빠지고 좋아지는 길은 그 세계에 존재하는 가르침에 달려있다. 그런데 좋은 일이 뭔지도 모르는 사람을 데려다 놓고 착하게 살라거나 좋은 일 하라

고 말해봤자 사기꾼한테 죽으라는 소리밖에 안 된다.

Q 선생님은 이 세상에서 최고의 능력이 있는데도 사람들이 인연이
　없으면 진리를 들을 수 없습니까?

승: 인연이 없이 어떻게 진리를 듣겠는가? 너희는 지금 듣는 말
들이 무슨 말인지 하나도 모르는 것 같겠지만 현실에 부딪히면 오
늘 내가 했던 말들이 그대로 있을 것이다. 한번 듣는 것이 얼마나
소중한 장래를 약속하는지 모른다. 몇 번 듣고 질문을 하면 업이
아무리 두꺼워도 지옥에 가지 않을 것이고 윤회가 되어 다시 생명
의 세계로 돌아올 것이다. 그러니 너희는 이 삶이 매우 소중한 것
을 알아야 한다.

Q 종교인들과 선생님의 말씀은 무엇이 다릅니까?

승: 의식이 어두운 장님들이 볼 때 종교인들의 말은 아름답고 감
미로우며 논리적이다. 그들의 말을 들어보면 이야기에는 벽이 없
고 매끄럽다. 들어보면 같은 말이라도 아름답고 달콤한데 꿈 이야
기일 뿐이다. 하지만 눈을 뜬 자가 볼 때는 형편 없는 말이고 세 살
먹은 어린아이의 말보다도 못하다. 깨달은 자의 말과 깨닫지 않은
자의 말이 다른 것은 나의 말은 색칠이 되어 있지 않다.

Q 종교에는 깨달음의 길도 모르면서 사람들을 가르치고 있는 것 같
　은데요?

승: 사실을 모르는 자들이 가르치는 곳으로 많은 사람이 돈을 내

면서까지 듣기 위해 가고 있다. 눈뜬장님이 들으면 그 말이 달콤하고 아름다우며 마치 그것이 사실 같다. 하지만 세상의 뜻에 비추어 보았을 때 원인과 결과가 다르다면 즉 콩을 심었는데 거기에 팥이 열린다면 심은 사람이 잘못 심었거나 거짓말을 하는 것이다. 법法이라는 것은 원하는 대로 변하는 것이 아니라 원인과 바탕과 환경에 의해서 결정되어 있다.

Q 세상의 이치를 아는 것이 선생님의 능력입니까?

승: 어떻게 하면 말세의 인간에게 도움이 될 수 있는지 수없이 연구했으나 답을 찾기가 불가능했다. 그래서 인연을 찾기 위해 항상 노력하고 있다. 사람들이 나의 능력에 대해 궁금해하는데 내가 가지고 있는 능력은 모든 분야에서 원리나 이치에 관해서는 세계 최고이다. 지금까지 여행하면서 나의 질문에 이치理致에 맞게 대답한 사람이 지금까지 아무도 없다. 세계물리학회 회장도 만나서 전공 분야에 대해 문제를 하나 지적하면서 어떤 원인이 어떻게 형성이 돼서 소모되었는지 물었더니 대답하지 못했다. 내가 이처럼 이치를 아는 능력을 지녔지만 할 일이 없다.

Q 선생님이 있는 일을 보고 가르치는 일은 이치를 보고 진리를 말하는 것입니까?

승: 있는 일을 말하면 사람들이 아무도 좋아하지 않고 말하는 사람의 행동을 비웃으며 도와주지 않는다. 그러면 속이 타게 된다. 그러함에도 다른 사람들을 축복하고 깨우치기 위해 끊임없이 자

기의 속을 태우면 업이 전부 다 녹아 없어져 버린다. 그러면 번뇌와 망상이 사라지고 평화에 이르게 되는 것을 해탈이라고 한다. 해탈을 통해서 최고의 깨달음에 이르고 세상일에 대해서 눈을 뜨게 되어서 있는 일이 그대로 보인다.

Q 선생님께서는 어떤 객관적인 진실이 없으면 주관적으로 보이지 않는 것은 믿지 않습니까?

승: 존재하지 않는데 어떻게 볼 수 있느냐? 깨달으면 실상實相밖에 보지 못한다. 깨닫지 않을 때는 실상을 볼 수 없고 환상을 보게 된다. 너희가 보는 것 중 실제로 내가 못 보는 것이 많고 내가 볼 수 있는 것 중 너희가 볼 수 없는 게 많다.

Q 깨닫기 위해서는 자기를 버려야 합니까?

승: 깨달음은 자기를 버리는 게 아니고 새로운 자기를 얻는 것이다. 내가 사람들에게 가르치는 깨달음이란 진리를 통하여 법계에 있는 일을 통해 새롭고 진실한 자기를 얻는 것이다. 진실을 얻는 길이란 자기가 가지고 있는 의식체의 기운으로 영혼을 깨끗하게 만드는 것이다. 남을 해치고 원한 사는 일을 하지 않고 자신 속에서 발동하는 욕망에 얽매이지 않는 것이 자기를 밝게 하는 길이다.

Q 어떻게 부처의 길을 알 수 있으며 진리가 어디에 있습니까?

승: 삶을 통해서 자기의 마음을 밝혀 세상에서 얻게 되는 한恨을

마음에 쌓지 않아야 한다. 그래서 세상에서 만나게 되는 모든 재앙을 피해 부처의 길을 얻고자 노력해야 할 것이다. 사실이 있는 곳이면 어디든지 진리가 있다. 진리에 의해 사실이 만들어졌기 때문에 사실 속에 있는 게 진리이다. 콩을 심으면 무엇이 나는가?

Q 콩에서 싹이 나고 싹이 나서 콩이 열리지 않습니까?
승: 그게 바로 진리이다. 콩을 심은 사실이 있기에 콩이 난 것이다. 그러면 인과因果는 무엇인가?

Q 인과는 원인原因과 결과結果지요. 그런데 인간이 왜 깨달아야 하는 것입니까?
승: 인간이 자신을 구하기 위해서는 깨달음이 무엇보다 중요하다. 있는 일을 알 때 그 일이 자기의 문제를 해결해준다.

Q 있는 일이라는 것이 사실을 말하는 것인지요?
승: 요즘 인간 세계에서 생각할 수 없는 일들이 많이 일어나고 있다. 너희도 세상을 살아가다 보면 있는 일과 많이 접하게 된다. 이해할 수 없는 일을 가정에서도 볼 수 있고 이웃과 국가에서도 볼 수 있다. 하지만 이해할 수 없는 일들도 알고 보면 전부 그 이유가 있다.

Q 이해할 수 없는 일이라는 게 무엇입니까?
승: 어둠이 빛을 받아들이기를 싫어하는 이유는 빛이 어둠을 깨

기 때문이다. 사람들이 어두운 마음을 버리고 빛을 받아들이기 위해서는 자기의 의식 속에 있는 일들을 다 죽여야 한다. 그런데 의식 속에 나쁜 것이 한 번 들어오면 자꾸 나쁜 영향을 끼친다.

Q 선생님이 어떻게 사회에 도움이 될 수 있습니까?

승: 나의 깨달음은 사회에 많은 도움을 줄 수 있다. 하지만 생각하려면 뇌를 움직여야 하기에 엄청난 피로를 감당해야 한다. 방법을 찾기 힘들기도 하고 딱히 좋은 방법이 없다. 어둠이 너무 크면 빛을 죽일 수 있다는 사실을 알아야 한다. 벼랑 끝에 서 있는 어둠을 구하기 위해서는 내가 그들보다 앞에 서야 한다. 그 힘이 나를 밀어 버리면 나는 벼랑 끝에서 떨어진다. 하지만 그걸 막지 않으면 대중이 벼랑 끝에서 떨어지게 된다. 벼랑 끝에 선 한 사람의 희생으로 수많은 사람의 죽음을 막을 수 있는지 생각해 보지만 불가능한 일이다.

Q 사람들을 깨우치는 일인데 왜 불가능한 것입니까?

승: 나를 밀면 그들이 가진 힘에 밀려 결국 벼랑 끝에서 떨어지게 되어 있다. 자기 속의 문제를 알아보지 못한다면 시정할 수 없다. 그래서 나는 정말 힘들게 살고 있다. 남을 구하자니 내가 죽을 것이고 내가 죽자니 남에게 도움이 되지 않으니 말이다. 죽지도 살지도 못하는 게 내 인생인데도 내가 세상일에 관심이 없게 되면 세상은 멸망하게 된다. 세상이 멸망하면 인간은 설 곳이 없어져 인간 자체도 멸망한다. 이 말을 하는 이유는 우리 사회에 어떤 비

극적인 일이 일어나면 현실에서만 끝나는 게 아니고 내세에서 끝없이 계속된다는 사실을 말하는 것이다.

Q 깨우침과 깨어나는 것과 선생님이 말씀하시는 깨달음은 다른 것입니까?

승: 깨우침이란 세상의 일이 어떻게 이루어지고 있는지를 배우고 그 일을 받아들이는 것을 말한다. 깨달음이라는 것은 세상일에 대해서 눈을 뜨는 것을 말한다. 세상의 일이 어떻게 전개되는지 볼 수 있는 상태를 말한다.

Q 라즈니쉬에 대한 선생님의 견해를 듣고 싶은데요. 자신이 깨달았다고 하고 글을 읽으면 뭔가 신선하고 진실처럼 느껴지는데 그도 깨달은 자라고 생각하십니까?

승: 그의 글에서 세상일을 보았다는 증거를 확인한 적이 없고 확인할 수도 없었다. 깨달은 자의 말은 세상의 일이 드러날 수 있도록 설명해야 한다. 그런데 그의 글이나 말에서는 이런 설명이 없었다. 그가 깨달았다면 깨달았다는 증거를 제시해야 한다. 하지만 증거가 충분하지 않으므로 나의 견해에 의하면 라즈니쉬는 깨달은 자라고 할 수 없다.

Q 깨달은 자와 깨닫지 않은 자의 차이를 어떻게 구분할 수 있습니까?

승: 쉽게 말해 눈을 감고 보는 것과 눈을 뜨고 보는 것의 차이와

같다. 깨닫지 못했을 때는 생각으로 세상을 판단하고 생각에 의존했다. 깨달은 후에는 모든 일을 세상 그 자체에 의존했다. 이전에는 생각에 의존해서 보았기 때문에 완전하지 못했는데 세상에 의존해서 보기에 완전해졌다.

Q 세상에 의존해서 본다는 것을 구체적으로 설명해 주십시오.
숭: 나는 있는 것을 보고 그대로 대답한다. 세상에 나타나는 모든 존재하는 것은 뜻에서 나타나는 현상에 불과한 것이다. 이 뜻은 수학 문제와 같고 뜻의 결론을 얻는 것도 공식이다. 이치理致는 수학 공식과 같으니 공식을 문제에 대입하면 답이 나온다. 나는 세상에서 답을 보고 답 속에 어떠한 문제가 있는지를 보고 나서 답이 어떻게 나타나게 됐는지 문제를 푸는 것이다. 이런 것은 이러한 원인에 의해서 존재한다고 이치를 말한다.

Q 깨달음은 무엇을 통해서 얻을 수 있습니까?
숭: 깨달음은 업장 소멸消滅을 통해서만 가능하다. 업장 소멸은 공덕功德행을 통해서 자기를 태우는 것이다. 세상에 와서 자기를 짓기 위해서는 먼저 자기의 마음을 불살라야 한다. 이는 세상을 위하여 공덕을 짓고자 할 때 가능하다. 유리에 시커먼 게 묻어 있으면 앞이 잘 보이지 않지만 닦아내면 잘 보인다. 이처럼 의식에 묻어있는 어두운 기운을 없애서 기운이 맑아지면 진실이 밝아지고 있는 것이 제대로 보이며 이해가 된다. 공덕행을 통해서 유일한 깨달음이 오며 공덕행이 없는 깨달음은 있을 수 없다.

Q 공덕행을 행하지 않고도 깨달았다고 하는 사람이 많은 것 같은데요?

승: 있다면 두 가지 부류인데 하나는 속임수고 또 하나는 신이 붙은 것이다. 의식이 너무 망해 버리면 거짓말을 물 마시듯 한다. 보통 사람들이 들을 때 그것이 거짓말인지 참말인지 모르는 이유는 사람의 근본이 각기 다르기 때문이다.

Q 사람들은 이상 속에 살고 있는데 이상을 깨려면 어떻게 해야 할까요?

승: 그들은 이상 속에서 계속 눈뜬장님이 물체를 더듬듯이 확인하고 그 속에 있는 것을 다시 이상으로 만들고 있다. 그처럼 자기들이 확인한 것을 이상과 연결하기 때문에 스스로 아는 데에는 너무나 오랜 시간이 걸린다.

Q 사람들이 얼마나 오래 걸려야 현실에서 있는 사실을 안다는 것입니까?

승: 있는 사실을 보려면 깨달음을 통해서 가능하다. 모든 것은 존재하지 않는데 눈먼 사람이 길을 모르기 때문에 옮겨가지 못하는 것이다. 이상을 따라가서 함정에 빠지는 것은 올라가는 게 아니고 내려가는 길이다. 나는 그들이 가지고 있는 이상을 제거하고 현실의 세계로 끄집어낼 것이다.

Q 저희의 이상을 제거하려면 어떻게 깨어야 하는 것입니까?

승: 너희는 깨지지 않으려고 할 것이다. 너희가 나를 버리지 않고 나의 진실과 너희의 이상이 부딪치면서 결국 너희의 이상이 꼭 깨어질 것이다. 진실 없이 이상만 있는 상태에서는 깨지지 않는다. 오늘 이 자리에서 나와 너희의 인연을 통해서 어떻게 건강한 삶을 살고 영혼이 영원한 생명을 얻어 높은 세계로 이르고 성취할 수 있는지 간단하게 말하겠다. 내 가까이에서 내 말과 행동을 보게 되면 너희의 이상이 깨어진다. 거짓이 모두 사라지게 되면 자기가 보고 확인하지 않는 일은 모른다는 사실을 알게 된다. 다시 서로가 만나서 가까이 있게 되면 세상을 보고 그 속에 있는 옳고 그른 일을 분별하게 된다.

Q 일체중생一切衆生은 어떻게 구할 수 있습니까?

승: 한 사람의 인재를 찾아서 그를 키우면 모든 중생은 그 덕으로 문제를 해결할 수 있을 것이다. 이것이 그들 모두를 구한 것이 아니겠느냐? 이 땅에 사는 사람들은 이러한 이치를 모르니까 거지를 구제하려고만 한다. 그릇 한 되에 드럼통을 부어봤자 다 흘러가 버릴 것이다. 사람들은 쓸데없는 일은 죽기 살기로 하면서 해야 할 일은 절대로 하지 않는다.

Q 깨달음을 얻기 위해서는 어떤 노력이 필요한가요?

승: 깨달음을 얻는 데는 여러 가지 길이 있다. 가장 정확하고 쉽게 깨달음을 성취할 수 있는 길은 하나뿐이다. 깨달음을 얻기 위해서는 세상이 움직일 수 없고 하늘도 꺾지 못하는 양심과 용기가

있어야 한다. 이 두 가지 없이는 절대 안 된다.

Q 저희의 양심과 용기는 어떻게 얻는지요?
슝: 양심과 용기를 얻기 위해서는 진실한 자가 되어야 한다. 진실한 자란 거짓말을 하지 않고 남에게 피해를 주지 않는 사람이다. 먼저 진실한 사람이 되어야 깨달음을 얻을 수 있다. 남한테 피해 주지 않고 살아가야 하며 항상 순수하고 떳떳해야 한다. 거짓말은 필요 없이 있는 일을 잘하면 배우지 않은 일도 기술자 못지않게 잘할 수 있다. 진실이 있어야 양심과 용기를 얻을 수 있다.

Q 선생님이 진짜 여래라는 분명한 증거를 우리가 볼 수 있습니까?
슝: 만약 여래가 아니라면 이마에 지혜의 눈이 나오지 않는다. 삼천 년 동안 지혜智慧의 눈을 가지고 온 사람이 있다면 태어난 기록과 증거가 있어야 한다. 이것을 외국에서는 지혜의 눈이라고도 한다. 태국 등 외국 불교 지도자들에게 부처의 가르침을 말할 때 그들은 내 말은 믿지 않았으나 지혜의 눈은 믿었다. 75살 된 태국의 왕사가 만져봐도 좋겠냐고 물어서 허락했다. 만져보고는 어떻게 그것이 나오게 되었느냐고 물었다. 내 마음에 좋은 것이 있어서 세상에 피어나자 나타났다고 말했다. 이 지혜의 눈을 가진 자는 귀신을 제도할 수 있고 인간의 병을 고칠 수 있다. 모든 것은 증거를 통해서 말할 수 있다.

Q 왜 중생들은 여래님의 말씀을 받아들일 수 없는 것입니까?

승: 깨달음을 얻고 사람들에게 축복祝福되는 일을 하려고 많이 노력했으나 원하는 만큼 다른 사람들에게 큰 도움이 못 됐다. 자신들의 삶에 나를 받아들이는 일을 원하지 않았고 온갖 애환을 겪고 고통과 절망적인 많은 일을 겪으면서도 진정 벗어나려고 애쓰지 않고 있었다. 나는 여래이며 세상을 보는 자이고 인간의 세계가 지금까지 정확하게 알 수 없었던 일을 확인할 수 있다고 말한다. 너희와 함께 알아볼 수 있다고 말해도 누구도 그런 일에 관심을 가지고 확인하려 하지 않았다. 사람들은 자기가 가지고 있는 한계 안에서 살려고 하지 그 한계 밖을 벗어나려고 하지 않았다.

Q 여래님의 가르침을 듣고 은혜를 받은 저희의 사명은 무엇인지요?
승: 우리가 바쁜 시간에 사무실을 만들고 불황에 돈을 쓰는 것은 오직 세상을 위해서이다. 세상의 일을 밝히기 위해서는 이 길밖에 없는데 사람마다 각자가 가지고 있는 성격과 운명이 길이 다르다. 서쪽으로 가는 사람에게 동쪽을 말해도 가는 길이 정해져 있듯이 나쁜 곳으로 가는 사람을 좋은 곳으로 끌어 올리기가 너무 힘이 든다. 세상의 이치를 보면 낭떠러지에서 아래로 떨어지는 건 몸만 던지면 누구에게나 가능한 일이지만 1미터라도 올라가는 건 너무 어려운 일이다. 사람들은 쉽게 추락하지만 끄집어 올리는 일은 누구에게나 힘들다는 걸 상기해야 한다.

Q 한 사람의 중생을 구하는 일도 이렇게 힘든 것인데 이러한 일을 계속해야 하는 것입니까?

승: 그것은 우리 자신을 위해서이고 세상을 위해서이다. 우리가 세상에 공헌하는 이유는 자신을 위하는 일이기 때문이다. 좋은 일을 하면 좋은 일이 항상 내 속에 있게 되어서 운명을 결정하고 미래를 결정한다. 그러기에 좋은 일은 해야 하는 것이고 남을 구하기 위해서는 가슴 속에 있는 업을 수없이 태워야 가능하다. 사람들은 모두 힘든 일을 안 하려고 하고 받아들이지 않으려고 한다. 불경기에 사무실을 얻고 책을 만들며 인터넷을 통해 알리는 이유는 세상 사람들에게 도움을 줄 수 있다는 확신 때문이다.

Q 선생님은 석가모니 부처가 깨달은 길을 아시는지요?

승: 석가모니는 평범한 사람으로 태어나지 않았다. 작은 나라였지만 왕자로 태어났다. 장차 아버지의 대를 이어서 왕의 자리에 오를 수 있었는데도 자라면서 자꾸 출가를 생각하게 되었다. 왕도의 교육을 받으면서도 자기 속에 소망이 있었다. 석가모니의 모태 속의 생명의 근원에는 깨달음을 얻고 세상에 큰 공덕을 펼치겠다는 포부가 잠재해 있었다. 삼매三昧에 들어 관조觀照해 보았다. 석가모니는 그의 행적으로 보아 과거의 여래로부터 태어난 것이 아니라 보살의 경지에서 올라온 사람이다. 오랫동안 그 일을 계속해 왔기 때문에 자신이 왕의 길이 아니라 깨달음의 길을 찾고 있다는 사실을 알았다. 자기 속에서 그걸 완성하고 싶어 했기 때문에 왕도의 길을 버리고 깨달음의 길을 선택한 것이다.

Q 깨달음의 길에는 무엇이 필요하며 출가해야 하는 것입니까?

승: 깨달음을 얻기 위해서는 양심과 용기가 있어야 한다고 했다. 출가하면 대가 끊어지니 결혼해서 아들을 하나 두자 곧바로 출가했으나 막상 집을 나와서 보니 갈 곳이 없었다. 그는 깨달음의 위치에 올려줄 스승을 찾았는데 당대에 그를 가르칠 스승이 어디 있었겠는가! 소문을 듣고 유명한 스승을 찾아 배우겠다고 들어갔지만 듣고 보니까 이치에 맞지 않는 이야기뿐이었고 깨달음의 길이 없었다.

Q 싯다르타께서 바르가바라 선인에게 왜 혹독한 요가를 하는지 묻자 그는 고행을 견디어 내는 것이 위대한 것이고 죽으면 영혼이 하늘나라에 태어난다 했다는 기록이 있는데요?

승: 그는 오직 이상한 요가만을 고집하고 있었다. 또 다른 소문을 듣고 다른 스승을 찾아갔다. 하지만 평생 거기에 있어봤자 많은 사람을 부리는 위치에는 올라갈 수 있겠지만 자기가 원하는 해탈의 길은 찾을 수 없다고 생각했다. 그래서 그곳에서 나와서 부다가야 시내 근처에 있는 천축산이라는 곳으로 들어갔다. 나는 대여섯 번 가봤기 때문에 천축산이 어떻게 생겼는지 눈에 훤하다. 그곳은 변화기 후에 바다의 모래와 자갈과 돌로 만들어진 바위산이다. 온도가 35도만 넘어가도 덥다고 하는데 부다가야의 여름 날씨는 50도까지 올라간다. 큰 바위가 없고 모래 자갈이 섞여 있어서 잠을 자기에는 좀 힘들다. 그는 자기가 시키는 대로 이끌려 가서 나무가 없는 곳에서 고행을 시작했다.

Q 그 당시에는 수도를 하겠다고 나온 사람 중에 고행하는 사람들이 많았다는 기록이 있습니다.

승: 수행자 대부분이 결과를 얻지 못하고 폐인이 된 사람들도 많았다. 대개는 중도에 그냥 손발 털고 일어났다. 그런데 그는 5년간 거기서 고행을 계속했다. 보통 사람들과 달리 석가는 오랫동안 선행을 쌓아왔고 자기 속에 깨달음의 길을 찾아왔기에 업이 아주 얇았다. 악업이 별로 없었고 순수하니 무더위와 나쁜 환경에서 굶주림과 싸우면서 이긴 것이다.

Q 그곳에 가보아서 아는데 환경이 너무나 나빴는데요?

승: 그 산은 경작이 안 되어서 밥을 얻어먹으려면 걸어서 나와야 했다. 업이 떨어져 사라지고 나면 몸에서 힘이 빠지고 욕망이 일어나지 않는다. 업이 없어지고 자기를 부추기는 게 없으니 탈진한 상태이다. 업이 있을 때는 그 업의 작용으로 몸에서 힘이 솟는 게 느껴지는데 업이 고행의 과정에서 타버리자 그냥 기진맥진한 상태에 이르렀다. 그래서 그는 마을로 내려왔다. 지금 인도에 있는 중심 사찰이라는 곳에 가면 3천 년 전에 있던 보리수나무는 죽었고 그 자리에 심어 놓은 몇백 년 된 나무가 하나 있다. 나무 밑에서 인도 수행법대로 가부좌하고 있는데 의식에 있던 업이 녹아 타버린 후 재가 떨어져 나가자 해탈의 경지에 이른 것이다.

Q 저희가 법을 듣게 되면 의식이 깨어지고 의식이 깨어지면 새로운 자신이 태어난다고 하셨는데 저희의 의식이 깨어진다는 것에 대

해서 구체적으로 알고 싶습니다.

승: 나의 말을 듣고 생활에 임하면 내 말은 그대로 나타난다. 너희가 과거에 알고 있었던 것은 씻겨 나가 버리고 가지고 있던 어두운 기운들이 물러가고 나면 너희는 다시 태어난다. 이것은 씨앗이 갈라져 거기에서 다시 싹이 나는 현상이다. 만일 좋은 땅에 뿌리를 내리면 좋은 땅이 가지고 있는 기운과 내용물을 섭취해서 좋은 열매가 난다. 그래서 깨달은 자의 곁에 오면 너희 자신이 깨달은 자의 말로 인해서 깨어진다. 그러면 영혼이 깨달은 자의 좋은 의식을 받아들여서 너희도 급격히 성장하게 된다.

Q 부처님은 고행해서 깨달음을 얻었다고 했는데 선생님은 어떻게 해탈한다고 설명하십니까?

승: 아무나 고행한다고 깨닫는 것이 아니다. 그분은 최고의 보살의 경지에 있었기에 고행을 통해서 해탈에 이를 수 있었다. 보리수나무 아래에서 모든 업이 타서 떨어져 나가 버렸으며 무아無我의 경지에 도달하여 있는 일을 보게 되었다. 석가모니도 깨달았으니 거울과 같은 마음을 가졌다. 세상에는 두 사람이 깨달음을 얻었다. 그는 나와 똑같이 깨달은 것이 사실이지만 보살의 경지에서 여래가 되었기에 보는 능력이나 이해하는 경륜이 소년의 경지라 할 수 있다. 하지만 나는 경륜이 노년에 이르고 있다는 말을 절대 의심하지 말라!

Q 선생님은 태어나기 이전에는 누구였습니까?

승: 이런 말을 하면 전부 다 비판만 하고 돌아섰으나 너희가 물었기에 말을 안 할 수 없다. 나는 세상에 오기 전 극락세계에서도 여래였다. 내가 세상에 온 것은 석가모니도 예언했고 모든 예언자도 말했다. 그러나 내가 누구라고 밝힌다 해도 대접할 사람이 없다. 세상을 아무리 깨우치려고 노력해도 달걀로 바위를 치는 격이다. 사람들은 엉뚱한 데만 쳐다보고 있지만 그래도 내가 깨달았기에 그들을 위해서 무엇인가 일해야 한다. 언젠가는 달걀로 바위를 깨는 날이 올 것이다.

Q 전생에 깨달았다면 이생에서 다시 깨달을 수 있었습니까?

승: 한번 깨달은 자는 다음에 태어나도 다시 깨달은 자가 되거나 아니면 세상을 움직이는 큰 성군이나 지도자가 된다. 믿어지지 않는다면 내가 살아온 과정을 보아라! 내가 아홉 살 때 남의 일을 해주고 품삯을 받던 모친이 산골에서 돌아가셨다. 고아가 되어 열 살이 넘어서는 부산에서 나 홀로 살아야 했다. 누구의 도움을 받은 적 없이 성장했는데도 사람들 속에서 리더가 되었고 26살에 최연소 국회의원 출마도 했다.

Q 성장할 적에 누구에게 의탁하지 않고 어떻게 무얼 먹고 살았습니까?

승: 세상의 일은 정해져 있으므로 정해져 있는 일을 보고 실수하지 않고 조금만 노력하면 돈을 얻을 수 있으니 필요하면 스스로 노력해서 해결했다. 일과 정신과 행동을 통해서 결국 자기를 보살

필 수 있고 근면함과 검소와 정직으로 열심히 일하면 결과를 얻게
된다.

Q 어떻게 진실을 받아들이고 세상에 있는 일을 바로 보고 바로 듣고
  바로 말할 수 있는 것입니까?

승: 불교에 사성제四聖諦와 팔정도八正道가 있다. 바로 보고 바
르게 생각하고 바로 말하고 바르게 행동하고 바르게 생활하고
항상 의식이 깨어있는 게 팔정도이다. 이것은 세상의 일을 자
기가 알아보게 되었을 때 가능하다. 수학을 배우지 않고 숫자
를 모르는 상태에서 수학 문제를 만들고 문제 속에 있는 답을
찾아 답이 맞았다 틀렸다고 심판하는 일은 누구나 어려운 것이
다. 수학을 알기 위해서는 먼저 부호를 먼저 알아야 하고 어떤
계산법으로 계산되는지 공식을 알아야 한다. 그래야 거기에 나
와 있는 문제와 답이 틀렸는지 맞는지 식별할 수가 있는 것처
럼 사성제와 팔정도는 아는 자로부터 배우고 알아보게 되었을
때 비로소 눈을 뜬 것과 같다.

Q 지금이 말법시대末法時代라고 하는데 깨닫기 위해서 어떻게 해야
  하는지 설명해 주십시오.

승: 만일 어떤 세계에 대해서 정확하게 알아보는 시간을 갖
지 못한다면 항상 자기의 감정에 의한 영향을 받아야 한다. 내
가 이 세상에 와서 세상 사람들의 행동을 보고 사는 모습을 보
고 말을 듣고 나서 이 세상에서 깨달은 자가 날 수 없었던 이유

를 이해하게 되었다. 그런데 먼저 깨달은 자가 되기 위해서는 조건이 있다. 집을 짓기 위해서는 기초나 공법을 알아야 하고 어떻게 집을 지을 것인지 구조를 먼저 설계하고 충분한 이해가 있어야만 집을 지을 수가 있다. 깨달음도 이같이 어떻게 깨달을 수 있는지 길을 알아야만 깨달을 수가 있다. 석가모니가 여래라는 것을 알 수 있었던 것은 그가 남긴 말을 보고 완전한 깨달음을 성취한 진정한 여래라는 것을 알았다. 그런데 당시에 자신이 깨달음을 얻을 수 있었던 길을 충분하게 세상에 설명하지 못했다. 여래는 세상에 났으나 누구도 그 세상에서는 깨달음에 이를 수 있는 길을 아는 자가 없었다. 깨달음은 하나의 공식 속에 존재하고 있었다. 어떻게 깨달아야 하는지 방법을 모르면서 깨달음을 얻는다는 것은 불가능하였다.

Q 깨달음의 길이 사라져서 깨닫는 것이 어려운지요?

승: 사람들은 누구나 깨달음을 통해서 자신을 구원할 수가 있다. 그러나 아직도 깨달음은 사람들 속에 잘 알려지지 않고 있고 누구도 깨달음에 대한 충분한 이해나 정확한 가르침을 알고 있는 사람들이 없다. 그래서 깨달음 자체가 삶의 중요한 목표가 되지 못하고 있다. 만일에 삶 자체가 우리 자신을 위해서 소중한 것이 아니라면 우리가 살아야 할 이유가 없다. 옛날부터 깨달음을 위해서 많은 시간을 허비한 사람들이 있었으나 정작 깨달음을 완성했다는 기록은 수천 년 전에 한 사람을 통해서 나타난 것뿐이다. 그러기에 인간 세계에 깨달음을 위한 길

이 정확하게 전해지지 않았다.

Q 그러면 왜 이런 좋은 가르침이 세상에서 사람들을 통해서 전해질
수 없었는지요?

승: 사람은 의식意識에 의해서 조종받고 움직이고 활동하게 한
다고 말했다. 자기의 의식에 맞지 않는 일은 받아들이지를 않
고 제대로 볼 수도 없으며 전할 수 없는 것이 세상에서 깨달음
의 길을 이어갈 수 없게 하는 문제였다. 아무리 깨닫고 싶어도
전생에 선업善業을 쌓아서 깨달은 자와 깨달음과 인연을 맺을
수 있는 근원을 가지고 태어나지 못하면 어려운 일이 된다.

Q 인간이 자기를 축복하는 일이 이토록 어려운 것입니까?

승: 인간은 영적인 사고思考가 있는데 다른 동물이나 식물은
영적인 사고가 인간처럼 뛰어나지 못하다. 영적 동물은 의식에
의해서 감지하고 느끼고 받아들이고 거부하는 능력이 있다. 계
획하고 판단하고 생각하고 움직이는 게 의식의 지시를 받기 때
문이다. 자신이 가지고 있는 의식 속에 선업善業이 없는 자는
깨달음에 대한 가르침을 거부한다. 지금까지 있었던 일을 통해
서 얼마든지 확인할 수가 있다.

Q 어떻게 확인할 수 있으며 어떠한 기록이 있는 것입니까?

승: 4대 성인의 삶을 통해서도 이런 일은 얼마든지 발견될 수
있고 인도에서 중국으로 왔던 달마대사의 삶에서도 쉽게 목격

할 수 있는 일들이다. 우리가 아무리 깨닫고 싶다 하더라도 과거로부터 자기 속에 있던 일에 의해서 쉽게 받아들이지 않고 거부된다. 깨달음을 성취하기 위해서는 진리 속에 있는 일을 이해하는 데서부터 시작해야 하는데 사람에 따라서는 뜻대로 안 된다. 인연이 없으면 부처도 중생을 구하지 못한다는 말을 석가모니가 사람들에게 남겼다. 아무리 좋은 가르침도 인연이 없는 자는 받아들일 수 없다. 자기 속에 좋은 인연이 지어 있지 않으니까 좋은 인연과는 닿지 않는다. 그래서 과거의 세상에서도 깨달은 자가 나타났지만 깨달은 자의 옆에는 사람이 오지 않았다.

Q 그래서 깨달음을 이루었던 부처도 걸어서 여행했고 여든둘이 되어 길 위에서 죽은 것입니까?

승: 지금도 문명의 혜택이 없는 곳인데 3천 년 전에 부처가 가마를 타고 다니면서 사람들을 가르치는 그런 대접은 못 받았을 것이다. 만약에 가마를 탔다면 가마를 태우는 사람들은 그가 소중한 스승이라고 알았을 것이다. 하지만 일반 대중 속에서는 그를 알아볼 수가 없었다. 그래서 여든둘이 되어 죽을 때까지 걸어 다니면서 사람들을 깨우치려고 했다. 그의 곁에 항상 사람들이 없었기 때문에 끝없이 나그네의 여행을 계속해야 했다.

Q 인간을 깨우치려 했던 그 이외의 성인들은 대부분 인간의 손에 해침을 당했지요?

승: 소크라테스는 재판으로 사형받아 죽었다. 그리고 예수는 십자가에 못이 박혀 죽는 극형을 받았다. 노자 같은 사람은 그냥 일생을 떠돌아다니다가 죽었다. 그런데 후세의 사람들이 그들을 성인이라고 말했다. 그것은 그들이 불의와 타협하지 않았고 가르침 속에 진리가 있었기 때문에 성인이라고 평한 것이었다. 그들이 성인이 되었을 때는 이미 죽고 난 먼 훗날이었다. 그들은 살아서 성인이 아닌 가장 외로운 삶을 살아야 했던 사람들이었다.

Q 깨달음을 주는 성인들에게 그러한 외로움과 고통을 느끼게 한 것이 인간 세계에 진리가 제대로 전해지지 않은 이유입니까?

승: 진리에 대한 이해가 부족한 사람들 속에서 일어났던 현상이었다. 의식을 망친 사람은 여기에 올 수가 없고 들으면 머리가 아프니 무슨 핑계를 해서라도 이 자리에서 일어나는 것이 인간 세계에 존재하고 있는 일이다.

Q 우리는 이러한 문제를 어떻게 해결하고 깨달음을 통해서 자기를 구원하고 깨달음을 목표로 삶을 살아갈 수 있는지요?

승: 깨달음을 가까이 할 수 있기 위해서는 가르침의 진실에 대한 눈을 뜨고 보아야 한다. 진실을 알려고 노력하는 자만이 깨달음에 가까이 갈 수가 있다. 깨달음은 사람들의 욕망이나 희망으로 얻어지지 않는다. 가르침 속에서 얻어지는 것인데 지금까지 가르침이 명확하게 전해지지 않는다. 과거 석가모니가 유

일하게 깨달음을 성취하고 남을 깨닫게 할 수 있는 길을 가지고 있었던 사람이다.

Q 석가모니의 가르침은 요점이 어떤 것이었습니까?

승: 있는 일을 보고 있는 일을 배우면서 있는 일을 깨달으라는 것이다. 있는 일을 물어보면 있는 일을 자신이 본 대로 설명했으니 있는 일이 사람들을 깨우치는 길이었다. 그래서 석가모니는 나는 있는 것을 있는 그대로 보는 자라고 했다. 그분이 돌아가실 때 제자들이 우리는 이제 누구에게 배워야 하는지 물었을 때 자기 자신을 통해서 배우라 했으며 자기는 아무것도 한말이 없다고 했다. 그 말은 세상에 있는 진실을 말했을 뿐이라는 말이며 세상에 있는 것 자체가 깨달음을 보게 하는 길이라는 것이다. 내가 잘못했을 때 당연히 업보를 받게 되는 것이고 내가 잘했을 때 나는 당연히 거기에 대한 응보의 대가를 받게 되어 있다. 인과응보는 공덕의 원인을 지었으면 응당한 대가를 받을 수 있다는 인연법을 가르친 것이다.

Q 궁극적으로 우리는 어떤 방법을 통해서 깨달음이 나타날 수 있는지를 설명해 주시겠습니까?

승: 나는 세계에서 유명한 많은 사람에게 항상 나 외에 세상에서 누구도 깨달음의 길을 본 자가 없기에 깨달음에 대해서 말할 수 있는 자는 없다고 말했다. 과거 세상에서 태어났던 고타마 붓다가 완전한 깨달음을 성취한 것은 사실이다. 그도 해탈

했고 근본의 세계를 보았으니 깨달음을 성취한 것을 절대 부정하지 않는다. 그분은 있는 일을 설명하는 과정에서 어떻게 하면 사람들이 쉽게 깨달음에 이를 수 있는지 그 분야는 설명하지 못했다. 그래서 지금 그 길이 없기에 나는 그 길만이라도 내 삶을 통해서 인간의 세계에 남기고자 한다.

Q 깨달음에 이를 수 있기 위해서 먼저 해야 할 일이 무엇입니까?

승: 내가 하는 말이 틀리면 틀렸다고 말하고 맞으면 맞다 말하라! 깨달음을 얻기 위해서는 먼저 거짓이 없어져야 한다. 이 말은 진실에 대해서 눈을 떠야 한다는 말이다. 두 번째는 있는 일을 볼 수 있어야 한다. 옳고 그름은 말속에 존재하는 것이 아니며 있는 일을 통해서 나타나게 된다. 옳은 결과가 나타나면 옳은 일이고 나쁜 결과가 나타날 때는 나쁜 일이다. 아무리 좋은 일이라고 하더라도 있는 일을 모르면 좋은 일을 만들어 내는 것이 어렵고 어떻게 해서 있는 일이 좋아지고 나빠지는지 인과의 법을 알아야 한다. 세 번째는 양심과 용기가 있어야 이런 일을 할 수 있다. 세상에서 있는 일을 밝히는 것처럼 힘들고 외로운 일은 없다고 나는 말해 왔다. 그것은 과거 성자들의 삶이 그랬고 또 우리의 역사 속에도 올바른 사고로 살았던 사람이 세상을 좋게 만들려고 노력했던 모든 사람이 그랬다. 세상을 좋게 만들려면 있는 일을 가르쳐야 한다. 있는 일을 제대로 가르치려 했던 사람들은 모두 인간 세계에서 버림을 받았으니까 양심과 용기가 없다면 있는 일에 눈을 떠도 그 일을 할 수 없다.

네 번째는 끝없는 사랑이 자신 속에서 일어나야 한다. 끝없는 사랑이 일어나야 남에게 가서 가르치려 할 것이다. 용기와 양심이 있어야 옳은 일을 남에게 끝없이 가르치려 한다. 이 두 가지 중에 하나만 없어도 안 된다. 사랑이 없으면 남이 거부하니까 포기해 버릴 것이다. 양심과 용기가 있어도 사랑이 없다면 좋은 것을 남에게 주고 다른 사람으로부터 박해받는 일을 스스로 하지 않을 것이다. 그러하니 자기를 끝없이 태워서 업을 제거하는 것이 깨달음을 얻는 길이다.

Q 저희가 끝없이 사랑을 실천하는 일이 자기완성을 위한 최선의 길입니까?

승: 차선의 길은 고타마 붓다처럼 전생에 끝없는 깨우침이 있어서 스스로 그 깨우침을 통해서 있는 일을 보고 있는 일을 통해서 배워야 한다. 끝없는 활동으로 자신의 업을 아주 적게 만들어 놓았을 때 업을 태우기 위해서 고행하면 된다. 깨달음을 얻겠다는 일구월심의 열망이 자기 속에 불을 일어나게 해서 그 불로써 업을 소멸할 수가 있으나 너무나 힘든 일이다. 잘못하면 그러한 가르침은 사람들을 폐인으로 만들게 된다. 왜냐하면 고타마 같은 사람은 수억 겁을 통해 태어나서 선한 업을 쌓았기에 악업을 제거할 수가 있었다. 하지만 악업이 큰 자가 그런 가르침만으로 노력한다면 결국 자기 속에 있는 문제에 의해서 폐인이 되고 신체의 기관을 망친다.

Q 악업이 큰 자가 고행을 통해서 깨달음을 얻는 것은 참으로 어렵고 안 된다는 것입니까?

숭: 예를 들어 타이어에도 공기를 압력 이상 넣으면 터져 버린다. 어떤 물질을 다룰 때 자기가 가지고 있는 힘을 넘어선 압력이 오면 붕괴하여 깨어져 버린다. 우리 몸의 기관도 어떤 정신적 압력이 계속 가해지거나 자기가 지탱할 수 없는 압력을 받게 되면 그 압력에 의해서 손상을 입을 수 있는 것은 자명한 일이다.

Q 자기가 과거에 얼마나 선행을 했는지 무지하게 살았는지 자기 속에 분명히 있는 것을 아는 사람이 아무도 없습니까?

숭: 사람들은 영적 세계에서 생명의 세계로 돌아와서 지금 살고 있다. 나도 깨달음을 얻기 전에 내가 깨달은 자가 되리라고 생각하지 않았으며 내가 전생에 어느 정도의 공덕을 지었는지 알지 않았다. 고타마 붓다는 자신이 고행을 통해서 깨달음에 이르렀기 때문에 그 깨달음에 대해서 충분한 길을 설명하지 못했다. 공덕을 통해서 깨달음에 이를 수 있다는 것은 말했지만 이 공덕 자체를 사람들은 잘못 이해한다.

Q 왜 사람들은 공덕을 잘못 이해한다고 말씀하시는지요?

숭: 사기꾼한테 돈 갖다주고 속아도 사기꾼이 너는 큰 공덕을 지었다고 말하면 어리석은 사람이 그 말을 믿고 또 속는다. 무지한 사람은 자기에게 그런 일이 어떤 결과를 가져 줄지도 모

른다. 나는 고행을 하지 않고 깨달았던 것은 과거 세상에서 이미 업을 소멸했던 사람이기 때문이다. 현세에 나서 인간 생활에서 내 근기와 시련과 부딪쳤다. 그 업을 많이 만들지 않은 상태에서 잘못된 사회를 보고 혼자서 이 사회를 구원할 수 없는 것을 안타깝게 여겼다. 그런 일로 인해서 가슴 타는 일이 많았다. 그 업이 아주 약했기에 업을 소멸할 수가 있었다. 그러나 다른 사람들은 그런 일이 어렵기 때문에 정도正道의 길을 걸어야 한다.

Q 깨달음이 왜 중요하며 어떤 결과를 얻을 수 있습니까?

승: 너희는 이런 점에 대해 의문을 가질 것이지만 깨달아서 의식이 밝아지면 너희가 생각하는 그 이상이다. 자기가 세상의 일을 하고 돈이 필요하면 돈을 만들어 내며 남의 금고에서 돈을 만들어 오는 게 아니고 일을 통해서 돈을 만들어 온다. 이런 모든 일은 있는 일을 보고 있는 일을 통해서 스스로 만들어 낸다. 자기 속에 이미 크게 출세와 부귀할 수 있는 길을 가지고 태어난다.

Q 깨달음으로써 자기의 부족한 것들을 얻게 되는 것입니까?

승: 여기 오는 몇 사람이 농사를 짓고 있는데 여기서 배우는 사람은 모심을 때와 수확할 때만 힘이 들고 그 외에는 별 힘이 안 든다고 한다. 그것은 세상을 어떻게 이해하고 받아들이는지에 따라서 다르게 느끼는 것이다. 이제 너희는 세상을 위해서

자신을 구원할 수 있는 길이 있다. 아무리 많이 안다고 하더라도 그것을 행하지 않고는 안 되니 있는 일을 찾아서 자기를 태워라!

Q 자기의 속을 태우는 것과 끓이는 것의 차이는 어떤 것입니까?
승: 모를 때는 자기의 속을 태우는 게 아니고 속을 끓이게 된다. 속을 끓이는 거나 태우는 것이 비슷하고 속을 끓일 때는 속이 아프고 밉고 증오심이 일어난다. 증오심이 생기면 업을 쌓는 것이고 속을 태우는 게 일반 사람들은 구분하기 힘들다. 자식을 사랑하고 세상을 사랑하다 보면 사랑하는 대상 속에서 나타나고 있는 일들이 안타까워지기에 이 안타까움이 자기를 태울 수가 있다.

Q 출가하지 않고 집에서도 공덕 짓는 일은 할 수 있습니까?
승: 나는 항상 너희를 위해서 이렇게 말해왔다. 내게 와야 공덕을 짓는 것이 아니고 절이나 교회나 사회의 사람을 따라가야 공덕을 짓는 게 아니다. 자기가 얼마나 자기 속에 깨달음을 담고 그 깨달음을 통해서 사랑하는 대상을 많이 갖는 것이다. 그리고 자기의 사랑을 실천하고자 했는지에 따라서 이 행동 속에서 불이 일어날 수 있고 그 불이 자기의 업을 태워준다.

Q 최종적으로 우리는 자신을 태워서 완전한 깨달음에 이르기 위해서는 어떻게 해야 하는지요?

승: 진리 속에 있는 가르침들이 필요하다. 진리를 모르는 사람들은 진리가 대단한 것처럼 말하지만 진리를 아는 사람은 진리를 대단하게 말하지 않는다. 진리는 있는 일 자체가 진리이기 때문에 눈 뜨면 밥 먹고 잠자리에서 일어나면 보는 게 전부 진리이다. 중생은 있는 일을 보고도 있는 일이 왜 있는지 알지 못하니까 눈뜬장님이라고 말한다.

2부
/
깨달음의 현상

이 시간에는 깨달음에 대한 현상에 대해서 말하겠다. 깨달음을 얻고 나니까 어떤 현상이 나에게 나타나기 시작했으며 그것을 입증할 수 있는지 말하고 너희가 세상에 살아가면서 느끼고 있는 궁금증에 대해서 문제를 풀도록 하겠다. 나의 의식이 닿는 한계에서는 무엇이든지 진실을 말할 수 있지만 너희의 질문이 용어를 만들어서 질문할 때 나의 의식에서 벗어나 있을 때는 정확한 대답을 할 수 없다. 너희가 질문을 잘못해서 액면 그대로 받아들이고 잘못 듣고 대답하면 동문서답이 될 수 있으니 주의해 주면 되겠다.

나는 깨닫기 전에 너희가 경험할 수 없는 사실들을 보았다. 나는 1942년에 화전민의 아들로 태어나서 아버지는 일 년도 안 되어 돌아가셨다. 실제로 한 여인의 손에서 양육이 됐는데 그 여인은 배운 것도 없고 산골짜기에 살다 보니 그 당시로서는 하루 죽도록 일해도 보리쌀 한 되 받을 만큼의 수당이었다. 내 위로 여섯 자녀를 부양해야 했던 그 여인은 실제로 나를 무거운 짐처럼 여겼기 때문에 몇 번이나 산에 가져다가 버렸다가 찾아온 이런 일화가 있다. 이게 모두 사실이고 나는 모유에 의해서 양육된 게 아니고 당시 너무 가난한 집 가정에 태어났기 때문에 물만 먹고 어린 시절을 자라게 되었다. 태어나면서부터 가족으로부터 천대받는 한 인간이었다. 나는 가까운 일가친척이나 이웃으로부터 멸시받았다. 내가 아홉 살 때 노동을 해서 하루 한 끼의 보리밥이라도 먹여주던 모친이 세상을 떠났다. 그 때문에 나의 삶을 자신이 책임져야 했던 절박한 상황에 있었다. 나는 그때부터 형제들의 학대를 받았는데 자신들도 남을 도울 힘을 가진 자가 아무도 없었다. 그러기에 나는 형제의 도움도 받지 못하고 열한 살이 되어 부산에서 혼자 힘으로 성장했다.

내가 여기에서 깨달음에 대해서 말할 수 있는 것은 내 주민등록번호를 동에 가서 확인하면 매우 쉽다. 그 어려운 과정을 겪으면서 나는 단 한 번도 남을 속이지 않고 남의 것을 훔치지 않았다는 것이 내가 너희에게 소개할 수 있는 하나의 대목이 되겠다. 나는 초등학교 졸업장은 받았지만 실제로 나의 성장 과정이 그렇다 보니 다른 사람처럼 일주일에 6일 학교 다닌 게 아니다. 일주일에 이틀도 가고 잘하면 사흘도 가고 잘못하면 하루도 가고 이렇게 해서 졸업장을 얻은 형편이었다.

나는 스무 살이 되면서부터 주위에서 대단한 인기가 있었고 천재라는 소리를 들었다. 나는 크면서부터 항상 자신에 대해서 너무나 큰 기대가 있었다. 나는 국가나 사회나 내 주위에 있는 다른 사람들을 위해서 그들이 원하는 평화나 축복 그리고 그들의 보람을 찾아주기 위해서 무엇을 해야 할 것인가 생각하다가 스물다섯 살에 정치인으로서 발을 디디기 시작했다. 당시 바로 정당의 지구당 위원장으로 출발했다. 그 당시 나와 같이 활동했던 사람들이 나이가 드신 분들은 알 것이지만 월파 서민호 씨, 장준하 씨, 양일동 씨, 김홍일 씨, 이분들이 나를 매우 아꼈다. 그래서 나는 25세의 나이로 영도에서 당시 나의 꿈을 실현하기 위해서 국회의원에 출마했다. 당시에는 당선이 될 것이라고 본 게 아니라 사람들한테 얼굴을 알리고 삼십 대에 진출해서 오십 대에 이 나라의 최고의 행정수반이 되겠다는 꿈을 가지고 있었다.

나의 마음속에서는 충분히 이루어질 것이라는 예지가 있었는데 한 번 출마하고 났더니 사람들이 똑똑하다고 아껴주고 잘 받들어 주면서 인도해 주었기 때문에 나에게 별 불편한 게 없었다.

그런데 이 나라에는 유신이라는 정변이 일어났을 때 나이가 드신 분들은 잘 안다. 그 당시 양심과 용기를 갖지 않은 사람들이 입을 다무니까 오히려 나 같은 사람이 연단에 서서 일반 대중 앞에 사회에 대한 현실을 말할 수 있는 기회도 많았다. 그러다가 당시 제3공화국으로부터 감시의 대상이 되고 많은 박해를 받았다. 한 사람의 인재를 박해할 때 그의 주변에 있는 사람부터 처벌한다. 접촉하는 인사부터 쳐버리니 결국 그런 사실을 알고서는 내가 아는 사람들을 찾아다닐 수 없었기 때문에 나는 타락한 사람처럼 항상 술집에서 술로써 세월을 보냈다. 정권의 부탁을 들어주면 나의 출세나 부가 보장이 되지만 출세의 길을 거부했다. 1970년대에는 이 나라의 정치를 한다는 정당이나 재야사회에서는 매우 이름을 날렸다.

나는 박해에 시달리게 되자 너무 외롭고 해서 결혼하고 싶다고 하니까 중매도 많이 들어오고 그냥 생각도 안 한 결혼을 불같이 하게 됐다. 내가 솔직하게 이야기한다고 해서 나를 비굴한 사람이라고 생각하지 말라! 그때 내 나이가 삼십 대 초반에 여자가 평생 데리고 살 신랑이니까 밥이나 좀 먹여주겠지 해서 지금 내가 같이 사는 부인하고 결혼했다. 이 사람이 시집오면서 어떻게 내 마음을 알았는지 은행을 퇴직할 때 퇴직금 받아서 친정에 주고 빈손으로 왔다고 했다. 내 입 붙여 볼까 하다가 오히려 입 하나를 더 붙여 놨으니 이제 입 두 개가 됐다. 결혼하다 보니까 자식이 하나 태어나니 셋이 됐는데 방이 좁아 셋이서 그대로 누울 수가 없었다. 그래서 현실을 보고 내가 이래서는 안 되겠다 해서 당시 돈 40만 원이면 지금 돈 가치로 따진다면 한 400만 원쯤 되는 돈을 빌려서 1974년도에 어쩔 수 없이 가족을 부양하기 위해서 잠시 상인으로 몸을 담은 적이 있었다. 밑천 없이 시작한 장사가 1년 만에 부산 시내 경쟁업체 모두를 제치고 최고의 자리에 오를 수가 있었다. 3년간 사업을 한 결과 일생 내 가족들이 먹고사는 정도는 되겠다 싶어서 약간의 토지도 사 두고 풍족하게 살고 있었다.

그런데 재야인사들과 한국의 양심 세력이라는 사람들의 요청에 이기지 못해서 1978년도 12월 12일 선거에 부산 영도 중구에서 출마했다. 연단에 서서 정견을 발표하면 박수가 쏟아지고 엄청난 인기가 있었다. 그러나 정부의 박해가 더욱 심해졌고 박해를 결국 이기지 못하고 수입 좋은 사업을 걷어치웠다. 가족에게 이제는 일생 돈벌이하지 않을 것이니 이걸 가지고 잘 관리하고 먹고살라 하고 무위도식無爲徒食했다. 이 나라에서 성공할 수 있는 기회가 많았으나 양심을 팔 수가 없었다. 그 후 박정희 씨가 죽고 5.17 쿠데타가 일어났다. 사태 이전에 나에게 어떤 사람이 동아일보 편집국장이라고 자기의 신분을 가장하고 찾아와서 국회의원이 돼 보겠느냐고 제의했다. 그들이 요구하는 대로 도장만 찍으면 자금도 얻을 수 있고 인기도 올라갈 수 있고 기관에서도 사람이 좋다고 적극적으로 지원한다. 그러니까 국회의원이 당선되는 것은 나와 같은 입장에서는 매우 수월한 일이었지만 나는 거부하고 술로써 생활을 보냈다.

1983년도 어떤 분이 찾아와서 삼십삼만 평의 공원묘지를 해주겠다고 했다. 집에 전화가 와서 만나고 싶다고 하길래 오라니까 찾아와서 가방에서 서류를 끄집어내는데 공원묘지 허가서였다. 거기에는 모든 제반 서류가 들어 있었고 그들은 나의 대답에 따라서 삽시간에 서류를 만들 수 있었다. 당시 33만 평의 공원묘지라면 프리미엄만 해도 10억 정도였다. 10억을 낸다 해서 아무라도 그런 것을 살 수 있는 것이 아니고 정권에 줄이 없이는 절대적으로 되는 게 아니었다. 이 허가권은 도지사 명의로 나가지만 1980년도 이후에 이것은 절대 도지사 명의로 나가면 안 되는 일이었다.

당시 그가 나에게 그러한 이권 문제를 제시할 때 요구 조건이 무엇인지 물었다. 입을 다물고 볼륨을 낮추고 살며 멋있게 사는 것이라고 했다. 그러니까 볼륨을 낮추고 진실을 말하지 말고 멋있게 일생을 살아갈 수 있다는 말이었다. 그때 나는 그 사람이 보는 앞에서 한참 동안 눈물을 비처럼 흘리니까 대화가 끊어졌다. 시간이 너무 오래 지나자 그는 감격해서 눈물을 흘리는 줄 알고 가만히 참고 있었다. 나는 한참 후에 아무리 생각해도 돈을 쓸 곳이 없다. 내 나라가 일본 사람들의 수중에 들어갔을 때 독립운동했던 사람들에게 돈벌어서 도와주면 그래도 애국자라는 소리라도 들을 수 있다. 하지만 이 시대는 자기의 민족이 통치하는 밑에서 잘못하면 역적으로 몰려서 죽게 되어 있는 그런 상황이었으니 나에게 무슨 돈이 필요하겠는가! 이 돈이 나에게 화를 만들게 되니 받지 않겠다고 했는데 그 사람이 일주일 동안 있다가 돌아갔다. 11대 국회의원 선거 때는 선거를 전후해서 내 집에 6개월 동안 정보부처에 근무하는 사람이 와 있었는데 내 사무실에까지 따라다녔다. 과거의 정부 그러니까 5공화국에서는 나를 위해서 많은 자리를 만들어 주려고 노력했다는 사실을 말하는 것이다.

그 당시까지만 하더라도 나는 깨달음에 대하여 몰랐고 깨닫고 싶은 마음이 없었다. 나는 절대 깨닫고 싶은 마음이 없었는데 깨닫게 되었다. 그래서 그 문제에 대해서 집중적으로 질문을 해 달라고 부탁하고 싶다. 나는 모든 것을 거부하고 오직 내가 할 수 있는 일이 무엇인지를 고민했다. 이 땅에서 진정 필요한 모든 인간이 소망하고 있는 밝은 세상을 이루기 위해서 아무런 일도 하지 않고 기다리고 있었다. 1983년이 지나자 나의 뇌리에는 계속해서 어딘가 가서 조금 쉬고 싶다는 이러한 예지가 계속 일어나고 있었다. 내가 그 당시의 상황을 그대로 말하겠다. 나의 의식을 통해서 미래를 비춰 보았을 때 지리산을 선택해서 2년 동안 머물고 나서 그 이후를 보았더니 모든 신神계를 지배할 수가 있었다. 요즈음 깨달았다고 하는 사람은 신계를 지배하는 게 아니고 신에 지배당하는 사람들이다. 나의 근본에는 신神의 세계를 지배할만한 힘이 존재하는 것을 느낄 수 있었다.

그래서 나는 조용한 곳을 찾기 위해 남해안을 수소문했다. 몇 개월 동안이나 노력했는데도 인연이 없으려니까 무인도를 사려고 했지만 어려웠다. 우연히 배를 타고 충무에 갔다가 배 안에서 연화도 섬에 산다는 분을 만났는데 연화도에 오면 적당한 집이 있다고 해서 연락처만 교환하고 헤어졌다. 그 후로 일 년이 지나도 적당한 곳이 나타나지 않았는데 그때 마침 배에서 만났던 분이 연락이 와서 연화도에 갔다. 조용한 곳에서 휴양하고 싶다고 했다. 그런데 마침 조용한 곳에 집이 한 채 있어서 막걸리 한 되를 사 놓고 세 사람이 이야기하다가 내일 돈을 주겠다고 취중에 서로 거래가 이루어져서 다음날 돈을 지불하고 그 집을 사서 한 달 후에 나 혼자 그곳으로 이사했다.

연화도에 들어가고 나서 나에게는 계속 변화가 오기 시작하는데 마음에 안정이 오기 시작했다. 자신의 근본에 대해서 많은 의문점을 가지고 있었다. 누구나 이런 생각을 할 때가 있을 것이다. 나는 어디서 왔는가! 나는 왜 이토록 기구한 운명을 선택해서 살아야 하는가? 이런 의문이 쌓이게 되자 내가 알고 싶었던 것은 나의 근본이었다. 나는 누구였는가 하는 의문을 풀지 않고는 견딜 수가 없었다. 입신入神의 경지라는 말이 사람들 입을 통해서 더러는 전해지고 있는데 과연 입신의 경지에 들려면 어떠한 노력을 해야 하는가? 아무도 그것을 제시해 놓은 자가 없었으나 나의 의식에서는 이러한 내용이 떠오르기 시작했다.

"태어나기 이전의 세계로 돌아가라! 태어나기 이전의 세계로 돌아가면 거기가 입신의 자리이다."

내가 어떻게 태어나기 이전의 세계로 돌아갈 수 있는지 의문을 품기 시작했으며 나는 입신의 자리에 들기 위해서 고요히 눈을 감고 이렇게 외웠다. 마흔셋, 마흔둘, 마흔하나, 마흔, 서른아홉, 서른여덟 서른일곱… 그러자 나는 하나의 나이에 도착했고 그 하나마저도 없어지는 순간 하나의 공간이 존재하고 있었다. 그 주위에는 아무것도 없는 하나의 공간에는 아무것도 없고 마음 하나가 있었는데 그 마음이 세상에서 가장 고귀한 마음이었다. 바로 여래의 마음이었고 나는 전생에 내가 여래였으며 부처 속의 부처였다는 사실을 알게 되었다.

Q 깨달음 이후에는 어떠한 변화가 일어났습니까?

승: 번뇌와 망상이 사라지기 시작했고 내 생활 속에서 그렇게 잘 끓던 분노와 증오가 없어져 버렸다. 아무리 벽을 보고 하루 내내 앉아 있어도 아무런 생각이 일어나지 않았다. 하나의 사물을 보고 어떤 내용에 부딪히고 나의 의식이 어떤 곳에 닿기만 하면 거기에 이해가 나타나기 시작했다. 결국 내가 그러한 생활 속에서 알게 된 것이 세상의 모든 현상은 뜻의 결과이고 뜻은 또한 뜻으로 인해서 계속 난다는 것이다. 아무것도 없는 곳에서 하나가 있고 그 하나가 또 열이 되고 열이 백 개가 되고

백이 천이 되고 천 개가 되어서 이 세상은 끝없는 법계 속에 존재한다는 사실을 알게 되었다.

Q 여래님의 의식이 닿는 어떤 분야에 있는 것도 거기에 대한 모든 진실을 알게 되었습니까?

승: 나는 천대와 멸시 그리고 학대와 박해를 받아왔는데 사람이었다. 그중 하나를 받아도 지탱하기가 힘든데 네 가지를 다 경험해 보았다면 인간사회에 어디에 가서도 흔히 들어 볼 수 없는 일이다. 나는 그러한 경험을 했기 때문에 제일 먼저 생각난 게 가난하게 살고 한이 많은 형제와 일가친척과 친구와 내 이웃과 사회 그리고 이 민족이었다. 그들이 나로 인해서 큰 덕을 보게 될 것이라고 매우 기뻐했다. 나는 2년을 못 채우고 그곳을 나와서 사람들을 만나기 시작했다. 그런데 나에게는 이상한 현상이 일어나고 있었다. 그렇게 가까이 지내던 사람들이 전부 다 벽을 쌓아 버렸다. 내가 입도 열기 전에 전부 다 바쁘다고 하고 만나자고 하면 다시는 서로 만나지 않으려고 했다. 그렇게 많이 찾아오던 사람들이 하루아침에 발길이 끊어져 버렸다. 집에 전화도 오지 않았고 찾아오는 사람이라고는 보증서 달라고 부탁만 했고 다른 이유로는 안 오는 것이었다. 결국 내가 깨달음을 얻으면서 친구를 잃었고 일가친척을 잃었고 이웃을 잃었다.

Q 여래님의 주위에 그토록 많은 사람이 있었는데 한 사람도 옳은 것

을 찾는 자가 없다는 놀라운 사실이네요?

승: 나는 그때야 생각했다. 내가 사람들 앞에서 인기가 있으니까 똑똑한 줄 알고 나에게 돈을 주고 빵을 주고 아부를 하던 사람들뿐이었다. 내가 진정 참된 자로 변하자 이제 별 볼 일 없는 사람이 되어 버렸다. 내가 사회에서 정치나 재물이나 건달 세계의 대부가 되면 자기들이 이용해 먹을 수도 있었다. 친구라 하면 빛이 나는데 깨달았다 하니까 자기들하고는 다른 문제였다. 그래서 내 주위에는 한 사람도 없이 전부 다 끊어져 버리고 말았고 그때부터 미친 듯이 사람들을 찾아다녔다. 나는 스님들이 깨달음을 얻겠다고 공부한다는 소문을 듣고 제일 먼저 전국 사찰을 뒤졌다. 그런데 내가 알기로는 그들은 깨달은 스승을 찾는 게 아니고 자신들의 의식과 같은 스승을 찾고 있었다.

Q 사람들이 선생님을 가까이 않는 이유가 무엇입니까?

승: 내가 과거에 깨닫기 전에도 남에게 뒤떨어지는 게 하나도 없고 깨달음을 얻고 나서도 남에게 한 번도 폐가 되는 짓을 안 했는데 왜 나의 곁에 사람이 오기를 그토록 두려워했는지에 대해서 말하겠다. 며칠 전 회관 아래 장소에서 기氣에 대한 강좌를 하는데 돈을 5천 원씩 받는데도 사람이 대강당에 가득 찼다. 누구인가 나에게 물었다. 사람들이 많은 돈을 내고 들으러 왔는데 당신은 공짜로 이야기해도 왜 사람들이 몇 명이 안 오느냐고 해서 내가 대답해 주었다. 사람은 의식이 있으며 근본은 전생에 만들어지는데 깨닫지를 못하고 좋은 스승을 만나지

아니하면 의식이 계속 망한다. 사람의 의식이 망하면 사기를 잘 치는 사람이 글을 쓰고 강연한다고 하면 길을 가다가 보고 내가 찾던 스승이 이곳에 나타났다고 생각하고 돈을 짊어지고 가는데 같은 것끼리 통하는 유유상종이다.

Q 의식이 나쁜 사람은 행동이 좋지 않고 나타나는 말의 바탕도 나쁜 것입니까?

승: 의식의 세계는 너무나 오묘하며 의식이 허약한 자는 자기의 의식을 더 허약하게 해 줄 스승을 찾는다. 그래서 온갖 생각이 일어나는 착각이라는 게 나타난다. 마음이 어둡고 한恨이 들린 사람들은 환상적인 말을 하는 사람을 좋아한다. 악마는 항상 바탕이 없는 말을 하는데도 이제는 찾던 스승이 왔다면서 빠지게 된다. 이 나라에서는 한이 들린 사람에게 가장 사람이 많이 몰린다. 사기 잘 치는 곳에 사람이 많이 가고 스승으로 모시고 배우고자 한다. 실제 깨달은 자에게 와서 자기의 장래를 상의한다든가 자기의 삶을 빛내고자 하는 지혜를 얻고자 하는 자는 찾기 힘들었다.

Q 지혜가 많으면 말을 하지 않고 진실을 전할 수 없습니까?

승: 나는 많은 절에 찾아갔었는데 한 사람도 깨달음을 얻겠다는 사람이 없었고 한참 듣고 나서 꼭 말로 해야 하느냐고 했다. 내가 너를 깨우치기 위해서 한 방법은 전부 다 말인데 네가 하나를 알고 하나를 모르고 있다. 말속에 참과 거짓이 있는데도

눈뜬장님이 되어서 진실과 거짓을 알아보지 못하니 내 입만 피로하다고 했다.

Q : 의식이 어두운 사람이 볼 때는 거짓말과 참말을 들으면 거짓말이 솔깃하겠지요?

答승: 거짓말은 듣기가 수월하고 참말은 들으면 좀 힘이 든다. 그들은 거짓말을 하는 스승은 훌륭한 사람이고 참말하고 진실하게 말하고 바르게 가르쳐 주는 스승은 재미없는 사람이라고 생각한다.

내가 분명히 말하고 싶은 것은 고타마 붓다는 지금까지 내가 오기 전에 이 인류의 최고의 스승이었다. 그는 열반하기 전 제자들에게 했던 말이 나는 깨달음을 이루고 생각이나 있지 않은 것은 아무것도 말하지 않았다. 세상을 바로 보고 있는 것을 있는 그대로 설한 것이다. 그래서 최고의 스승이라 하며 최고의 가르침이라고 한다. 오늘의 승가에 말해봤자 알 수도 없겠으나 솔직히 눈뜬장님이 부처의 말을 이해하는 것은 불가능하다. 눈먼 사람이 세상을 본다면 눈을 뜬 자이다. 의식이 눈먼 사람이 어떻게 세상의 진실을 볼 수가 있겠으며 석가모니의 생활 속에 존재하고 있는 남긴 말씀 속에서 진리를 찾아야 하는데 엉뚱한 곳에서 찾으려고 한다.

Q 깨달음이 무엇인지 알고 살면 운명을 바꿀 수 있는 것입니까?

答승: 깨달음을 모르고 사는 것은 자신의 미래에 대한 포기이다.

자신을 항상 불행하게 살게 하는 업에서 벗어나고자 하는 행위에 대한 포기이기에 깨달음은 운명에서 벗어나는 일을 해 준다. 사람들은 이런 일에 대해서 큰 관심이 없다. 나는 깨달음을 얻고 사람들에게 축복하려고 많이 노력했는데 내가 원하는 것처럼 사람들에게 큰 도움이 되지 못했다. 이 말은 나를 자신들의 삶 속에 받아들이는 일을 원하지 않았다는 것이다.

Q 많은 곳에 깨달은 자가 나타났다는 이야기를 들은 적이 있는데 그 진위를 알고 싶은데요?

승: 먼저 지금까지 존재했던 소문의 근원에 대한 궁금한 의문점에 대하여 설명하겠다. 깨달았다면 무엇을 깨달았는지 자신이 깨달았다는 분야에 대한 확실한 증거를 남긴 사람들이 없다. 그렇다면 과연 깨달았다는 사람들은 어떤 것을 깨달았고 깨달음을 얻겠다는 사람들은 무엇을 했는지에 대해서 먼저 의문점을 풀어야 할 것이다. 항간에 깨달았다는 사람들의 이야기 중에 이런 게 많다. 인간의 정신을 두 가지로 분류할 수가 있는데 좋은 의식과 나쁜 의식을 들 수가 있겠다. 인간의 의식이 나쁘면 결국 잘못된 일들이 생기게 된다. 요즈음 깨달았다고 소문이 난 사람들을 만나보면 아무것도 모르는 사람이 써 놓은 책을 읽고 거짓을 말하면서 깨달았다고 하는 것이다.

Q 자신이 모르는 말을 만들어서 깨달았다고 주장하는 사람이 있다면 의식이 나쁘고 양심이 없는 사람이겠네요?

승: 자신이 만든 말을 가지고 진리이고 깨달음이라고 속이는 것은 돈을 받지 않을 때는 거짓말이고 돈을 받게 되면 사기이다. 이런 거짓이나 사기를 치는 사람들은 대부분 보면 의식이 나쁘다. 만일에 앞으로 깨달았다는 사람이 나타난다면 먼저 상대가 근본이 좋은지 도대체 어떤 사람인데 깨달을 수 있었는지 근본적인 문제를 추적해야 할 것이다. 사람들은 그 말이 너무 달콤하고 책에서 읽은 말과 비슷하기에 혹시 깨달은 자인지 착각에 빠질 수가 있으니 유의해야 한다.

Q 기도하고 주문을 외우면 깨닫고 명상하면 깨닫는다는 소문이 있는데요?

승: 만일 의식이 허약한 사람이 깨달음을 얻겠다고 기도하고 계속 잘못된 방법으로 수행하다 보면 정신이 어두워지는 현상이 온다. 눈먼 사람을 캄캄한 곳에 오면 편안함을 느끼는데 온갖 환상을 밝은 곳에 있을 때보다 더 많이 보게 된다.

Q 이런 현상이 나타날 때 그들은 깨달았다고 말하지만 이런 깨달음은 착각이라는 것입니까?

승: 오늘날 사람들은 자기의 착각이나 남의 착각을 듣고는 그것이 대단한 것이라고 받아들이고 거기에 돈을 가지고 간다. 또 다른 나타나는 현상도 의식이 허약하고 어두우면 죽은 자의 영혼이 들어온다. 다른 의식이 들어오면 자기의 생각을 안 해도 모르는 것이 자연적으로 자기 속에 떠오르고 나타난다. 이

런 때 또 깨달았다고 하는 사람들이 있다. 지금까지 실제로 깨달았다고 전해졌던 사람들은 이런 부류로 나타났던 사람들이다. 대부분 그런 사람들을 만나면 좋은 일을 빙자해서 물질을 요구한다. 단 한 번도 그들이 거둔 물질로 인해서 사회에 좋은 현상이 나타나지 않았다. 그들이 깨달은 자라면 다른 사람들이 준 물질로써 좋은 인재를 찾고 양성해서 세상을 바르고 좋은 세상을 만드는 일에 도왔을 것이다.

Q 오늘날 깨달았다는 사람들이 있는 곳에 가면 사람들이 와서 돈을 주고 가는데 이 돈을 어디에 쓰는 것일까요?

승: 고아원에 주고 양로원에 주었다고 하는데 물론 고아를 돕는 일도 양로원에 가서 나이 많은 사람에게 보시하는 것도 좋은 일이다. 하지만 거지 백 명에게 밥을 대접해서 사회나 그 사람들에게 어떠한 도움이 되겠는가? 단 한 사람의 인재를 돌보고 키우는 것보다 절대 공덕이 부족할 것이다. 그래서 항상 깨달은 자와 깨닫지 않은 자의 일을 보면 반대로 일하는데 반대쪽으로 하는 일이 중생들 마음에는 든다. 의식이 어두운 눈뜬 장님이 볼 때는 그 일도 매우 합리적이고 타당성이 있다고 생각하고 있기 때문이다.

Q 의식이 눈먼 사람이 보면 진실과 거짓을 구분할 수 없겠죠?

승: 자기가 보지 못하니까 거짓말을 해도 그럴듯하면 진실처럼 보이고 참말을 해도 마음에 안 들면 부정해버리는 습성이

인간들 속에는 존재하고 있다. 이 점에 대해서 매우 유의해야 한다. 나는 완전한 깨달음을 얻는 자이므로 깨달음의 길도 알고 있다. 알고자 하는 모든 질문을 하나의 이치 속에 놓고 그러한 일이 어떻게 나타나고 어떻게 변화해서 어떻게 달라지는지를 이 자리에서 설명할 수가 있다. 또 부가해서 말하면 세계에서 천재 10만 명을 한 자리에 모아서 미리 준비한 내용을 계속 질문해도 나의 대답은 결코 멈추든지 막히지 않을 것을 아울러 말한다.

Q 사람들은 자기가 한 일에 의해서 자신이 얻게 되는 결과에 대해 만족하지 않는 이유는 무엇인지요?

승: 그것이 함정인데 자기가 한 일에 대해서 만족할 수 있는 사람이 옳은 사람이다. 바위 밑에 가서는 몇만 원을 그냥 내놓고 거기다 빨간 물감으로 쓴 부적을 한 장 더 붙여주면 몇십만 원이나 몇백만 원을 내놓는다. 이것은 자기가 노력해서 얻으려하는 것이 아니라 다른 어떤 대상에 의해서 기적이 일어나기를 바라는 것이다. 그런 헛된 생각을 하는 사람들이 많고 옳지 않게 살면서 오직 애착과 욕망으로 바라기만 하니까 거짓이 존재할 수밖에 없다. 사람이 거짓을 버리지 못하면 절대 깨달음에 이를 수가 없다. 석가모니도 예수도 모든 성인이 같은 말을 했듯이 이 시대의 사람들은 자기를 축복하는 것이 아니고 말세이기에 사람들이 당연한 것처럼 자기를 버리는 일을 하고 있다.

Q 그러면 왜 이런 비정상적인 일들을 사람들은 끝없이 하는 것입니까?

승: 그것은 무지 때문이다. 어리석음이 자기를 속게 하고 남을 속이게 하고 있기에 이 무지는 깨달음의 적이다. 무지한 사람들도 하는 말이 자기들을 믿으면 깨달음을 얻는다고 말한다. 하지만 그런 방법을 통해서는 영원히 깨달을 수 없는 것은 고사하고 자기 자신을 보존하는 것이 어렵다. 인간의 의식이 망해 버리면 동물로도 태어날 수 있고 식물로도 태어날 수가 있다. 석가모니도 이런 일을 보고 한 말이 육도윤회가 있다고 말했다. 그것을 정확하게 인간들에게 말할 수 없었기에 그 정도만 축소해서 말한 것이다. 육도윤회는 아귀나 축생이나 그것을 광범위하게 말하면 엄청나게 많다. 의식이 망하면 다른 어떤 것으로도 변할 수 있기에 이렇게 규정해서 설명한 것이다.

Q 깨달으면 무엇을 얻을 수 있으며 자신을 구원하는 방법이 있습니까?

승: 깨달음을 성취하는 것은 진실을 얻는 것이고 진실을 자기 속에서 일어나게 하는 일이다. 이 일은 쉽지 않지만 이런 일을 두고 여러 곳에서 관찰한 결과 해답을 얻어낼 수가 있었다. 오염 물질이 가득한 물동이에 계속 맑은 물을 집어넣으면 물동이에 들어가는 압력으로 흐려 있는 물이 밖으로 나올 수 있었다. 계속 있는 일의 가르침을 받아들여야 하는데도 가르침을 받아들이는 것이 진실이 깨어나지 않으면 절대 불가능하다. 자기의

진실을 깨어나도록 해서 있는 일을 보고 인간을 깨우치는 것이며 깨달음이 자신을 구원하는 방법이다.

Q 있는 일을 두고 사람을 깨우치려 하니까 들으려는 사람이 없는 것입니까?

슝: 우리 사회에 나타나고 있는 현실들은 너희도 잘 알고 있는 사실과 같이 암담한 세상이다. 많은 문제가 존재하는 세상을 만들어 놓은 결과밖에 안 되었다. 사람들이 자신이 하지 않은 일에 기대려 하다 보니 거짓이 있고 속임수가 난무한다. 남을 괴롭히는 일이 많으니 세상이 좋을 수가 없고 점점 많은 문제를 만들어 내고 문제 속에서 살게 되었다.

Q 깨달음이 부족한 사람들은 결국 어리석음으로 인하여 모르기 때문에 속고 사는 거겠죠?

슝: 자기 속에서 속은 일들이 반복되고 무지가 크게 되면서 진실이 적어진다. 그때부터는 깨달음이 없으면 자신을 망하게 하는데 깨달음이 있으면 자신을 점점 좋은 쪽으로 만들게 되고 진실을 채워서 업이 적어진다. 그때는 너희가 얼마든지 수행을 통해서도 고행을 통해서도 사랑을 통해서도 해탈이 가능할 수 있다.

Q 사람들은 쉽게 깨닫기를 원하는데 좋은 방법이 있습니까?

슝: 세상의 모든 일은 단순한 뜻으로 정해져 있다. 그러나 이

단순한 것을 모를 때 그것을 알아내는 것이 너무나 복잡하다. 오늘날 인간들은 컴퓨터나 새로운 기계들을 이용해서 온갖 것들을 알아내고 있다. 그러나 그 컴퓨터도 알아내지 못하는 게 하나 있는데 어떻게 사람을 깨우쳐야 하는지는 모른다. 한 사회가 침몰하고 많은 사람이 불행하게 살아야 하는 것은 하루아침에 이루어질 수 있는 게 아니다. 사회가 망하기 전에 먼저 망하는 것은 인간들의 의식이다.

Q 의식이 망하지 않으면 사회는 절대 안 망하는 거겠죠?

승: 그것은 우리가 움직이고 있는 의식이 세상을 만들기 때문이다. 우리 사회에 많은 어려움이 존재하고 그 어려운 일들이 우리의 삶을 암울하게 하고 있다면 우리 사회에 엄청난 잘못된 일들이 존재했다는 것이다. 그래서 깨달은 자가 나타날 수가 없었다. 의식의 세계에 대해서 이해하지 못하면 사회는 사람을 망치게 되고 사람은 사회를 망치게 된다. 사회는 인간을 바탕으로 해서 존재하고 인간은 사회를 바탕으로 하여 존재한다. 개인과 사회는 남이 아니라 개인은 사회를 바탕으로 사회는 우리 개개인을 바탕으로 하여 존립한다. 그러니까 사회에 나쁜 사람들이 득세하면 사회는 망하게 되는 것이다. 사회에 좋은 사람들이 득세하게 되면 그 사회는 좋아지게 되어 있는 것이 만고불변의 진리이다.

Q 우리가 항상 이 시간을 통해서 모이는 것은 어떻게 깨달음을 얻고

자기의 삶을 축복하는 게 최고의 목표여야 하는데 다른 친구들은 목표가 다르거든요?

승: 자기를 축복하는 일은 멀리 있는 것이 아니고 자기 속에서 일어나야 한다. 깨달음이 없는 사람들은 자식을 대학에 보내는 것이 최고의 목표였고 소원이었다. 나는 깨달음을 얻기 전에도 대학에 보내는 것을 대단하게 보지 않았다. 한국의 교육은 창의적이나 창조적인 것도 아니고 암기 교육이다.

Q 암기 교육을 오래 받게 되면 어떤 결과가 오겠습니까?

승: 다른 외국에서 가르치는 교육과 같이 보아서는 안 되며 집중적인 암기력에서 발생하고 있다. 책 속에 있는 많은 문제를 교과서로 만들어 거기에 문제를 삽입해서 그 문제를 머릿속에 받아들이게 하면 시험 치면 백 점을 맞는다. 그런데 어떤 공장에 물건을 만들라 하면 앞이 캄캄해서 아무것도 할 수 없기에 사람의 의식을 버려놓는다. 깨우침을 주지 않고 깨닫지 못하는 교육은 진정한 교육이 되지 못한다. 어떤 경우에서는 사람을 망칠 수가 있고 창의력이 뒤떨어지니 자신이 어떻게 해야 한다는 생각은 하지 못하고 전부 미루어 버린다.

Q 한국의 교육이 창의력이 뒤떨어진다고 하는 이유가 있습니까?

승: 하나의 좋은 예가 있다. 딸아이가 고등학교 때 보충수업을 받는데 내가 학교에 찾아가서 담임선생과 교무주임 그리고 교감에게 강제 교육을 아침부터 밤까지 시킨다면 자퇴시키겠다.

암기 교육의 목적이 무엇이며 이것은 학생들에게 큰 부작용을 낳게 하는데 이게 무엇이냐고 하니 교감이 하는 말이 그들도 원치 않는데 교육부가 아니고 내무부에서 보충수업을 시키라는 지시가 내려왔다고 했다. 너무 웃기는 이야기인 것이 고등학생 정도가 되면 사고의 발달이 가장 활발할 이때 정권 유지를 위해서 사람을 잡아놓고 살아가는 데 별 필요도 없는 것만 계속 외우라고 한다.

Q 하루 12시간씩 주입하면 머리가 어떻게 돌아버리겠네요?

승: 머리에 쓸데없는 게 꽉 차서 다른 것은 받아들이지를 못한다. 뉘 집에 불이 났다고 해도 받아들이지 못하니 누가 옳은 일을 한 것인지 그른 일을 했는지도 자신과는 상관없는 일이라고 생각한다. 학교가 학생들을 정의롭지 못한 인간으로 만들고 양심을 마비시키는 폐인으로 만드는 일들을 자행하고 있다. 그러기에 나는 자식 좀 잘 가르치려고 학교 찾아가 말해서 일 년 동안 보충수업을 안 시켰다. 하지만 다른 집 아이들은 보충수업이 부족해서 학원까지 보낸 사람들도 많다. 우리가 있는 일을 알게 될 때 사회의 영향에 의해서 사는 게 아니고 자기의 뜻으로 살게 된다. 자기가 옳다고 판단한 일을 자기가 하면 된다.

Q 왜 우리 사회는 자기의 뜻을 버리고 다른 사람의 뜻으로 살아야 했습니까?

승: 오늘날 우리 사회에는 많은 어려운 일들이 존재하고 있다.

인간을 망쳐 버렸기 때문에 인간이 사는 세상이 망하고 있다는 말은 누구든지 부인할 수가 없다. 한 번 망한 사람이 다시 좋은 사람으로 태어나기 위해서는 잘못된 모든 의식을 버리고 새로운 의식을 얻어야 하는 게 바로 깨달음이다. 오늘날 우리 사회의 문제를 해결하고 새로운 희망이 넘치는 사회로 만들어 가기 위해서는 무엇보다도 있는 일에 대한 참된 가르침이 필요하다. 30년간 잘못된 교육을 받아왔고 잘못된 사회에 물들어 있기에 사회의 중요한 일들을 그들에게 맡긴다면 절대로 희망이 없는 사회로 변해갈 것이다.

Q 우리가 깨달음이 필요한 것이 자기 자신을 위해서입니까?

승: 깨달음은 자기를 잘되게 하며 위험에서 건질 수 있는 하나의 길이다. 자기의 끝없는 내세를 밝은 쪽으로 이끌어 갈 수 있는 축복이 되기 때문에 자신을 사랑하지 않는 자는 이웃을 사랑할 수가 없다. 내가 남을 사랑하는 게 나에게도 큰 이득이 있는데 세상에서 깨달음을 얻는 것보다도 더 큰 대가가 어디에 있겠는가? 세상의 일을 깨닫고 보면 근면하고 검소하고 정직한 사람이 되어 살아갈 수 있다면 자신이 훌륭하게 사는 것이다. 그런 자는 절대적으로 망할 수가 없으며 망하지 않는 영원한 자신을 얻기 위해서는 깨달음이 있어야 한다. 이 깨달음을 얻는 가장 큰 길이 바로 사랑이니까 사랑은 위대하다.

Q 사랑이 눈물의 씨앗이라고 한 옛날 대중가요 가사가 있는데 진짜

사랑의 뜻이 한 문장으로 무엇인지요?

승: 오늘날 사람들은 사랑을 어떻게 보느냐 하면 남자 여자 둘이서 은밀한 곳에서 서로 나누는 애정 표시를 사랑이라고 생각한다. 이 나라에는 사랑이라는 말은 존재하지만 진정한 사랑을 가르치지 않고 있기에 사람들의 행동에서 그런 일을 볼 수가 있다. 사랑이란 한마디로 말하면 축복하는 것이다. 내가 한 일이 상대에게나 가족이나 세상에 축복이 된다면 그것은 상대를 축복한 것이고 가족을 축복한 것이며 세상을 축복한 것이다.

Q 자식들을 위해서 밭에 나가 열심히 일하는 것은 자식에 대한 사랑이 될 수 있습니까?

승: 그것은 자식과 가족을 위한 사랑이 된다. 내가 열심히 일할 때는 누군가를 사랑할 수 있는 사람이 되며 우리가 깨달음을 얻는 것은 사랑하기 위해서이다. 사랑을 안다는 것은 우리가 사는 세상의 축복을 위해서 필요한 것이다. 절대 깨달음을 어렵게 생각할 필요가 없이 자신을 깨우치게 되면 깨달음은 매우 쉽고 단순한 곳에 있다. 깨달음을 가로막는 일이 있다면 자기 속에 있는 잘못된 일들이 계속 자기 속에서 작용하기 때문이고 깨달음을 얻고자 하는 일을 허용하지 않을 뿐이다.

Q 있는 일이 얼마나 우리 자신을 깨우치는 데 중요한 원인이 되는 것입니까?

승: 있는 일을 이해하지 못하는 상태에서는 깨달음에 대해서

는 이해할 수 있는 길이 없고 자신을 깨우칠 수 없다. 있는 일을 통해서 최고의 가르침을 세상에 전할 수가 있다. 이 가르침이 좋은 사람을 만들어 내고 좋은 세상을 만들 수 있는 근원이 된다.

Q 자연에서 보면 콩이나 벼는 씨앗 하나를 심는데도 추수할 때는 거기서 많은 양이 나오는데 인간의 의식도 그와 같습니까?

승: 모든 생명체는 활동을 통해서 자기를 만든다. 생명 활동을 통해서 자기를 만들어 내니까 콩이나 작물은 많은 자기를 만들면서 끝없이 존재하게 하는 길을 열어두고 있다. 인간 역시 생명 활동을 통해서 자식을 두며 여러 명의 자식을 만든다.

Q 그러면 많은 콩이 열리고 여러 명의 자식이 태어나는 근원은 어디에서 오는 것인지 궁금한데요?

승: 생명의 근원은 바로 기氣이다. 영체靈體를 정확하게 관찰해보면 기운에 의식이 붙어있다. 인간 영체의 기운은 고도로 질이 높아서 기운이 망하지 않으면 인간으로 다시 환생하는 확률을 가지고 있다. 콩의 기운은 사람이 먹으면 콩과 열매 속에 있던 기운은 몸으로 흡수됨으로써 기운들이 활동의 과정을 거쳐서 생명체의 원인이 되는 몸을 주는 것이다. 이 기운을 섭취해서 우리의 몸은 또 하나의 몸을 만들어 내니까 생명의 바탕은 부모이고 생명은 자기로부터 태어난다. 그러면 열매는 어디에서 오는지를 관찰해보면 콩의 바탕은 땅이고 땅의 활동으로

열매가 열리게 된다. 자신과 땅의 활동으로 열매가 열리게 되는데 사람 역시 똑같다.

Q 그러면 어떻게 인간으로 태어나서 의식을 가지는지요?

승: 인간의 몸을 받고 진화된 기운이 새로운 기운을 모아서 인체에 접목이 되면 생명으로 태어난다. 여기에서도 있었던 일의 영향이 크고 동물도 어떤 경우에 기운이 진화되면 신이 된다. 또한 나무에서도 수천 년 동안 정기精氣가 쌓여서 나오게 되면 나무의 신이 생겨서 인간으로 태어날 수가 있다. 일단 모든 생명이 인간으로 나기 위해서는 그 의식이 고도의 질을 가져야 한다.

Q 목신木神이라는 말이 있는데 나무에서 나온 것입니까?

승: 기운 자체가 하나의 신이 먼저 만들어지니까 식물에서도 신이 나올 수가 있고 바위에서도 신이 나올 수가 있다. 그런 신들은 인간으로 태어날 수가 있다. 일단 신이 되어야 인간으로 날 수 있고 동물도 어떤 영향을 받아서 자체에 있는 영체의 기운을 신으로 만들 수가 있을 때 인간으로 태어난다.

Q 인간들이 잘못 살면 동물로 태어날 수 있습니까?

승: 인간 역시 자신이 가지고 있는 영체가 파괴되어 소멸한다. 다른 어떤 물질에 의해서 죽든가 그 물질에 의해서 소멸해 버리면 그 속으로 흡수되어 인간으로 나는 게 아니고 다른 생명

168

으로 나게 된다. 석가모니도 이것을 육도윤회라고 했고 인간이 태어나고 죽으면서 의식 속에 있는 변화라고 설명했다.

Q 인간의 탄생은 꼭 인간으로 인해서 일어나는 것입니까?

승: 인간의 모든 신神은 인간의 몸과 접근해서 인간 탄생이 가능하고 인간의 몸을 통하지 않고는 탄생할 수가 없다. 인간이 가지고 있는 정精을 얻어서 하나의 인체가 된다. 그래서 인간으로 태어나기 위해서는 고도의 정제된 하나의 기운이 존재해야 한다.

Q 요즘 기 수련을 가르치는 곳에서 보급하는 기로 인하여 자기를 인간으로 태어나지 못하게 하는 원인이 될 수도 있습니까?

승: 그것은 간단한 실험을 하면 된다. 중요한 것은 활동을 통해서만이 변화가 일어나고 활동하지 않는 상태에서 들어오게 되는 기운은 자기에게 좋은 영향을 주지 못한다. 물을 가만히 한 자리에 움직이지 않고 활동이 정지된 상태를 관찰하면 다른 기운이 들어와서 나쁘게 변질이 되는 것을 볼 수 있다. 우리 육체를 움직이지 않고 모든 정신을 움직이지 않는 상태에서 기를 받아들인다면 그 기운은 의식 자체를 변질시킬 가능성이 크다. 그 이유는 모든 뜻은 한 가지 이치에 의해서 일어나고 있는 것처럼 수학의 문제는 하나의 공식에 의해서 그 해답을 구할 수 있기 때문이다.

Q 모든 생명체는 활동을 통해서 자기를 번식하고 계속 만들어 내는
역할을 하잖아요?

승: 업은 업을 만들어 내고 사람은 사람을 만들어 내고 콩은
콩을 만들어 내는 일을 계속한다. 그러나 그 속에 있는 일은 바
탕에 있던 일과 바탕과 환경에 의해서 변화한다. 인간의 바탕
에는 정신이 존재하고 정신은 가르침에 의해서 항상 움직이고
자기 속에 있던 가르침에 의해서 활동한다.

Q 태어날 때 영혼이 몸 안에 들어와서 태어났다가 죽을 때는 콩은
여러 개를 낳았는데 인간의 경우는 어떻게 되는지요?

승: 완전한 좋은 영혼은 분해가 안 되고 인간의 영혼을 분해하
고 망했을 때 다른 물질에 흡수된다. 사람이 콩을 먹으면 콩이
간직하고 있던 생명력이 우리 몸 안으로 흡수되는데 우리 인간
도 그 의식이 망했을 때 어떤 물질로 흡수되니까 동물로도 태
어날 수 있다.

Q 순수하고 맑은 기운이라면 여러 개로 흩어지는 일은 없다고 보면
됩니까?

승: 순수하고 강력한 힘을 가졌을 때는 파괴되는 일이 없다.
그래서 깨달음이 자기를 구원하는 길이며 깨달음을 통해서만
자기 자신을 보존한다. 부모가 자식을 낳아서 키울 때 가졌던
애정을 생각하면 절대 부모의 은혜를 잊을 수는 없다. 그러니
부모가 살았을 때는 잘 부양하고 죽게 되거든 좋은 마음으로

기원이나 해주고 더 이상 거기에 매달리지 말라! 인연이 있을 때는 보답을 해야 하고 인연이 끊어지면 정리해야 한다. 부모 제사를 잘 지내야 한다고 연연해하지 말고 기일 때면 우리는 잘 사니까 가족에 대한 애착은 버리시고 편안한 세계로 가시라고 하면 되고 다시 태어나면 된다.

Q 지금 자기가 사는 현 위치에서 만족할 사람도 있지만 생활에 부족할 사람도 있는데 어떻게 하면 만족할 수 있을까요?

승: 그것은 너희가 삶을 어떻게 이해하고 살아가는지에 따라서 바뀔 수 있다. 자기의 앞날을 위해서 밝게 계속 축복하고 있다면 그 생활은 보람되고 오히려 어려운 일을 해도 기쁨에 가득 찰 수가 있다. 그렇지만 뜻을 모르고는 아무리 풍요한 재산과 명예를 얻었다 해도 명예와 재물은 자신을 점점 더 어둡게 만든다. 그 시대에 어두운 사람들의 마음을 통해서는 부러움의 대상이 되겠지만 행위 속에서 앞날은 너무나 불행하다는 사실을 깨달아야 한다.

Q 이 세상에서 행복하게 사는 사람과 불행하게 사는 사람의 차이는 어디에서 옵니까?

승: 행복하게 사는 사람과 불행한 사람의 차이는 마음에 행복과 불행이 있다 그러니 행복한 사람은 불행을 모르고 사는 것이고 가장 행복한 삶은 깨달음을 얻는 것이다.

Q 요즘 사람들은 무엇이 행복인지를 잃어버리고 있고 올바른 생각이 없는데 참된 행복이란 어떤 것인지요?

승: 행복한 삶은 본인의 생활에 달린 것인데 각자가 생각하는 정의定義를 내가 결정할 수는 없다. 내가 보는 관점의 행복한 생활은 밝은 생활과 결과를 보고 노력하는 생활이 행복으로 가는 길이라고 설명할 수가 있겠다. 행복이라는 두 글자를 설명할 수 없겠고 행복의 근본은 마음을 밝히고 노력하는 과정에서 온다.

Q 우리가 마음을 밝히기 위해서는 진리를 배우고 그것을 행해야 한다는 말씀입니까?

승: 여기서 공부하면 처음에는 상당히 거부감이 오지만 진리란 있는 일로 인하여 있게 되는 결과를 진리라고 하고 진리를 배우면 마음이 밝아지게 된다.

Q 사람이 왜 세상에 태어났으며 사는 목적이 무엇입니까?

승: 너희의 깨달아서 마음이 밝아지면 배우는 것이 거부감이 안 오고 그때부터 진정한 감동이 일어난다. 항상 기억할 것이 너희가 무엇인가를 생각하면 한 가지라도 알게 됨으로써 사실 속에서 깨닫게 하는 데 목적이 있다. 세상을 구하는 길은 모든 자가 옳고 그름을 알고 자신으로부터 생기는 그릇됨을 없애면 된다. 세상에는 평화도 존재할 수 있고 행복이나 삶의 보람이나 기쁨을 서로 나눌 수 있다. 농사를 짓는 법도 모르는 사람에

게 씨앗을 주면 씨앗만 날려버릴 수가 있으니 배워서 깨달아야 행한다. 정신이 맑아지면 액운이 절대 오지 않는다.

Q 요즘에는 돈 없는 사람을 그냥 무시하는 사람이 많은데 물질에 쪼들리게 되면 돈이 필요한데 돈이 행복을 만들어 주는지요?

승: 누구도 노력하지 않고 돈을 벌지 않으면 굶어 죽으니 물질을 무시하지는 말고 자기가 노력하되 너무 욕심내지는 말라! 돈이 없이 살아도 마음 편하게 살고 남을 속이려 하지 말고 정당하게 일하라! 돈이 필요하고 보다 잘살려면 사람들 8시간 일할 때 10시간 일하면 2시간 더 벌어서 절약하면 윤택한 생활을 할 수 있다. 너무 물질에 빠지지 말고 애욕에 빠지지 말라! 애욕에 빠지면 자기의 소중한 마음을 잊어버리게 된다.

Q 우리는 왜 살고 있으며 여기에 와서 배우는 것은 저희의 앞날을 위해서 필요한 것입니까?

승: 그것은 삶을 위해서 사는 것이고 살기가 싫고 죽는다 해서 어디 가는 게 아니고 죽음과 비참함을 가지고 또다시 태어난다. 나무에서 열매가 열리면 땅에 떨어져서 다시 씨앗으로 부활하는 것처럼 세상은 하나의 뜻 속에서 생겨난다. 너희 마음 속에는 하나의 기운이 있는데 생명이라고 하고 생명에는 보고 듣고 느끼는 마음이 쌓여서 영체로 변한다. 이것이 죽음을 통해서 열매가 가졌던 마음이 사라지고 나면 뜻을 통해서 또다시 생명의 세계로 오게 된다.

Q 제가 과거에 가지고 있었던 마음은 사라지지 않고 근본이 되어서
  그대로 나타나는 것입니까?

승: 나의 지도를 받게 된다면 영생을 얻게 되는데 반론을 제
기하는 자가 있으면 누구든지 데리고 오면 내가 그에게 충분히
이해시키는 것을 보여줄 수 있다. 만일 내가 보여주지 못한다
면 이런 자리에 다시는 서지 않을 것이다.

Q 하나의 뜻 속에 영생의 길도 있고 극락의 길도 있고 지옥의 길도
  있음을 보여 줄 수 있습니까?

승: 나는 분명히 보여줄 수도 있고 실제 그것을 하나의 과학적
인 사실을 통해서 입증할 수가 있다. 너희가 이곳에 그냥 오는
것이 아니고 전생에 좋은 마음과 인연이 조금은 있었다. 그것
이 지금까지 어두운 환경과 어두운 세상을 만나 빛을 보지 못
하다가 이러한 곳이 나타나자 너희는 오게 된 것이다. 너희가
태어난 것은 태어나고 싶어서 태어나는 게 아니고 자기가 가지
고 있는 소망으로 태어났다. 하지만 왜 태어났는지도 모르면서
무지하게 살다가 죽으면 틀림없이 사람으로 태어나기는 어렵
다. 또 많은 시간의 수행을 거쳐서 인간으로 환생할 수 있는지
는 모르겠으나 세상의 뜻으로 일어날 일이다.

Q 윤회라는 현상이 세상과 사람이 반복해서 돈다는 것에 대해서 믿
  음이 없거든요. 그래서 저는 백 년도 안 되는 삶을 열심히 살아야
  겠다는 정도만 생각하거든요?

174

스승: 윤회를 확실히 알아야 하는데 이 그림을 보아라!

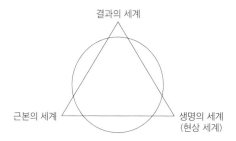

 시각적으로 설명하는 사람의 말이 틀릴 수가 있으나 이것은 아주 중요한 것이다. 이 그림은 내가 만들어서 설명하는 것이 아니라 태국의 어느 절에서 승려들에게 강연할 때의 일이다. 내가 승려들에게 나는 깨달은 자이니 무엇이든지 궁금한 것이 있으면 물어보라고 했다. 그랬더니 묻지는 않고 이런 그림을 하나 가지고 와서 무엇인지 보였는데 생전 처음 보는 것이었다. 이것은 누가 그렸는지는 잘 모르겠지만 그린 사람만이 알 수 있는 것이다. 분명한 것은 삼각은 하나의 차원이고 귀퉁이가 세 개다. 수레바퀴처럼 생긴 건 동그라미니까 윤회의 법칙을 말한 것 같다고 설명했다. 과거에서부터 이런 그림이 있었는데 근본의 세계에 가면 누구도 이것을 설명할 수는 없다. 내가 오늘 이것을 설명하고 났을 때 너희는 내 말이 맞는지 안 맞는지 결정할 필요는 없다. 내가 이걸 설명해 놓고 죽고 나서 3천 년 후에 만일 완전한 깨달음을 얻는 자가 오면 그는 절대 틀리지 않는다는 걸 믿고 또 이대로 가르칠 것이다.

Q 근본의 세계에 가면 아무것도 없는 무無의 세계입니까?

승: 현상現想의 세계라는 것은 온갖 것이 만들어지고 있는 생명의 세계다. 결과의 세계라는 것은 여기에서는 만들어지는 것이 아니고 여기서는 이제부터 무너지는 세계이다. 이 현상의 세계에서는 자기의 행동이 그 마음에 의해서 새로운 근본이 만들어지고 있다. 자신이 어떻게 살고 그 삶을 어떻게 받아들이는지에 따라서 영체는 만들어진다. 이 결과로 근본은 새로 바뀌게 되고 이 생명의 힘은 세 개의 차원을 계속 돌고 있는 것이 윤회이다. 눈으로 나타나는 세계는 현상의 세계인데 현상이 여기에서 나타나고 결과에 이른 자들만이 볼 수 있는 영혼끼리 볼 수 있는 이 차원에 가 버리면 현상의 세계로 돌아올 수가 없다.

Q 지옥은 어떻게 존재하며 어느 세계에 있습니까?

승: 마음이 너무나 어두워서 죽었을 때 자기가 가야 할 영적 세계로 돌아가지 않는 영혼들은 보통 한을 가지고 있다. 무지한 자와 한을 가진 자는 절대적으로 넘지 못하는데 그런 영혼들이 실제 우리 눈으로 보이지는 않는다. 하지만 비일비재하게 많은 영혼이 영원히 계속 돌게 되는 게 아니고 고통 속에 살게 되는 곳을 지옥이라고 한다.

Q 그런 영혼들은 마음이 부수어져 버리면 그때부터 기운은 어디에 가서 무엇으로 태어나는지 우리가 알 수가 없습니까?

승: 나는 세상에 와서 사람들의 무지와 불행한 일들을 많이 봤다. 이 현상의 세계에서 깨달음을 얻지 못하거나 깨달음의 부족으로 인해서 한에 빠지든가 한을 얻는 자는 결국 죽어서 윤회를 다르게 한다는 사실을 보았다. 자신의 앞날은 너무나 불행하게 되고 그 뜻을 통하여 이 세상은 또 계속 존재하는 것이다.

Q 처음 오는 사람은 한을 짓지 말라는 말을 듣고도 한이 뭔지를 잘 모르는 것 같은데요?

승: 한은 남을 속인다든가 해치게 될 때 생기는 것이다. 너희가 남을 속이면 어떻게 변하는지 예를 들어 설명하겠다. 흰옷에다가 검정 색깔이나 흙을 묻히면 금방 보이는데 때가 많이 묻어버리면 구분하기 힘든 이치와 같다. 너희의 마음이 죄를 적게 지었을 때는 남의 돈 천 원만 주워도 가슴이 두근두근 떨리고 잘못한 일이 아닌지 누가 보지는 않았는지 두려움이 생긴다. 그런 짓을 계속 반복하게 되면 두려움이 안 생기고 오히려 이게 무슨 횡재냐 싶어서 재미나게 된다. 마음이 어두워져 버리고 때가 많이 묻으면 잘못해도 보이지 않는다. 그 잘못이 기쁨으로 변하고 나중에는 희열이 느껴진다. 정말 배가 고파서 강도가 되고 도둑이 된 사람은 별로 없다.

Q 정말 일하기 싫고 마음은 어둡고 하니 그렇게 사는 게 아닙니까?

승: 우리가 사회 생활하면서 보면 참으로 어려운 생활을 하면

서도 절대 도둑질 안 하고 안 속이고 정직하게 살아가는 사람들도 많다. 이러한 뜻이 항상 존재하고 나쁜 짓을 하면 마음이 어두워져 자신의 앞길을 망치게 된다.

Q 저희는 여기에 와서 선생님에게 무엇을 배우는 것입니까?
승: 지금 너희는 자기의 삶을 배우지 않느냐? 어떻게 하면 마음을 망치지 않고 내세에는 세상에 태어나서 한 번 보람된 삶을 살아보고 싶다. 지도자도 되어보고 현세를 통해 큰 뜻을 펴서 보람을 얻어서 이름을 남기겠다. 그렇지 않으면 최소한 영생이라도 해서 분명히 공덕과 은혜를 세상에 쌓아서 극락세계로 가겠다. 그러한 꿈과 소망을 가지고 오면 되는 것이다.

Q 실제로 여기에서 선생님 말씀을 들어 보면 아무것도 아닌 것처럼 들리거든요?
승: 종교인이라고 하는 사람들의 이야기를 들어 보면 참으로 아름답게 들리겠지만 그 이야기는 들어봤자 아무것도 얻는 게 없다. 너희가 나이가 더 들어서 경험해 보면 알 것이다. 착하게 살라고 하는데 어떻게 하면 착하게 사는지 극락이 있다는데 극락은 어떻게 해서 가게 되는지 방법은 가르쳐 주지 않는다. 착하게 살면 극락 간다는데 착한 일 하는 법을 모르고 길을 모르는데 어떻게 그 길을 갈 수 있다는 말인가?

Q 선생님 정도면 이 나라를 구할 수 있습니까?

승: 나 정도면 구할 수 있으나 그것이 매우 어려운 일이다. 세상은 항상 뜻 속에 존재하고 있고 뜻은 원인으로 인해서 생기게 된다. 뜻은 죽어야 할 사람이 살아나는 뜻도 있으며 살 사람이 죽는 길도 있는데 이것은 뜻으로 이루어질 수가 있다. 뜻은 하나의 새로운 원인에 의해서 만들어지기 때문에 이 시대에서 노력해서 얻을 수 있는 것도 있고 얻지 못하는 것도 있다.

Q 깨달음이 자기의 운명을 변화시킬 수 있습니까?
승: 나는 깨닫고 나니까 모든 사람이 멀어지고 말았다. 외롭지만 사람들을 찾으려고 날마다 여행하고 신경을 쓰는데도 뜻대로 되지 않는다. 오늘날 세상이 암울한 것이 사람들이 그렇게 만들었다. 세상의 법칙을 보면 모든 것이 정해져 있는데 사람들이 실수해서 재앙을 부르고 어려운 일들을 만든다. 깨달음이 필요한 것은 자신이 가진 문제의 해결을 위해서인데 있는 일을 깨닫게 되면 어떤 일이든 틀리지 않게 하기에 깨달음이 중요하다.

Q 선생님은 어떤 수행으로 깨닫게 되었는지 말해주시겠습니까?
승: 수천 년 동안 오직 깨달은 자가 한 사람 세상에 나타났다는데 의심하지 않는다면 오히려 내가 너희들을 의심해야 할 것이다. 왜냐하면 사실 깨달았다고 주장하는 사람이 한국에는 엄청나게 많은데 그들은 문제를 물으면 하나도 모른다. 깨달음을 얻는 경우는 두 가지가 있는데 하나는 씨앗의 근본이 이미 깨

달음을 얻었던 자이거나 그렇지 않으면 수행을 통해서 가능하다. 그런데 수행은 깨달은 자를 만나야만 그 깨달음의 빛을 통해서 문제를 배워서 알아본다. 스스로 공덕 행을 통해서 자기의 모든 업장소멸業障消滅이 이루어졌을 때 세상 이치에 대해서 눈을 뜨고 문제를 알아보게 되는 것을 깨달음이라고 말한다.

Q 3천 년 동안에 깨달은 자가 나오지 않았는데 선생님이 나타나서 깨달았다니까 어떻게 그것을 받아들이면 좋겠습니까?

승: 나는 과거의 세상에서 이미 깨달았던 사람인데 이 말을 듣거든 절대 놀라지 말라! 나는 여기에서 절대 너희 앞에 거짓말은 할 수 없으니 진실대로 말하겠다. 오랫동안 유럽이나 여러 곳에서 예언되어 오기를 이 시대가 되면 한 사람의 깨달은 자가 날 것이라는 예언이 계속되어왔다. 나도 이 시대에 꼭 오게 될 것이라고는 생각하지 않았는데 세상에 와서 어떤 일보다도 힘든 일이 진리를 밝히는 일이다. 깨달으면 수많은 사람이 빛을 보고 찾아온다고 하지만 내가 깨달음을 얻었을 때 친구나 이웃들이 빛을 보고 전부 도망가 버렸다. 그런데 누군가 이 시대에 한 사람 와서 세상의 비밀을 사람들에게 알려야 했다.

Q 깨달음을 얻은 때가 언제였으며 얼마나 많은 사람이 가르침을 배우고 있습니까?

승: 내가 깨달은 사실을 알게 된 것은 마흔네 살 때였다. 나는 죽을 자도 살릴 수 있는 정도의 능력이 있고 돈은 내가 원한다

면 얼마든지 마련할 수 있다. 나쁜 사람들과 손잡고 병 고쳐 주고 하는 이런 일을 한다면 내가 큰 부자가 되는 건 너무나 쉬운 일이다. 이런 능력이 있는 자가 지금까지 한 번도 거짓말을 안 했고 남에게 피해를 준 적이 없으니 여기에서 거짓말은 절대 하지 않는다. 지금까지 누구도 특별히 나에게 물질적 보시나 내가 하는 일에 크게 동참해서 힘을 쓰는 사람이 없었다. 여기에 모인 젊은이들도 육칠 명이 시골에서 농사나 짓고 여기서 살림 사는 사람과 이십 명이 모임의 회원이고 너희들 학생 몇 명이 전부다. 세상을 위해서 일하지 못하는 게 돈이 없어서도 아니고 따르는 사람이 없어서도 아니기에 억지로 오라는 말은 절대 않는다.

Q 세상에 오기 전에는 어디에서 계시다가 오신 것입니까?

승: 나는 극락세계에서 왔는데 살아서는 아무도 인정할 수 없는 일이지만 죽고 나면 인정해야 할 것이다. 나의 말이 가장 큰 가르침이 될 것인데 이 자리에서 한 말이 세상을 위한 가장 훌륭한 길이 되기 때문이다.

Q 선생님의 양심과 용기가 부족하다고 생각하는지요?

승: 너무 강한 반발과 모든 사람의 외면 앞에서 나도 어쩔 수 없기에 당하고 있을 뿐이니 나를 이해하려면 먼저 내가 쓴 자서전을 보아라. 나는 초등학교도 제대로 안 나왔고 내가 하는 말은 누구에게서 들은 것이 아니지만 세계의 어떤 지식인도 나

의 질문에 아직도 대답한 자를 못 봤다. 그들이 가지고 있는 세계 최고의 지식도 모두 들은 말에다가 자기 생각을 짜깁기해서 알고 있다. 그들은 실제 문제는 아무도 알아보지 못했다.

Q 선생님은 외국에 나가실 때 영어로 가르치십니까?

승: 너희가 나와 말이 통하기 때문에 여기서 말하고 있지만 외국에서는 앞에 있는 이 사람이 통역한다. 서울대를 졸업하고 대학원을 나와서 통역하기 위해서 10년 동안 외국인들과 어울려서 공부했다. 삼성중공업에서도 아주 알아주는 인재였는데 통역사로 데리고 다닌다. 나는 세계의 유명인들이 통역을 통해서 무엇을 물으면 그 사람이 남긴 저서나 가르치는 내용 중에서 보고 묻는다. 눈을 뜨지 않고는 자기가 말한 내용의 뜻을 절대 알아보지 못한다. 눈뜬장님은 자기 앞에 있는 것을 알아볼 수가 없다. 질문이 있으면 질문받고 설명하는 중에라도 너희가 가진 고민이나 어려운 점이 있으면 서슴없이 질문해 주길 바란다.

Q 깨닫기 이전과 깨달음 이후의 세계가 어떻게 다른지요?

승: 나도 마흔네 살까지는 평범한 사람으로 살았다. 일찍 부모를 여의고 산골에서 아홉 살부터 누구의 도움도 받지 못하고 스무 살까지 살았다. 사회생활을 아홉 살부터 시작했는데 그런 경우 대부분 사람은 아무도 돌보아주지 않는 아홉 살의 고아 같은 소년이 혼자서 이 도시에 나와서 살았다면 대부분 폐인이

되거나 기를 못 쓰고 꺾여버린다. 그런데 나는 절대 그러지 않고 크면서 많은 사람 속에서 중심에 서서 리더로서 컸다.

Q 사람이 살면서 어려운 환경이 되면 누군가의 도움이 필요한데 선생님은 가족의 도움도 받지 않고 성장했다는 것입니까?

승: 나는 아직 살아오면서 누구에게 의존해서 도와달라고 하거나 부탁하는 말을 한 번도 해 본 적이 없다. 이것은 정보부나 경찰국 같은 데서도 잘 알고 있다. 내가 1970년대 유신체제에서 가장 바른말을 많이 했던 사람이기 때문이다. 함석헌 씨나 여운재 씨 등의 야권 인사들은 당신 같은 분이 앞장서야 한다고 항상 나를 격려했던 분들이었다. 나는 나라를 외면한 게 아니다. 내가 나라를 생각할 때는 아무도 양심이나 정의에 대해서는 귀를 기울이는 사람들이 없어서 나 혼자서 나라를 구하는 일을 하기에는 역부족이었다.

Q 깨달음을 얻은 장소가 연화도 섬이라고 들었는데요?

승: 연화도는 어딘가 하면 여기 불교를 믿는 사람이 있는지 모르겠지만 포교원장 했던 스님이 내가 깨달음을 얻었던 그 자리에 아주 조그만 섬에 큰 절을 지어 놨다. 영의 계시를 받았겠으나 그 스님은 그 땅을 나한테 사서 거기다가 절을 지었기에 내가 거기에서 깨달음을 얻었다는 건 모른다. 나는 연화도에서 깨달음을 얻고 내가 사람들을 위해서 많은 도움이 될 것이라고 기대했다. 그렇지만 막상 세상에 나오니까 그때부터 그렇게 가

까이 오고 사귀려 했던 사람들이 전부 다 피하기 시작했다.

Q 사람들이 왜 피했다는 말씀은 이해하기 힘든데요?

승: 내 말을 듣게 되면 가난한 사람은 부자가 되고 바보는 똑똑해지고 삼류 대학에 갈 사람은 일류대학을 갈 수 있고 죽을 사람은 죽음을 면할 수가 있었다. 이렇게 말하면 설마 할 수도 있겠지만 세상에는 있는 일과 있는 일을 통해서 존재하게 되는 뜻으로 법칙이 존재한다. 다른 어떤 힘을 가진 자의 개입으로 어떤 현실 세계가 존재하는 것은 절대 아니다. 이런 말은 너희가 가지고 있는 꿈을 깨는 일이 될 줄 모르나 현실 세계에서는 법칙과 문제로 인하여 모든 답이 정해져 있고 답에 의해서 현실 세계는 계속 존재한다.

Q 원인을 바꾸면 결과를 바꿀 수 있는 것은 인연법입니까?

승: 깨달은 자가 가르쳐 준 것을 확인하고 사실을 알게 되면 사람의 운명은 바뀐다. 깨달은 자의 말을 들으면 업이 볼 때는 자기가 할 일이 없게 된다. 내가 세상에서 해결할 수 없었던 가장 어려운 문제 중의 하나가 빛과 어둠의 공존이었다. 빛이 들어가면 어둠이 깨지고 어둠은 빛을 밀어내야 자신이 존재할 수 있고 자신을 지키는 것이다. 어둠은 빛을 피해야 존재할 수 있듯이 모든 사람은 자기에게 정해져 있는 운명을 바꾸지 않기 위해 깨달은 자를 거부하게 된다.

Q 과거 부처님께서 깨달은 후에 자기 나라가 망했다고 들었는데 어
   떻게 깨달은 분이 태어난 국가가 망할 수 있습니까?

승: 석가모니는 깨달음을 얻고 나서 모든 걸 잃었는데 너희는
역사를 통해서 기억해야 하고 확인해야 한다. 부처가 깨달음을
얻기 전에는 아버지가 왕이었기에 병사를 보내서 식량을 보내
주곤 했다. 6년을 고행해서 깨달음을 얻고서 자기의 모국을 찾
아간 적이 있었다. 아버지를 만나자 그때부터 아들을 두 번 다
시 찾지 않았다. 그것은 아버지는 업을 가지고 있고 아들은 업
이 없었기 때문이다. 기록을 통해서 너희는 세상의 일들을 알
도록 노력해야 하는데 일반 사람의 능력으로써는 볼 수가 없기
에 모르는 것이다. 그전까지는 걱정하고 많은 애착으로 보살피
려 했던 자식이 왔는데 아버지는 아들이 가지고 온 깨달음의
빛 때문에 모든 일이 바뀌고 말았다. 만일에 아버지가 아들을
따랐다면 운명이 바뀔 수 있었고 나라를 빼앗기지 않았을 것이
다. 나는 너희가 깨달음을 통해서 세상에 도움이 되기를 원하
고 자기의 업장을 소멸해서 영생을 얻고 현세에서 잘살고 불행
한 일을 당하지 않는 목적으로 활동하고 있다. 한국 사회가 어
렵기 때문에 내가 지금 외국에 나가 있지만 한국 사회가 안정
되면 말이 통하는 한국에서부터 다시 시작할 것이다. 한국에서
너희들이 배우고 도와야 세계에서 활동할 수 있다.

Q 깨달은 자가 일반 사람과 다른 점은 무엇입니까?

승: 깨달은 자는 문제를 알아보는 것이고 세상의 일이 어떤 문

제로 인해서 어떤 일이 존재하는지를 알아본다. 그러나 일반사람들은 그런 문제를 모른다. 나는 한국이 가지고 있는 모든 문제에 대해 인재들을 뽑아서 각 부처에서 질문하면 즉석에서 내가 두 시간 안에 모든 해답을 줄 수 있다. 내가 한 말은 하나도 틀리지 않을 것이며 만일에 틀리면 내가 책임져야 한다. 이건 수학자가 공식을 알고 계산할 때 문제를 보고 답을 풀어내면 답이 틀리지 않는 것과 똑같은 것이다. 문제가 모든 답을 가지고 있기 때문이다. 나도 이런 일을 하면서 많은 우여곡절을 겪어 왔으나 너희가 나를 이해하고 받아들이기 힘들 것이다. 나의 말이나 다른 사람이 하는 말이 차이가 없으리라고 생각하는 것은 너희가 아직도 문제를 알아보지 못하기 때문이다.

Q 현실에서 배워야 깨달을 수 있다고 말씀하시는데 여래님이 계시지 않으면 저희가 현실을 볼 수 있겠습니까?

승: 너희가 하는 일을 통해서 배우게 된다면 깨달을 수 있다. 삶이 미래에 도움 될 수 있는 일은 얼마든지 할 수 있다. 이제부터라도 이상에서 벗어나서 현실로 돌아와야 한다. 너희를 현실의 세계로 끌어올리는 것이 우리가 만난 최고의 선물이다. 너희가 현실 속으로 돌아와서 자신의 좋은 삶과 다른 사람을 위해서 좋은 가르침들을 남기겠다면 나는 너희를 위해서 언제든지 달려올 수 있다. 어떻게 살아갈 수 있는지 방법도 가르쳐 주겠다. 자신을 위해서 노력해야 하며 나는 너희에게 절대 좋은 일 하라고 말하지 않는 것은 깨달아야 좋은 일도 할 수

있다.

Q 우리나라에서 좋은 일 한다는 사람은 전부 불우이웃 돕기뿐인 이
   라고 생각하는데 사실 불우이웃이 누군지 모르겠거든요?

승: 알고 보면 못사는 사람의 대부분은 게을러서 못산다. 게
으른 사람 말 들어 보면 핑계가 왜 그렇게 많은지 모른다. 나도
부모 없이 고아로 살았으나 가정을 이루고 지금까지 문제없이
살았는데 중요한 것은 의지이고 자기가 하겠다는 결심이다.

Q 거지에게 밥을 주고 돈을 주는 것은 결과적으로 보면 도움이 되지
   않는 것입니까?

승: 사람들이 가지고 있는 고질병 중의 하나가 똑똑한 사람은
절대 안 도와주는 것이다. 나는 어린 시절 열 살 때 부산에 와
서 갈 곳이 없어 거리에서 신문 배달하고 아이스크림 장사하면
서 많이 굶었다. 그런데 나한테 공짜로 빵 한 개 준 사람 아무
도 없었고 옳은 사람에게는 빵 한 조각 주는 게 누구에게도 힘
든 것이다. 한 사람의 인재는 수천만 명을 먹여 살릴 수 있으나
수백만 명의 거지는 한 사람을 먹여 살릴 수가 없다는 말을 자
주 하는데 자기 배가 고픈데 누굴 먹여 살리겠는가! 열심히 일
하는 거지는 없다. 그래서 내가 하고자 하는 말은 진짜 좋은 일
을 하는 것은 그런 사람들을 수용해서 기술을 가르치고 땀 흘
리고 노력해서 살아가는 길을 찾아주는 것이 좋은 일이다.

Q 거지에게 그냥 돈 주는 것은 좋지 않은 일이겠네요?

승: 우리 사회가 암울한 것은 사람들의 사고가 변하지 않고 있다는 점이다. 깨달음은 현실에서 배워야 하는데 이상을 통해서 배워서는 신에게 속게 되는 경우가 많다. 있는 일을 부정해서는 안 된다. 양심 있고 할 일 하며 순수하게 제정신 가지고 살면서 못 할 짓 하면 얼굴이 빨개지고 가슴이 두근거린다. 제정신을 지키기 위해서 바른 가르침이 필요하며 너희가 언제든지 내 말을 듣겠다는 사람만 있다면 석 달에 한 번씩이라도 들어올 수 있다.

Q 외국에 나가서는 어떻게 가르침을 펴시고 활동하시는데요?

승: 내가 외국에 가서 깨달았다고 하면 한국 사람도 안 알아주는데 외국 사람이 알아주겠는가! 그래서 길거리에다가 나는 깨달은 사람이며 문제를 아는 사람이니 문제 풀고 가라고 써 놓고 앉아 있다. 그리고 과학자들이나 신문사 같은 데에 사람들을 보내서 최고 지식인들과 만나려고 하고 있는데 그들에게 현실 속에 있는 세상의 일을 전해야 한다.

Q 공자의 가르침은 누구나 들어서 합리적인 말인 것 같고 훌륭하다고 하는데 선생님은 어떻게 보시는지요?

승: 공자의 가르침은 훌륭하게 살아라! 농사꾼에게는 농사를 잘 지어라! 형제에게는 우애 있게 지내라! 이런 말들인데 다 맞는 말이다. 공자는 일생을 맞는 말만 하고 살았는데 공자의 가

르침이 존재하는 사회는 가장 암울한 사회였다. 공자의 말은 철저히 옳았지만 옳은 말을 실행할 수 있는 길이 없었다. 유교의 가르침은 답은 훌륭하게 정해져 있지만 문제가 없었다. 이것은 좋은 공부가 될 것이니 시골에 가서 보아라! 사람이 농사일을 배우지 않고는 누구도 농사를 잘 지을 수 없다. 훌륭한 농사꾼이 되기 위해서는 농사일을 배워야 한다. 훌륭한 사람을 만들기 위해서는 과학적인 방법으로 훌륭한 의식을 사람 속에다 심어 주어야 하는데 여기에는 문제가 없었다. 깨달은 자의 가르침이 중요한 것은 문제를 통해서 답을 확인한다는 점이다.

Q 문제가 없이는 답을 아무리 들어 봤자 소용이 없겠지요?

승: 오늘날 종교宗敎는 인간 세계에 기여 못하고 있다. 모든 것을 예수가 해주기를 바라고 부처가 해주기를 바라는데 그러한 일은 요원할 뿐이고 하나의 꿈이다. 종교는 안타깝게도 인간의 꿈을 깨워주는 일을 하지 않고 꿈을 꾸게 하는 일을 하고 있다.

Q 한국에는 공자를 세계 4대 성인으로 알고 있는데 선생님이 보시는 공자는 어떤 사람인지요?

승: 이해를 돕기 위해서 공자의 말을 조금 하고 가야겠다. 내가 중국을 여행할 때 사람들은 공자를 성인이라 해서 나는 웃었다.

성인이라는 증거가 있다면 그도 성인이겠으나 성인이라는 증거가 없다면 그는 위선자일 뿐이다. 유교 사상에 물들어 있는 사람들은 나를 엄청나게 공격했다. 그의 가르침은 바탕이 없으며 사람을 착하게 살라는 말은 수없이 하면서도 잘못된 자가 어떻게 하면 착한 일을 할 수 있는 사람으로 변하는지 그의 말에서 찾을 수가 없고 책 속에도 없다. 농사를 잘 지어야 한다는 말은 계속 강조하고 있지만 농사짓는 법이 거기에 없다는 것이다. 그 말은 안 해도 농사짓는 법을 가르쳐 주면 농사는 인간의 소망과 욕구로 잘 지어질 수 있다. 그런데 법을 빼 버리고 결과만을 가르쳤으니 유교가 번성한 역사를 관찰하면 백성들의 삶이 메말랐다. 어두운 정치로 인하여 말은 풍요했으나 실제 증거는 잘못 나타나고 있었다.

Q 좋은 결과를 볼 수 있는 옳은 가르침은 어떤 것입니까?
승: 좋은 가르침은 좋은 사람을 만들어 내고 그 좋은 사람들은 좋은 세상을 만든다. 좋은 사람이 나지도 않고 좋은 세상이 오지 않았다면 그 가르침은 이미 좋은 것이 없다. 이러한 증거로써 모든 것을 대답해야 하는데 증거가 없는 말을 함부로 하는 것은 무책임한 사람들이 하는 말이다.

Q 선생님의 말씀에서 증거가 있는 말을 어떻게 볼 수 있습니까?
승: 나도 박복한 가정에 태어나서 온갖 시련을 겪었지만 비굴한 짓 안 하고 컸다. 최고의 스승이 될 자는 어떤 불행한 곳에서도 당당히 일어서는 이게 증거이다. 내가 깨달음을 얻고 나는 이러한 하나의 과정을 겪었다는 것을 말하는 것이다. 자신

의 착각 속에서도 아니고 자신에게 어떤 이상이 일어나서도 아니며 너희의 이해를 돕기 위해서 있었던 경과를 말하는 것이다.

Q 깨달은 자에게 나타나는 증거에 대해서 저희는 모르는데 바로 볼 수 있는지요?

僧: 만일에 깨달았다는 자가 나타나거든 가지고 있는 깨달음에 대한 증거가 무엇이냐고 물어보라! 깨달으면 먼저 몸에 증거가 나타나고 하나는 마음에서 나타나며 하나는 행동에서 나타나고 하나는 말에서 나타난다. 먼저 몸에서 나타나는 것을 설명하면 옛날 영화나 만화 같은 것을 보면 중국 사람들은 머리에 띠를 하나 두르고 상징 하나 붙이고 있다. 인도나 네팔에 가면 여자나 남자 얼굴 눈 위 이마에 빨간 점을 찍고 다니는 것을 보았을 것이다. 불상을 보면 눈 사이 이마에 구슬이 하나 있는데 중생계에서는 재앙을 쫓아주는 하나의 표시로 가장 성스러운 깨달은 자의 상징이다. 불교에서는 해탈해서 나타나는 현상을 백호광이라 한다. 일반 도교에서는 이것을 지혜의 눈이라고 하는데 이런 여러 가지 이름으로 표현이 되고 있지만 사실 나는 용어에 대해서는 잘 모른다. 이렇게 모든 것을 관찰하고 보면 존재하는 모든 것은 그 존재하는 만큼의 증거가 다 있기 마련이다.

Q 처음 온 사람들을 위해서 해탈의 상징인 여래님의 심벌을 한 번

보여 주시지요?

승: 여기 나의 이마를 보면 제3의 눈이라고 불리는 지혜의 눈이 있다. 나는 날마다 절망과 싸우다가 소연 스님을 만났고 그가 진정으로 법을 받아서 세상에 전하겠다고 해서 함께 세상을 위해서 일을 시작해 보자고 했다. 하루 만에 나도 모르게 툭 튀어나왔고 손으로 만져보고 거울을 보니 상징이 나타났다. 그리고 스님이 나에게 법을 배우기 시작할 때 나의 대뇌가 몇 번 열렸다. 오천 년 전에도 만 년 전에도 인간은 살았고 문화는 찬란했으며 그 당시의 비서秘書에도 최고에 이르면 대뇌가 열린다고 기록했다. 대뇌가 열릴 때는 온몸이 상쾌하고 그 쾌감이란 이루 말할 수 없었다. 나는 책을 일절 보지 않고 내가 오늘 여기에 와서 어떤 법을 설할 것이라 해서 준비를 절대 하지 않는다.

Q 깨달으면 절대 오욕五慾에 물들지 않는다고 하는데 행동할 때의 증거도 있습니까?

승: 내가 완전한 깨달음에 이르기 전에 남하고 적이 된 적은 없었다. 오직 나를 의지하고 살았는데 그 당시 나에게 불교에 있는 계율을 지키라 했다면 그 계율은 나에게 너무나 부담이 되었을 것이다. 깨달음을 얻고 난 이후에는 이제 반대로 변해서 계율을 지키는 것보다 계율을 어기는 것이 백배 천배 어려워졌다. 그래서 깨달음으로 완전한 진실에 이르면 절대 자기를 나쁘게 하는 일을 하지 않는다. 거짓을 말하지 않으며 자기 말

을 생각으로 말하지 않고 책을 읽는다든가 말을 만들어 설명하지 않는다.

Q 선생님은 책을 읽지도 않고 생각으로 말하지 않는다면 지금 말씀하시는 것은 어떻게 하시는데요?

승: 책을 읽고 남을 가르치는 것은 학교 선생님이 할 일이다. 세상을 구하고 세상을 위해서 살겠다는 사람의 지혜는 모든 세상 사람의 지혜를 능가해야 가능한 것이다. 세상은 뜻의 결정인데 나는 뜻으로 나타나는 현상을 분명하게 보니까 있는 것을 있는 그대로 대답하는데 절대로 틀리지 않는다.

Q 입신入神의 자리를 본다는 것과 근본根本이 같은 것인지 자세히 설명해 주세요.

승: 사람들이 입신의 자리를 본다는 것은 불가능하다. 지난번 강의가 끝나고 나서 어떤 분이 나에게 찾아와서 근본 자리를 물었다. 세상에는 모든 근본이 다르거늘 만물은 제각기 다른 근본을 가지고 있는데 너는 어떤 것을 지적해서 그 근본 자리를 묻느냐고 했더니 사람의 근본 자리가 어디에 있는지 물어서 내가 말했다. 과거 3천 년 전에 이 땅에 완전한 깨달음을 얻은 분이 있었다. 그의 이름을 고타마 붓다라고 하는데 그가 설한 내용 중에 반야심경이라는 책이 있다. 그 속에 있는 내용이 근본 자리인데 여래에 이르지 아니하면 이 세상에서 아무도 알 수 없고 볼 수 없는 자리이다.

Q 그러면 근본 자리는 어떻게 되어 있는지요?

슝: 내가 본 근본 세계를 말하면 생명이 시작되면 새로운 의식이 조성되고 생명이 죽으면 신神이 나고 신이 죽으면 아무것도 없는 무無의 세계이다. 의식이 없으니까 아무것도 느낄 수 없는 세계이니 그래서 불교에서는 공空사상 이란 용어를 사용하고 있다. 의식이 없는 자리에서 의식이 죽으면 다시 윤회 되어서 생명이 시작되고 죽고 나는 자리가 근본의 자리이다.

Q 선생님의 의통意通이 궁금한데 어떻게 병을 고칠 수 있는지요?

슝: 나의 곁에 오는 사람들은 두 종류이다. 하나는 배움을 청하기 위해서 오는 사람이고 한쪽은 이용하기 위해서 온다. 예를 들어 영국에 갔을 때 어떤 여자가 찾아왔다. 남편이 대우 현지 법인장이고 딸이 미국에서 대학에 다니는데 미국의 병원에서 진단도 안 나오고 아파서 죽을 정도가 되었다고 했다. 사방을 수소문하다 보니 알게 되어서 나를 찾아와서 병을 고쳐 줄수 있는지 물었다. 그래서 내가 의식으로 비추어 보았더니 나쁜 기운이 머리에 가득 차서 정상적인 뇌의 기능이 안 되고 있었다. 지금 머리가 쪼이고 병원에서는 못 고치는 병인데 어이할지 물었더니 그녀는 돈이 얼마나 드느냐고 해서 난 말했다. 진리를 배워서 세상의 일에 눈을 뜨고 조금이라도 다른 사람을 위해서 도움이 되는 일을 하게 되면 공짜이다. 그렇게 안 하면 10만 파운드를 세상을 구하는 일에 내야 한다. 그러면 매일와서 배우겠다고 해서 그렇게 하라고 했더니 뒷날 딸을 데리고

왔는데 나의 의식을 비추어서 정신 수술을 해서 3일 만에 병이 나으니까 자기 집으로 돌아갔다. 다음날 남편하고 둘이 와서 그래도 고맙다고 오백 파운드 한국 돈으로 백만 원 주고 돌아갔는데 그 후에는 두 번 다시 만날 수가 없었다.

Q 저는 성격상의 문제로 슬픔과 분노와 자기 비하 등 끝없는 열등의식을 태어날 때 가지고 태어났는데요. 정신 수양 서적 등으로 나름대로 애써 보았으나 단전호흡의 부작용으로 포기했는데 저의 문제를 해결할 방법은 무엇입니까?

승: 단전이나 기나 그 사람들이 써놓은 글을 보면 일반 사람들이 빠지게 되어 있다. 오늘날 이 시대에서 가르치고 있는 어떤 신기한 자가 나타났다 하거든 증거를 먼저 보여 달라고 해야 한다. 중요한 문제는 산에서 나무 하나를 보더라도 싱싱하고 푸르고 힘차 보이고 건강해 보이면 이상이 없는 것이고 좋은 현상이다. 그곳은 땅도 좋고 환경도 좋으니까 나타나는 현상이다. 지금 질문은 성격상 결함과 의식이 허약하기에 슬픔이나 분노 등 다른 사람들보다도 감정이 더 예민하게 일어난다. 예를 들어서 땅에 나무가 비실비실하면 어떻게 튼튼하게 만들어질 수 있겠는가?

Q 나무가 시들었다면 비료하고 거름 주면 되잖아요?

승: 비료와 물을 주어서 땅을 가꾸어야 땅의 기운을 받아 나무가 튼튼해진다. 너의 정신이 일반 사람보다도 허약한 편이어서

나타나는 현상이다. 이것을 고치는 것은 간단하게 나무를 건강하게 만드는 것과 같은 이치이다. 좋은 스승의 밑에 가서 좋은 정신을 얻으면 너는 불면과 공포는 삽시간에 사라지고 얼굴이 맑아지고 생활이 건강해지며 정신이 좋아진다. 정신이 좋아지면 몸이 좋아지고 생활이 좋아지는 것은 불변의 사실이다. 땅이 좋으면 거기에서 환경이 좋아지듯이 인간의 정신이 좋아지면 몸을 항상 건강하게 하고 의식이 강력해지면 몸에 병이 오지 않는다.

Q 지금 말씀은 아는 것이고 제가 기대하는 대답이 아닌데요?

승: 존재하는 것에 그 시대의 성질이나 그 속에 존재하는 환경을 보고 사실을 보고 어떤 문제들이 나타나는지 보태면 답은 나온다. 나의 대답은 모든 것을 있는 것을 보고 대답하기에 거짓을 말하는 게 없다. 원덕 스님이 언제 미국으로 떠날지 모르지만 갈 때까지 지도받는다면 일 년쯤 후에 그 얼굴이 살아날 것이며 윤기가 있고 토실토실해질 것이다. 살아 있는 좋은 땅과 같은 현상이 얼굴에서 나타나고 의식은 삽시간에 바탕의 힘으로 변화될 것이다. 나무의 바탕은 땅이고 땅이 좋으면 나무가 좋아질 수 있다. 인간의 바탕은 정신인데 깨달음으로써 정신은 좋아질 것이다. 깨달은 자가 나타났으니 지도받으면 처음 들어서는 이해가 안 되겠지만 계속 보고 들으면서 내 말을 이해할 정도가 된다면 어느 곳에 가서도 좋은 삶을 살 수 있다. 만일 가까이 와서 배우기를 원하고 자신을 고치기를 노력한다

면 6개월 후에 얼굴이 좋아질 것이고 1년 후부터 생각이 일어나지 않을 것이고 그때부터 근본이 변하기 시작한다.

Q 근본이 바뀌기 전에는 계속 이런 상태를 벗어날 수는 없다는 것입니까?

승: 땅을 가꾸어서 메마른 나무를 튼튼한 나무로 만들어 주는 것처럼 정신을 일깨워서 건강하게 자신의 근본을 바꾸기는 매우 쉬운 일이다. 어렵게 생각하지 말고 개인적으로 시간이 나거든 한 번 더 들어서 이해하면 실천에 옮기기가 쉽다. 그리고 만일의 경우 정신이나 육체의 건강을 얻어서 세상을 위해서 당신의 밝은 삶을 찾고 남을 위해서 조금이라도 도움 되는 일을 하겠다면 빠르게 변화가 일어나도록 도울 수가 있을 것이다.

Q 선생님의 깨달음과 붓다의 깨달음과는 같은 것인가요?

승: 너희는 부처에 대해서 잘 이해 못하는데 석가모니를 절에 가면 보물이라 한다. 그러나 석가모니가 얼마나 인간 세계에서 괄시받았는지 너희는 모른다. 그는 왕자로 태어났지만 깨달음을 이루고서 얻어먹고 다녔는데 탁발托鉢이라는 말이 그때부터 나왔다. 부처가 돈을 벌 수도 없고 어디 재물에 연연할 수도 없고 마음을 매 놓을 수도 없었다. 이러니까 가다가 누가 주면 먹고 안 주면 집 앞에 가서 한 술 달라고 탁발 그릇을 내밀고 안 주면 굶었다. 부처가 깨달았다고 인간으로부터 대접받는다고 생각하지 말라! 나의 깨달음은 붓다의 깨달음과 같은 것인지를

질문했는데 나의 깨달음은 과거 석가모니의 깨달음과 똑같다. 그 당시 석가모니가 말하지 못한 사실을 이 시대에 와서 보고 너희에게 전할 수 있다.

Q 선생님은 살면서 석가모니보다 근본을 더 강하게 했습니까?
승: 석가모니는 왕자로 태어나서 깨달음을 얻었다. 그래서 실제 나와 같이 삶의 근본이 강인하지 못했는데 내 경우에는 그러한 결점을 보완해서 태어나자마자 내 운명을 만들어 왔다. 세상을 스승으로 삼고 너무나 철저하게 교육을 받았기 때문에 과거에도 나를 앞설 수 있는 사람은 없었으나 미래에도 이러한 깨달음에 대해서 나를 앞설 사람이 나타나는 일은 없을 것이다. 그것은 증거로써 말할 수 있으며 나의 말이 부족하면 그 문제에 대해서 집중적으로 질문을 하라! 그러면 증거로써 제시하고 너희의 마음에 들지 않더라도 증거가 하나의 사실과 일치한다면 믿어야 하며 거기에 대해서 부정하는 것은 어리석은 일이다. 깨달은 자를 대접할 사람은 참으로 세상에서 복이 많은 사람이다.

Q 깨달은 분을 가까이 할 수 있는 복은 전생에서부터 지어야 하는 것입니까?
승: 그게 욕심으로 되는 일이 아니고 아무리 자기가 공덕을 짓고 싶어도 인연이 닿지 않으면 안 된다. 전생에 자기가 지어온 근본을 가지고 있어야 세상을 구하는 일에 도움이 되는 일을

할 수 있다. 근본이 좋지 않은 사람은 세상에서 큰일 하는 사람을 방해나 하지 돕지 않는다.

Q 부처님께서는 깨달음을 얻기 위해서 세속과의 인연을 끊으시고 고행의 길에 들어서셨는데 선생님께서는 깨달음을 얻으셨으나 세속에 그대로 사시는 이유를 설명해 주시겠어요?

승: 석가모니와 나의 처지는 다르다. 석가모니도 깨달음을 얻기 전 왕자 시절에 이미 부처의 근본을 전부 가지고 태어났다. 이미 가지고 있는 근본을 깨고 그 근본 속의 여래로 나야 하고 해탈의 과정을 거쳐야 한다. 왕궁에 앉아서는 해탈의 과정을 거칠 수가 없었다. 모든 사람은 자기를 가지고 있고 석가모니의 근본이라면 자기 속에서는 어느 시기에 가면 자기는 피고 어느 시기에 가면 해탈해야 한다는 것이 정해졌었다. 그 때문에 결국 어떤 시기가 되자 점점 자기 속에 입력된 내용이 나타나기 시작한 것이다. 석가모니는 좋은 환경에서 태어났기에 집을 나가야 했으나 나는 그런 과정을 반대로 겪었기 때문에 집을 나가지 않아도 되었다.

Q 석가모니 전기를 읽어보면 밖에 나가서 상여가 나가는 것을 보고 많은 비애를 느꼈다는 말들이 나오는데요?

승: 그럴 수도 있다. 중요한 것은 자기는 자기 갈 길을 가야 하는데 길을 가로막고 있는 장애들이 있었다. 그가 왕국의 외동 아들로 태어났기에 노부老父가 왕국의 대를 이으리라 기대하고

있었다. 그런데 노부를 혼자 남겨 놓고 떠나는 일이 참으로 인간으로서 힘들었을 것이다. 그래서 그는 결혼하게 되었고 대를 이을 왕자를 낳으면 자기는 떠나겠다고 결심했다. 그가 아들을 낳고 커가는 것을 보면서 집을 떠나 출가하게 된 것이다.

Q 그가 출가하면서 고행의 과정을 겪지 않으면 어떤 상황에서도 해탈이 되지 않았습니까?

승: 고행의 과정으로 애욕愛慾을 태우는 것이었다. 그는 좋은 환경에서 살았기 때문에 열악한 수행과정은 다른 사람들이 겪는 것 보다도 더 힘든 환경이었을 것이다. 그러나 그는 근본이 원래 강했기에 환경과 싸우느라고 자기 속에 일어나고 있는 마찰로 가슴 속에 있는 애욕을 태워버릴 수 있었다. 의식과 육체를 연결하고 있는 애욕의 끈을 모두 태워버리면 해탈이다. 해탈하고 벽만 보고 있으면 아무 생각이나 감정이 일어나지 않으니 고요하다.

Q 선생님은 세상에서 중생들과 부딪히면 스트레스가 오지 않습니까?

승: 실제 연화도 같은 곳에 가서 벽만 보고 있으면 아무런 잡념도 안 일어나고 부담이 오지 않는다. 배고프면 밥 먹으면 되고 살았는지 죽었는지까지도 모르고 초월해 버린다. 해탈이 되지 않은 상태에서는 온갖 번뇌 망상이 오지만 해탈하면 번뇌 망상이 끊어져 버리고 애욕이 일어나지 않는다. 너희는 애욕이

일어나지 않는다는 말이 사실인지 매우 궁금할 것인데 그 상태는 나에게는 애욕이 끊어졌다지만 의식이 거울과 같아서 상대가 비친다. 가슴이 타면 그대로 나의 가슴이 타고 상대의 머리가 어두워지면 나도 머리가 어두워지고 애를 태우면 나도 애가 탄다.

Q 예를 들어 모르는 상대가 어떤 의식을 발동하면 어떻습니까?

승: 그러면 두려움이 오고 어두워지고 해서 피할 수도 있지만 가까운 사람이 어떤 어두운 마음을 가지고 있다면 나도 그 상태에서 어두워진다. 항상 아끼고 신뢰하는 사람인데 내 정신이 어두워진다고 네 정신이 어두우니까 가라는 말은 하지 못한다. 나의 앞에 있는 사람이 분별력을 잃어버리면 나도 상대와 같이 동화되어서 분별력을 잃어버린다. 애욕은 끊어졌어도 불구는 아니라는 것이다. 물질에 대해서도 어떤 문제를 짊어지지 않으면 중요성을 절대 느끼지 않는다. 아주 고요하고 물질에 대한 탐욕도 안 내고 없어져 버린다. 물질에 대한 중요성이 없기에 실제로 지금까지 사람들에게 여기에 보시해야 복을 받는다는 말은 절대 하지 않았다.

Q 선생님은 고행도 하지 않고 어떻게 해탈에 이르게 되었습니까?

승: 내가 깨달은 자가 될 것이라고는 생각하지 못하고 깨달음을 얻기 전에 『외로운 투쟁』이라는 내 자서전을 썼다. 거기 보면 태어나는 순간부터 40세가 될 때까지 투쟁이고 고행이었다.

한 인간이 천대와 멸시와 박해 속에서 40세를 살아가는 것은 인류 역사에 존재하지 않았다. 멸시받으면 사람이 남의 눈치나 보고 비실비실해지고 거기다가 학대까지 받으면 빗나가고 잘못된다. 박해 같은 것을 한번 받으면 완전 폐인처럼 꺾인다. 그런데 천대와 멸시 그리고 학대와 박해를 받고도 꿋꿋이 자랄 수 있었던 건 나의 근기 때문이다. 나의 강한 근기가 이런 천대와 멸시와 학대를 통해서 내 속에 있는 애착과 애욕을 태워버릴 수가 있었다. 좋은 근본을 가진 자는 항상 세상이나 자신에 대한 사랑이 있다. 사랑이 결국 자신에게 주어진 모든 여건을 이기고 자신을 완전한 자로 만들어 놓는 것을 가능케 했다.

Q 법을 전하면서 왜 집에서 세속의 복장을 하고 있습니까?

승: 승려의 복장을 하는 것은 약한 의지로 자신이 가진 욕망을 억제하는 데 도움이 된다. 중생은 애욕의 짐을 벗은 상태가 아니고 해탈하지 못했으니까 중생이라고 하고 스스로 욕망을 자제할 수 있다. 하지만 어떤 환경에 혼자 있으면 번뇌 망상이 오고 욕망이 일어나는 걸 스스로 끊을 길이 없다. 만일 내게 어떤 사람이 욕망의 불을 붙였다고 하더라도 고개를 돌려 앞에 있는 창문과 커튼만 보게 되면 금방 있었던 욕망의 불이 꺼지는데 일반 사람은 그게 불가능하다. 승려의 복장을 하면 여러 가지 좋은 게 있다. 어디 가서 나쁜 짓을 하고 안 좋은 일을 하면 표시가 나서 자기가 했다는 사실을 부인할 길이 없기에 숨길 수가 없다. 즉 자신이 가진 욕망을 억제하는 데 도움이 되기 때

문에 승려의 복장을 한다. 사실 석가모니도 머리를 깎고 구도자의 옷을 입으면 안 되고 여래나 부처는 그냥 평범한 모습을 하고 평범한 말을 한다. 절대로 어떠한 사실을 미화시킨다든가 찬양하는 게 없고 모든 것을 평행선에 놓고 말한다.

Q 선생님은 깨달은 분인데 왜 가정은 가지고 있습니까?

승: 나도 사실 중생과 한집에 있는 것은 법을 전하는 데는 매우 큰 불편이 있어서 떠나겠다고 생각하는데 우리의 자금 여건이 그렇지 못하다. 가족들을 걱정하는지 모르겠지만 아직 악에 물들지 않고 순수하기에 가정을 꾸려가는데 큰 위험이 도사리고 있는 점들이 많다. 그러니까 그런 것을 해결해 놓고 나면 집을 나가야겠다고 항상 의식을 내고 있다. 내가 가정에 머무는 것이 내가 하는 일에 아무런 도움이 안 되고 오히려 장애가 된다. 그러니 석가모니가 왕궁을 떠나기 전에 가지고 있었던 마음의 짐이나 내가 지금 집을 떠나지 못하는 짐은 같다고 볼 수 있다.

Q 궁금하게 생각하는 것이 선생님의 식구들은 왜 여기에 나오지 않는 것입니까?

승: 법이라는 것은 인연이 없으면 절대 들을 수 없고 전생에 큰 공덕을 짓든가 현세에 큰 깨달음이 없으면 가까이 올 수가 없다. 진실을 듣고 깨달은 자의 말을 듣고 자신을 깨우치고 축복하는 길이라는 것은 참으로 좋은 인연이 닿지 않으면 불가능

한 일이다. 내 아내가 안 나오고 자식들도 자기 갈 길 가겠다고 한다. 지금이라도 깨닫고 의식을 바꾸면 영생하는 길이 있다. 그것은 소연의 어머니도 딸을 아끼고 딸이 하는 일은 무엇이든 좋은데 여기에 오는 일만은 원하지 않는다.

Q 선생님과 인연이 닿지 않으면 어떻게 해야 합니까?

僧: 사람들의 삶을 보면 두 개의 길을 가고 있다. 진리의 길과 진리가 아닌 길이다. 모든 사람은 자기가 하는 일이 다 옳다고 생각하겠지만 그가 옳은 삶을 살았는지 그릇된 삶을 살았는지 판단할 수 없고 아무도 말할 수 없다. 결과를 보기 전에 어떤 이야기를 할 수 있겠는가! 선택받은 자가 아니면 여기에 나오는 것은 어렵고 어떤 권고나 권함에 의해서 나오게 되면 일시적일 뿐이다. 언젠가 인연이 멀어지고 따라오는 게 너무 힘들면 다시 돌아가게 된다. 과거의 부처와 현세에 나타난 여래의 해탈은 과정에서 있었던 차이점이 고행과 있었던 자기를 태우는 점이 달랐다.

Q 일반 중생들은 무엇으로 자기를 태울 수 있겠습니까?

僧: 사랑을 통해서 자기를 태울 수 있고 고행을 통해서 자기를 태울 수 있으나 구도의 마음이 없이는 불가능하다. 나 같은 입장에서는 과거에 삶에서 너무나 힘이 들었다. 그 때문에 이번에 내가 선택받은 자로 세상에 와서 보니 너무 힘들어서 여래는 꿈도 못 꾸고 그만 적당히 먹고 잘 살다 가야 하겠다는 생각밖에 안 했다. 그래도 근본이 있어서 사회와 부딪히니 안타깝고 강한 근본과 근기를 가지고 있었다. 거기에 쓰러지지 않고 부딪혀서 그 마찰로 가슴에 있던 모든 애욕愛慾을 태울 수가 있었기에 해탈한 것이다.

Q 이 과정에서 나타난 현상도 석가모니와 똑같습니까?

승: 석가모니는 깨달음을 얻어서 세상의 스승이 되겠다는 큰 소망과 근본이 해탈을 만나게 되었다. 나는 선택받아서 온 자이기 때문에 그 근본과 세상의 환경이 결국은 완전한 깨달음을 성취한 해탈 자로 만들어 놓았다. 해탈하지 않은 상태에서 무엇을 바로 보고 바로 판단하고 바로 전달하는 것은 불가능하다.

Q 깨달음을 얻는 방법에도 순간적으로 깨닫는 방법과 노력에 의해서도 깨닫는 방법이 있다고 하는데 선생님은 다른 방법으로 깨달으셨는지요?

승: 나는 노력으로 깨달은 자이다. 한 사람의 깨달은 자가 여래가 되기 위해서는 결국 수천 년 동안 공덕을 쌓아야 하고 그 공덕은 법을 먼저 배우고 나서야 가능하다. 깨달음의 길은 네가 세상을 밝히는 일을 끝없이 해서 세상을 밝히면 네 마음이 밝아질 것이다. 너희의 삶이 어떻게 세상을 위하고 세상의 횃불이 될 것인지 모르니 먼저 배워서 알아야 한다. 기대나 욕심만으로 사실을 스스로 알기에는 너무 힘이 드는 문제이다.

Q 선생님이 세상 사람들에게 축복을 주신다고 말씀하셨는데 어떤
　형태로 사람들한테 축복을 주십니까?

승: 내가 사람을 깨우쳐 주고 있는 이것이 축복이다. 너희가
나와 가까이서 내 말을 듣고 나를 보고 나를 관찰하면서 1년쯤
지나면 너희는 아무 환상이 없는 멍청한 사람이 된다. 멍청한
상태가 되어도 다른 사람 앞에서 토론하면 진실만을 이야기하
게 된다. 거기에 대해 구체적으로 질문하고 자기 의견을 솔직
하게 발표하게 되어 무엇이든 막히지 않고 뛰어나게 된다. 2년
정도 옆에서 보고 듣고 배우게 되면 그때부터는 정신이 깨어난
다. 스스로 옳은 일은 좋은 결과를 나게 하고 그릇된 일은 나쁜
결과를 나게 한다는 사실을 알게 된다. 그러면 근면해지고 검
소해지고 용기와 양심이 살아나며 자신의 문제를 자신에게 의
지하는 사람이 된다. 다시 1년 정도 계속 보고 배우고 관찰할
때 당당하게 자기가 알고 있는 사실을 다른 사람에게 가르쳐
주면 사람을 축복하는 것이다.

Q 사람들이 죄를 짓고 잘못에 빠지는 것은 무지 때문입니까?

승: 사실을 알게 되면 자신의 끝없는 앞길을 구할 수 있으니
실제 원리는 같다. 바위에서 부딪치고 흐르는 물은 항상 깨끗
하고 살아 있는 것처럼 진리를 전하는 일을 하는 사람의 생명
은 살아 있다. 그 일을 공덕이라고 하며 사랑이라 말한다.

Q 세상의 이치를 보고 말하는 것이 공덕이 되는 것입니까?

승: 나는 사람들과의 대화 속에서 주고받는 말의 이치를 어떤 상황에 부딪혀서 사람들에게 말에 대해서 뜻을 물으면 아는 자가 없었다. 나는 세계를 10년 동안 여행하면서 세계에서 최고의 지식을 가졌다고 하는 지도자들을 많이 만났지만 한 사람도 내가 한 질문에 대해서 정확하게 대답한 사람이 없었다. 내가 어떻게 그런 이치를 알고 다른 사람들은 몰랐는지 너희는 확인해야 할 것이다.

Q 선생님이 자신을 여래라고 말하는 것은 보는 자라는 것을 말하는 것입니까?

승: 지난 시간에도 무엇을 보느냐고 말했을 때 나는 진리 속에 있는 것을 본다고 했다. 그런데 세상에는 깨달았다고 자청하는 사람들이 있지만 그들이 나처럼 말 못하는 것은 깨달음이라는 말에 대해서 정확하게 이해하지 못하기 때문에 사람들이 속는 것이다. 깨달음은 진리 속에 있는 일을 본다는 것이다. 과거 석가모니도 여래라고 말했을 때 중생들은 실제 모습이나 생김새나 말을 통해 보면 똑같았다. 그래서 여래와 중생이 무엇이 다른지 물었더니 이렇게 말했다고 기록되어 있다. 여래는 진실한 자이고 진리를 말하는 자이며 있는 것을 보는 자이고 거짓을 말하지 않는 자이다.

Q 여래의 기록이 불교 경전에 나오는 내용입니까?

승: 나는 이 말을 금강경이라는 경전에서 알았는데 처음 깨달

음을 얻고 승려들을 찾아갔을 때 금강경을 보라고 했다. 시간이 지난 후에 너희에게 도움이 될 것 같아서 금강경에 도대체 무엇이 있는지 원덕에게 읽어보라고 했다. 나는 누워 있고 50장 정도 읽어 가는데 그 말이 나왔으므로 이제 다 봤으니 그만 읽으라고 했다. 금강경에서 볼 수 있는 부처의 말은 그 네 마디였는데 다른 말은 인간들이 생각으로 만든 말이었다. 승려들은 날마다 책을 읽었어도 그 부분을 알지 못하는 게 중생과 여래의 차이다. 여래는 진리를 말하고 있는 일을 말하며 거짓을 말하지 않기에 진실한 자이다. 전부 다 똑같은 말인데 여래는 있는 이치를 보는 자이다.

Q 왜 사람들은 있는 이치를 보지 못하는 것입니까?

승: 다리를 보고 지나가는 버스를 보고 기차를 보고 비행기를 보고 눈이 있으니까 본다. 의식이 눈먼 중생은 진리 속에 있는 뜻을 보지 못하고 진리를 제대로 말하지 못하는 것은 아직도 진실이 크게 이루어지지 않고 항상 업 속에서 헤매고 사는 게 다르다. 너희가 알아야 할 것은 불교에서는 윤회라는 말을 하는데 나는 이것을 반복 현상이라는 말로 많이 사용하고 있다. 세상에 있는 모든 것이 돌고 있고 윤회와 반복 현상의 원리는 같은 말이다. 윤회라는 것은 늙으면 죽고 죽으면 다시 태어나는 과정이라고 말한다.

Q 윤회라는 말과 인과의 법은 같은 것입니까?

승: 인과의 법이라는 것도 자기 속에 있는 인연에 따라서 좋은 것을 얻게 될 수 있고 나쁜 것을 얻게 되고 만나게 될 수 있다는 말이다. 있는 일을 통해서 좋은 일과 나쁜 일이 일어나게 되는데 3×3은 9라는 답이 나오는 게 인과의 법칙이다. 셋에 셋을 곱하면 9를 만들어 냈지만 7×3은 21을 만들어 냈다. 인과의 법을 수학에서 보면 수치에 따라서 어떤 일이 자기에게 있었는지에 따라서 그 해답은 각기 달라진다.

Q 선생님이 깨달았다는 것은 인과의 법칙입니까?

승: 나는 진리를 보고 인과의 법이 지어지고 있는 일을 사람들에게 말한다. 인과의 법칙은 수학의 공식과 같고 이 법칙을 사람들에게 설명하고 공식을 통해서 나타나게 되는 일을 항상 말한다. 다른 사람은 그런 일을 모르기 때문에 잘못된 일이 끝없이 주변에 존재하는 것이다. 나는 마흔네 살 때 〔외로운 투쟁〕이라는 자서전을 써서 사회에 내놓았다. 20년 전에 사람들이 잘못된 사회를 만들고 잘못된 관행이 사회에 존재하는 걸 보았다. 언젠가 나라가 망하게 되어 있는데 돈은 벌어서 할 것도 없고 잘못 날뛰다가는 나쁜 인연을 만든다고 생각해서 20년 전에 직업을 버렸다. 여래도 직업을 버렸으니 우리도 직업을 버려야 깨닫는가 보다고 생각해서는 안 된다. 내가 직업을 버린 것은 돈을 벌어도 그 돈을 옳게 쓸 수가 없었기 때문에 돈을 벌지 않은 것이다. 내가 20년 동안 직업을 갖지 않은 이유는 사람들이 있는 일을 잘못 해왔기 때문에 이 시간을 통해서 계속 설명하

고 있다. 모든 일이 길흉화복을 만드는데 많은 사람이 망한 자리에서도 다른 사람이 사업해서 성공할 수 있다. 사람에 따라서 있는 일이 달라지고 있는 일이 모든 것을 만든다.

Q 선생님은 과거에 정치를 했는데 왜 정치를 포기했습니까?
승: 청년 시절에 이름 없었을 때도 차기 대통령 후보로서도 사람들에게 추앙을 받았다. 한국의 인재들 속에서 이 나라의 지도자가 돼야 한다고 해서 돈이 없었는데도 국회의원에 출마할 수 있었다. 그리고 다른 사람들로부터 대접도 받을 수 있었는데 1978년 이후에 이 희망이 완전히 끊어져 버린 것이다.

Q 희망이 끊어진 것이 정치적으로 일어난 일이면 통치자가 해야 하는 일은 어떤 것입니까?
승: 통치자는 절대로 신처럼 행동해서는 안 되며 공정성 유지에 힘을 써야 한다. 사람들이 공정한 세상에 살아야만 사회에 노동력이 생기고 창조적인 사고로 지혜가 밝아지고 정신이 좋아지고 세상인심이 좋아지는 것이 나의 정치 철학이다. 그런데 우리나라는 삼십몇 년 동안 집권자들이 국민을 이기는 싸움을 했으며 국민 위에 군림했고 자기 마음에 들지 않는 사람은 무자비하게 숙청했다. 나도 20년 전에 정부가 잘못하고 있는 문제나 외국에서 빚을 내와서 건설한답시고 자연녹지를 훼손하고 돈을 찍어내는 행위에 대해서 상당히 많이 비판했다. 그때 그들로부터 함부로 말하면 가까운 사람을 위증僞證을 세워서

사형시킬 수도 있다는 이런 말을 여러 번 들었었기에 내가 하는 말은 나라를 위해서 하는 말인데 위증 내세워서 사형시키겠다면 어느 누가 진실을 말하겠는가?

Q 그래서 직업을 갖지 않고 살아오신 것입니까?
승: 돈 있으면 나중에 도둑맞을 건데 돈은 애써 벌어 뭐 하겠나 싶어 밥만 먹으면 되니 편안하게 술이나 마시고 취해서 살다가 나중에는 자신을 잊기 위해서 너무나 많은 시간을 방황했다. 세상에서 제일 힘든 것은 잘못된 일을 알고 참는 것이고 잘못된 일을 보고 묵인하는 일이다. 만일에 잘못된 일을 보고 묵인하지 않고 잘못된 일을 보고 참지 않으면 죽인다니까 입을 닫고 참아야 했다. 그리고 내 주변에는 한 사람도 옳은 말을 들어주고 진리적인 말을 들어줄 사람이 없었다.

Q 참된 종교의 목적은 무엇입니까?
승: 참된 종교는 삶의 결과를 위한 가장 좋은 가르침을 남긴 것을 후세 사람들이 지키고 이어가기 위해서 모여서 배우고 가르치는 집단을 말한다. 사실을 보고 규명함으로써 사실이 가진 진실을 알게 해서 인간의 마음속에 있는 어리석음을 깨우는 것이 종교의 목적이다.

Q 열반涅槃이란 번뇌와 망상에서 벗어나서 편안한 자기를 이루게 되고 평화를 얻고 영생을 얻게 되는 것을 말씀하셨는데 해탈解脫

은 무엇인지 다시 한번 말해 주십시오.

승: 자기의 의식이 태어나기 이전의 세계에 머물러 있으면서 살아 있는 자를 해탈한 자라고 말한다. 자연의 법칙 속에서 나무가 씨앗으로 싹이 씨앗으로 돌아가는 일은 절대 없다. 열매에서 다시 싹으로 거꾸로 돌아가는 역류 현상은 해탈한 자만이 가능하다.

Q 그러면 해탈과 삼매三昧는 같은 것입니까?

승: 삼매는 살아 있는 상태도 아니고 죽음의 상태도 아닌 무아無我 속에 빠지는 것을 삼매라 한다. 모든 생명이 태어나고 죽고 어떤 것도 사유하지 않고 자기 생각을 일으키지 않는 상태를 말한다. 이 세계에는 해탈한 자만이 들어갈 수 있다.

Q 해탈해야만 지혜의 눈이 나타나는 것입니까?

승: 나의 이마의 중앙에 나온 이것을 지혜의 눈이라고 한다. 이 지혜의 눈은 완전한 깨달음을 성취하고 세상을 위하여 그 뜻을 펼 수 있는 사명을 짊어지게 됐을 때 증표로서 나타나게 되는 것이다.

Q 선생님은 깨달음을 이루기 전에 젊었을 때도 지혜롭게 사셨는지요?

승: 나는 어릴 때 고아가 되어 스물다섯 살에 국회의원에 출마하였다. 사람들은 대통령 후보가 될 거라고도 말했기에 어디든

가면 대접받으며 지냈다. 날마다 잘못된 세상을 보면서도 옳은 자가 말할 곳이 없어 끝없이 방황해야 했다. 진정으로 나라를 사랑하고 깨달음이 필요로 하고 잘 살기를 원한 사람은 없었다.

Q 지금 이 자리에서 확인해 볼 수 있듯이 한때 한 시대의 인재라는 평을 받았던 여래님 옆에는 친구나 친척이나 가족이나 이웃에 살았던 사람이 아무도 없는데요?

슭: 깨달음을 이루고 그들을 도우려고 했더니 내 곁에서 멀어져 갔다. 도움을 받은 사람들은 살길이 없어서 나를 찾아오면 가르쳐 주었다. 나에게 길을 물으러 왔다가 길을 듣고 가서 그대로 한 사람들은 잘 됐으나 나의 지혜나 깨달음이 쓸모가 없었다. 어떻게 살아야 하는지는 우리가 가지고 있는 사고에 의해서 결정이 되며 조금 깨달으면 좀 더 자기로부터 나은 삶을 요구하게 된다. 자기의 완성을 위해서 너희는 이곳에 오고 나는 그 완성을 위해서 있는 일을 계속 보게 하고 이해하지 못하는 부분에 대해서 이해시키려고 노력하는 것이다.

Q 세상에서 큰 공덕을 짓고 지혜롭게 살려면 어떻게 해야 합니까?

슭: 내가 항상 너희에게 당부하는 말은 남에게 속지 말고 속이지 말라는 것이다. 그렇게 살면 마음이 밝고 속지 않으면 애착이나 한이 생기지 않으니까 자기에게 의존해서 열심히 일하게 된다. 그리고 힘이 되면 주변 사람들에게 도움을 주는 건 깨우

쳐 주는 것이다. 예수도 고기를 주지 말고 고기 잡는 방법을 가르쳐주라고 말했듯이 사람들의 무지를 깨우쳐 주는 것이 가장 큰 공덕을 짓는 것이다.

Q 지난번에 자기 상실이라는 말씀을 하셨는데 자기 상실이라는 게 어떤 것을 말하는 것인지요?

승: 자기 상실은 눈을 뜨고 있던 사람이 눈이 멀게 되었을 때 시력 상실이고 어떤 능력 있는 자가 능력을 잃었을 때 능력 상실이다. 건강한 정신을 가진 자가 정신을 잃어버리게 되었을 때는 의지의 상실이다. 사람이 일해야 하는데 일하기 싫은 사람은 의지를 상실한 것이고 어떤 적과 싸울 때 두려워하는 것은 용기의 상실이다.

어떤 사람이 미쳐서 길거리를 떠돌고 있다면 의식이 자기의식을 상실했다. 다른 자의 의식에 의해서 움직이고 있기에 자기가 가지고 있던 것을 잃었다면 자기 상실이다.

Q 보통 가난한 사람은 돈이 없어서 걱정하고 공고에 다니는 학생들은 취업을 생각하고 저같이 인문계에 다니는 학생들은 어느 대학에 갈지 고민하게 됩니다. 사람이 말하는 것과 행동하는 것은 의식에 지배받는지 환경에 지배받는지 알고 싶은데요?

승: 사람은 환경에 의해서 의식이 변화할 수 있고 의식에 의해서 환경이 만들어질 수도 있다. 너는 단순하게 질문했지만 대답하기 위해서는 너무 광범위한 것을 보아야 한다. 취업하고

싶으면 취업하고 싶은 사람이 물어야 그 사람의 의식을 보고 대답할 수 있는데 다른 사람의 질문은 내가 보지 않고는 대답하기 힘들다. 네가 공부하고 싶어 하는지는 네가 이미 해답이 있다. 지금 네 나이에 어떤 공부를 해야 하는지 과연 오늘의 사회현상이나 미래의 현상에 비추어서 너에게 얼마나 도움이 되는지 보아야 한다. 돈이 없는 사람은 왜 돈이 없는지 확인해 봐야 하는데 저 사람이 가난하니까 도와야 한다고 쉽게 말하지만 가난한 사람들은 왜 가난한지 알아야 한다. 열심히 일하고 저축했는데도 가난한지 일을 안 하고 소비만 해왔기에 가난한지를 알아야 도울 수 있고 일을 안 하고 소비만 해온 사람에게는 먼저 돈이 아닌 깨달음이 필요하다.

Q 부자 한 사람에게 가난한 사람을 다 먹여 살리라고 하면 그 부자는 힘들겠지요?

승: 세상에서 모든 가난을 해결하는 것은 사람들에게 일하도록 가르쳐서 그 일을 통해서 사람들을 잘 살게 만들면 된다. 정부가 제도를 만들어서 사람을 잘살게 만들려고 하니까 사람들은 일하려 하지 않고 정부만 쳐다보고 줄 설 사람 찾아다닌다. 그래서 결국 사기꾼들만 우글거리는 사회를 만들어 내는 것이다.

Q 가난한 사람이 직접 선생님께 왜 자기가 가난한지 물어보면 어떻게 대답하시겠습니까?

숭: 왜 그는 가난한지 알고 나서 조언할 것이다. 너에게 말하는 사람들이 모르는 것을 네게 물었을 때 남의 생각에 함부로 대답하지 말라! 사람들은 잘 몰라도 대답을 잘하지만 깨달은 자는 문제가 정확하지 않을 때는 대답을 안 하는 게 상식이다. 만일에 이상한 문제를 냈을 때 거기에 대답하면 깨달은 자가 아니다. 문제를 보지 않고는 문제를 알 수 없으며 답을 줄 수가 없다.

Q 세상은 반복 현상의 원리로 끝없이 자신을 존재하게 하고 있다고 했는데 우리가 보게 되는 좋은 것과 나쁜 결과는 인연에 의해서 지어집니까?

숭: 인연은 우리 모두에게 각각 다른 운명을 지워주었다. 왜 우리는 같은 세상을 살면서 각각 다른 운명 위에 서 있어야 하는지 관찰해보면 각자가 가지고 있었던 일이 달랐기 때문이다. 있는 일이 모든 현상을 있게 하는 근원이 된다. 있는 일을 통해서 배워서 바라는 모든 결실을 거둘 수가 있는데 사람에 따라서 이것이 매우 어렵다. 나는 깨달음을 얻고서 내 주변 사람들과 멀어지는 것을 한 번도 원한 적이 없었는데도 처음 몇 년 동안은 나와 가까웠던 모든 사람과 멀어졌다

Q 주변 사람들과 멀어져야 했던 이유는 무엇입니까?

숭: 세상이 인연의 법칙으로 존재한다는 비밀을 내가 알았기 때문이다. 아무리 나쁘고 잘못된 운명을 가진 자도 진리 속에

있는 일들을 알게 되면 깨달을 수 있다. 깨달으면 자기의 운명을 바꾸어서 원하는 삶을 살아갈 수 있다고 보았다. 나는 사람들에게 어떻게 하면 세상에서 복을 받고 뛰어난 사람으로 변하며 한이 없는 세상을 살고 가장 축복받는 삶을 통해서 자기완성이 가능한지를 말했다. 세상에는 내 말을 들어줄 사람이 없었다. 처음에는 가족들이 안타까워서 말해주었으나 가족들은 그 말을 듣고 나와 멀어지고 말았다. 친구들을 만나서 말했지만 아무도 나의 말을 받아들이려 하는 사람이 없었고 이런 일은 이웃 사람들과도 멀어지게 했다.

Q 인연 없는 사람들은 여래님이 인연의 법칙을 알기에 반겨주는 사람이 아무도 없는 것입니까?

슝: 내가 이 자리에서 항상 여래라고 말하는데 세상을 여행하다 보면 자기도 여래라는 사람이 있다. 그들이 모르기 때문에 상징적으로 쓰는 말이다. 여래는 세상을 보는 자이며 진리를 말하는 자이기에 그들도 세상을 보고 진리를 말하는 것처럼 책을 보고 흉내 내고 있다. 있는 일을 말하면 그 일이 어떻게 해서 있게 되는지 하는 것에 대해서는 진실을 말하는 자가 없었다.

Q 그들은 사람들을 위해 아무런 도움이 되는 것도 가르치지 않았는데도 세상에서 많은 대접을 받는 겁니까?

슝: 신이나 팔고 기도나 하면 잘 된다고 잘못된 거짓을 말하

는데도 그들을 위해서는 특별한 좌석이 마련되어 있었다. 나는 자신이 여래라고 말했으나 누구도 나에게 대접하는 사람이 없었다. 내가 자신을 소개할 때마다 사람들은 나를 경계했고 나에게 물 한 잔 주는 것을 거부했다. 어떤 날은 사람을 찾아갔다가 내가 여래라는 사실 때문에 쫓겨나야 했던 적이 한두 번이 아닌데 왜 내가 사람들 앞에서 이 외로운 자의 말을 해야 했겠는가? 그것은 자신이 진정 여래이기에 여래라고 말하는 것이다.

Q 지난 수천 년 동안 세상에 나타나서 깨달았다고 주장하는 사람들은 어떤 자들입니까?

승: 그들은 실제 깨달음을 얻지 못한 자들이고 깨달음의 길을 모르는 자는 절대 깨달을 수가 없다. 깨달음을 얻기 위해서는 있는 일을 통해서 끝없이 배워야 한다. 명상으로 깨달았다고 말하고 있지만 가만히 앉아 있는 것은 단순한 일이고 단순한 방법을 통해서 깨달음을 얻을 수는 없다. 석가모니가 제자들에게 명상하라고 말했다면 쓸데없이 돌아다니지 말고 석가모니에게 들은 말을 사유하며 관찰하고 확인하라는 뜻으로 말한 것이다. 여래가 설한 진리 속에 있는 일들을 충분히 관찰하고 자기 속에 받아들이는 시간을 가지라는 의미이다. 그것이 오늘날 세상에서 변화되어서 명상이라는 말로서 세상에 퍼지고 있다.

Q 명상으로는 깨달음에 이를 수 없다는 것입니까?

승: 나는 이 시대에 와서 인간이 어떻게 완전한 깨달음에 이를 수 있는지 방법에 대해서 말하고 있다. 그것은 있는 일을 통해서 있는 일을 보고 있는 일에 대한 눈을 뜨는 것이 깨달음을 얻는 가장 좋은 방법이다. 세상은 하나의 공식 속에 존재한다. 이런 공식을 사람들에 따라서는 법法이라고 말하는 자들이 있고 진리眞理라고 말하는 자들도 있다. 또 약속이라고 말하는 사람도 있으니까 어떤 일이 세상 자체에 존재했는지에 따라서 세상은 달라지고 자신이 달라진다.

Q 선생님의 말씀이 어떤 점에서 어떠한 결과를 가지고 오는지 그 문제에 대해서 말해주시겠습니까?

승: 나의 말은 너희를 똑똑하게 만들고 있는 일을 밝히는 목적을 두고 있다. 신의 말을 대신하는 사람들은 말 자체를 단순히 말 자체로 남기려 하는 것뿐이며 뜻이 없는 말은 그냥 소리일 뿐이다. 그들이 아무리 좋은 가르침이라고 주장하더라도 그 속에서 좋은 현상이 나타나지 않는다면 결코 좋은 가르침이 될 수가 없다. 원인이 좋으면 결과가 좋아야 하는데 아는 자의 말은 항상 복이 되나 모르는 자가 만들어서 하는 말은 항상 재앙의 근원이 된다.

Q 사실 종교인들의 말을 들어보면 말을 너무나 유창하고 조리 있게 잘해서 그냥 그곳에 빠지는 사람들이 많습니다.

승: 나는 요즈음 사람들이 어떤 종교인지는 몰라도 너무 말을

잘하는 데에 놀랐다. 그것은 책을 읽고 책 속에 있는 말들을 가져다 짜깁기하여 아주 능숙하게 구사하고 있다는 사실이었다. 어떤 사람이 보지도 있지도 않고 있는 것처럼 말하고 있었기에 어떻게 당신은 이런 말을 함부로 할 수 있는지 물었다. 책에서 읽었다면 책을 쓴 사람도 모르는 말은 사람들에게 매우 위험한 것이다. 생활에 필요한 것은 봐야 알겠으나 생활에서 좋은 결과를 가져다주지 못하는 책들은 보면 볼수록 너희의 의식을 망쳐 버린다.

Q 책을 통해서나 종교를 내세우는 곳에서는 깨닫기가 어렵다는 것입니까?

승: 너희가 이곳에 와서 배우는 것은 있는 일을 듣고 있는 일을 통해서 자신을 깨우치기 위해서 오는 것이다. 만약 의식이 나쁜 사람이 이곳에 와서 6개월만 듣고 나가서 내가 하는 말을 흉내 낸다면 일류 거짓말쟁이가 될 수 있다. 아무리 거짓말을 해도 사람들은 알아보지 못하니까 매우 대단한 사람처럼 추앙을 받을 수 있다. 그것은 매우 위험한 일이니까 정확하게 알지 못하는 일은 절대 남에게 말해서는 안 된다. 항상 말할 때는 석가모니의 제자들이 말한 것처럼 나는 이렇게 보았고 나는 이렇게 들었다고 말해야 한다. 정확하게 알지 못할 때는 내가 말하고 있는 것이 정확한 것은 아니라고 설명해야 한다. 만일 이러한 것을 밝히지 않는다면 실수하게 되며 오늘날 우리 사회가 잘못되고 있는 원인 중 하나가 바로 거짓이다. 자기가 정확하

게 알지 못하고 말을 함부로 해서 거짓은 점점 커지게 되었다.

Q 우리 속담에 바늘 도둑이 소도둑이 된다는 말이 있는데 자기도 모르게 거짓을 말하는 사람이 있고 그 말을 듣고 진실인 것같이 전하는 사람을 많이 보게 되는데요?

승: 여래는 너희에게 이 세상에 있는 모든 진실을 말해 줄 수 있다. 세계의 어떤 일도 말할 수는 있지만 너희가 진정으로 무엇을 알고자 하는지를 모르기에 나는 질문을 받고 그 질문을 통해서 너희를 도울 수 있다. 내 말이 장황하고 지루할지 모르지만 너희의 이해를 좀 더 높이기 위해서 질문을 많이 받도록 하겠다. 나의 대답은 지금까지 누구도 말할 수 없는 분명한 대답이고 가장 좋은 가르침이 될 것이며 어떤 세계에 일이라도 질문하면 된다.

Q 사람의 근본과 바탕에 대해서 정확하게 말씀해 주십시오.

승: 사람의 근본과 바탕에 대해서 정확하게 말해 달라면 먼저 우리가 사용하고 있는 말에 대해서 용어를 잘 이해하지 못하는 사람들이 있을지도 모르겠다. 이 용어에 대해서 잠시 설명하고 하나의 비유로 어떤 것이 근본이고 바탕인지 이해할 수 있도록 대답하겠다. 너희는 시골에서 살다 왔거나 아니면 시골에 가봤을 것이고 도시를 벗어나면 농사를 짓는 사람들을 목격할 수 있다. 농사를 짓는 곳에 가 보면 작물을 심어서 작물을 거두는 사람들이 있다. 콩의 입장에서는 근본은 콩 자체이다. 콩 나무

를 나게 한 근본은 열매인 콩이고 바탕은 땅이 된다. 땅이 가지고 있는 환경이 콩의 근본을 좋아지게 할 수도 있고 나빠지게 할 수도 있다.

Q 근본이 나쁘면 아무리 좋은 바탕을 만나도 원하는 것만큼의 좋은 수확을 얻을 수가 없네요?

승: 우리가 콩에서도 볼 수 있지만 감 같은 것에서도 그 근본을 쉽게 볼 수가 있다. 시골에 가면 조그만 돌감이 열리는데 씨앗은 근본이고 땅은 식물의 입장으로는 바탕인데 큰 단감에서 얻은 씨앗도 근본이고 이 돌감에서 난 씨앗도 근본이다.

Q 같은 땅에 심었는데 하나는 단감이 열리고 하나는 돌감이 열리는 것은 씨앗이 달라서가 아닙니까?

승: 근본이 다르기 때문인데 씨앗이 다르다는 것이다. 그러면 이 돌감을 단감으로 변하고 단감의 근본을 얻고자 할 때 길은 단 하나뿐이다. 돌감의 순을 치고 단감의 순을 돌감에 접목하면 돌감도 단감으로 만들 수 있어서 단감을 열리게 할 수가 있다. 요새 이러한 방법은 매우 유행하고 있고 부산 근교에 가면 수박밭이 있는데 수박을 재배하는 사람들은 호박을 심어서 자라면 순을 잘라내고 거기에다가 수박의 순을 연결함으로써 왕성한 생명 활동하는 수박을 만든다. 호박의 뿌리는 왕성한 생명력을 가지고 있고 수박의 순은 수박을 열리게 하는 왕성한 생명 활동을 통해서 수박을 만들어 내는 역할을 하게 되기 때

문이다. 이제 너희는 무엇이 식물의 근본인지 바탕인지 알았을 것이다.

Q 식물에서 씨앗과 땅을 비유하셨는데 사람의 근본과 바탕은 무엇입니까?

승: 사람의 근본은 정신이며 바탕은 깨달음이다. 사람들은 깨닫기 위해서 배우고 부모들이 자식을 학교에 보내는 것도 이유가 있어서이다. 글을 깨우치고 생활 속에 있는 일을 학교에서 누군가 깨우쳐 주기를 원하기 때문이다. 이 인간의 근본은 정신이라고 하면 정신을 좋게 만들고 나쁘게 만드는 역할을 하는 것이 바로 가르침이다. 좋은 가르침은 좋은 바탕이 되고 나쁜 가르침은 나쁜 바탕이 된다. 그러니까 너희가 무엇을 배울 때도 과연 여기에서 좋은 결실을 얻을 수 있는지 이들이 진실을 말하는지 거짓을 말하는지 이러한 일을 확인할 필요가 있다. 그렇지 않으면 속게 될 것이며 좋은 가르침이 좋은 자기를 나게 하는 것이고 사람이 저마다 운명이 다른 것은 그 근본이 제각기 다르기 때문이다.

Q 사람의 근본은 어떻게 해서 바뀌는 것입니까?

승: 돌감나무에서 단감이 열리고 호박의 뿌리에서 수박이 열리는 것은 있는 일을 통해서 만들어진 자연에서 볼 수 있는 현상이다. 모든 근본은 있던 일을 통해서 만들어지는데 너희의 근본을 변화시키기 위해서는 깨달아야 한다.

Q 깨달아야 근본을 바꿀 수 있고 운명이 바뀌는 것입니까?

승: 그것은 너희의 생각과 판단과 행동 자체가 너희 속에 모든 일을 존재하게 하고 있다. 이런 일은 너희 자신을 끝없이 존재해 나가게 하는 근본이 되는데 쉽게 이런 일을 볼 수가 있다. 한 가정에서 두 아들을 두었는데 한 아들은 똑똑하고 한 아들은 일하기를 싫어하고 노는 걸 좋아한다. 이런 상반된 현상이 한 가정의 두 아들 속에서 나타나게 된 것은 부모는 같은데 아들이 가지고 있는 의식의 근본이 다르기 때문이다. 인간은 의식 활동을 통해서 자기의 근본을 만든다. 의식의 근본이 사람마다 다른 것은 과거 그들 속에 있었던 인연이 다르기에 운명 또한 각각 다른 것이다.

Q 사람마다 생각과 판단과 행동이 각각 다른 것이 왜 그런지 어떻게 알 수 있는지요?

승: 너희는 이러한 일을 알기 위해서 아는 자에게서 배워야 한다. 지금까지 이런 일이 인간사회에서 명확하게 밝혀지지 않았기 때문에 누구도 깨달음을 성취하는 게 쉬운 일은 아니었다. 이런 일이 있는 것은 아무리 대학을 나오고 외국에서 유학하고 지식을 습득했어도 사람에 따라서 효율 능력이 다르며 자기식으로 모두 이해하게 된다. 50%의 시각을 가진 자가 사물에 대해서 이해할 때는 50%만 이해하게 된다. 나머지는 짜깁기 한 것이니까 잘못 맞춘 말을 잘못 듣고 진실이라고 믿는 자는 그로 인해서 막대한 손해를 보게 되고 자기를 상실하게 된다.

Q 진실이 무엇이기에 선생님의 질문에 아무도 대답하지 못하는 것
  입니까?

승: 너희는 책 속에 있는 일이 진실이라고 믿어서는 안 되는
것이 책 속에 있는 말들이 거짓인지 진실인지를 알아보지 못한
다. 세상은 이치에 의해서 이치에 따라서 이치로 인하여 그 현
상이 존재하게 되고 나타난다. 현상을 관찰하면 거짓말인지 참
말인지 금방 알게 된다. 나의 질문에 아무도 대답하지 못하는
것은 나는 이치를 보는 자이기 때문에 보기 전에는 하나도 모
른다. 그렇지만 그들 앞에 가면 이미 그가 알고 있는 것을 보고
그를 지도할 수 있다. 깨달음은 숨어 있는 것을 아는 게 아니라
있는 것을 보고 아는 게 깨달은 자이다.

Q 선생님이 깨달았다는 것은 내용이 무엇입니까?

승: 눈을 뜬 자라면 앞에 무엇이 있는가를 보아야 한다. 깨달
은 자라면 세상에 존재하는 뜻을 알아야 하고 그 뜻이 어떻게
만나서 이루어지고 또 변화하는지 과정을 보아야만 깨달은 자
이다. 깨달은 자라면 정치, 경제, 철학, 종교, 인류 모든 문제에
통달하고 심지어 나는 의학까지 최고로 통달했다. 이렇게 자기
앞에 존재하는 것은 모두 볼 수 있어야 깨달은 자인데 세상일
을 보지 못하는 깨달은 자가 우리나라에는 많다.

Q 사람들이 살아가면서 깨달음의 소중함을 왜 알아야 합니까?

승: 깨달음이란 자신을 좋은 삶으로 인도하는 길이기 때문이

고 좋은 사람을 만드는 길이며 좋은 세상을 만드는 길이다. 그래서 사람들은 깨달으려고 하고 너희가 좀 더 큰 깨달음을 얻게 된다면 깨달음이 갖게 되는 영역의 세계에 대해서 충분히 이해할 수가 있게 된다. 나는 태국의 강연에서 승려들에게 먼저 양심과 소망으로 깨달을 수 있으니 깨달음을 얻기 위해서는 어떤 일이라도 하겠다는 용기가 있으면 일어나라! 그러면 당장 깨닫게 해 주겠다고 말했는데 아무도 일어나지 않았다. 깨달음의 가장 좋은 열매를 얻기 위해서는 땅을 가꿔야 하는데 그 땅을 가꾸는 법을 알아야 하고 또 좋은 환경을 주어서 좋은 열매를 얻게 된다.

Q 자기 자신을 최상의 의식으로 만들기 위해서는 인간에 있어서 바탕을 어떻게 가꿀 수 있습니까?

승: 인간은 육체와 의식이 분리되면 몸은 사라져 버리고 의식은 또 다른 현상계를 통해서 나게 된다. 이것이 윤회의 법칙인데 오늘은 의식을 물었기에 말하겠다. 의식의 근본은 기체로 되어 있는데 기운이 밝아지면 진실이 좋아지고 진실이 좋아지면 사실에 대한 이해 능력이 늘어나서 잘 보인다. 이 기운이 어두워지면 의식이 어두워지고 사실이 잘 안 보이면서 모든 하는 일이 잘 풀리지 않는다.

Q 그러면 의식을 어떻게 밝게 해서 깨닫게 됩니까?

승: 사람들이 석가모니 당신은 어떻게 깨달았는지 물었을 때

공덕을 통해서 깨달았다고 말했다. 그러면 오늘 나에게 어떻게 깨달았는지 묻는다면 나는 공덕을 통해서 깨달았다고 똑같이 말한다.

Q 어떻게 공덕을 지어야 하며 어떤 것이 업장業障인지요?

승: 너희는 공덕이 무엇인지를 배워야 한다. 예를 들어서 어떤 사실을 보고 자신이 하는 일을 공덕이라고 생각했으나 무지로 인하여 세상에 한을 지어놓는다. 업장이 공덕 짓는 일을 방해해서 죄를 만들어 죽으면 지옥계에 도착하는 게 사실 속에 존재하고 있다. 그러기에 내가 자신 있게 말할 수 있는데 너희가 찾는 공덕은 깨달음을 이룬 후에 가능하다. 눈먼 사람이 아무리 세상을 밝히고 싶어도 업의 장애 때문에 남에게 속아 버리면 공덕을 지을 수 없다.

Q 여래님이 모든 가르침은 눈앞에 다 있으며 세상 자체가 진리의 산물이라고 하셨는데 우리가 깨닫기 위해서는 어떤 가르침이 필요할까요?

승: 너희는 먼저 진리에 대해서 이해의 눈을 떠야 한다. 나쁜 땅에서는 나쁜 열매가 나고 나쁜 씨에서도 나쁜 열매가 나온다. 나쁜 열매가 좋은 땅을 따라서 개량이 되어 좋아지는 이러한 뜻의 세계에 대해서 눈을 떠야 한다. 이 세상 자체가 가장 훌륭한 스승이니 진리를 듣고 의식이 깨어나면 정신이 좋아지고 몸이 좋아진다. 좋은 현상이 나타나지 않으면 좋은 가르침

이 아니며 좋은 현상이 나타나야만 좋은 가르침이다.

Q 자기의 진실성眞實性을 자기가 깨달을 수 있습니까?

승: 사람들은 각기 자기의 진실성을 가지고 있다. 진실성이 사람에 따라서 다른데 100% 진실을 보고 말하는 사람도 있고 100% 진실을 들을 수 있는 사람도 있다. 100% 진실을 들을 때 80%만 받아들이고 20%는 받아들이지 못하는 사람도 있다. 진실성이란 의식 구조에 의해서 만들어진다. 이런 의식 구조는 자기 속에 있는 일에 의해서 있었던 일에 의해서 지배받게 된다. 자기의 진실성에 대해서 자신이 깨달을 수 있는지 없는지는 어려운 문제가 아니다. 우리가 진리를 말할 때는 항상 수학을 가지고 생각하라고 말했다. 수학 문제가 답을 가지고 있는 것처럼 있는 일에 의해서 진리는 답을 만들어 내게 된다.

Q 진실성이라는 것은 자기가 본 것과 있는 일을 확인해 보면 되는 것입니까?

승: 안과에 가면 시력검사표가 있는 것을 볼 수 있다. 2.0의 시각을 가진 사람은 작은 것까지 안다. 0.2의 시력을 가진 사람의 눈으로 보면 아무리 봐도 알아볼 수가 없으니까 자기의 시력이 어느 정도인지 안과에서 붙여놓은 시력표를 통해서 확인할 수 있다. 자기의 진실성이 어떤지는 자기가 생각하고 자기가 한 말이 어느 정도 현실성과 정확하게 맞아떨어지는지에 따라서 다르다. 있는 일을 통해서 자기가 가지고 있는 진실성은 얼마

든지 확인할 수가 있고 이런 일을 깨닫는 것도 간단하다.

Q 사람들은 자기의식 속에 있는 일에 의해서 지배받게 되는지요?
승: 이 지배로 인해서 생기는 일들을 운명이라고 말하고 이런 운명을 있게 하게 하는 일을 업이라고 말한다. 이런 업의 지배에서 벗어나면 완전한 진실성을 회복할 수가 있다. 이 업을 가진 사람들은 업의 지배를 받기 때문에 남에게 100% 진실성을 보인다는 것이 매우 어렵고 이 점은 삶의 이해에 도움이 될 것이다.

Q 사람들은 자기의 업 때문에 나쁜 운명이 있는 것입니까?
승: 이런 설명도 최근에 와서 나의 입을 통해서 세상에 발표되고 있는 말이다. 사실 업이라는 말과 운명이라는 말이 수천 년간 존재했으나 누구도 업이 무엇인지 운명이라는 것이 어떻게 존재하는지 모른다. 나는 좋은 운명을 가졌기 때문에 어떤 일을 할 때 별로 어렵게 생각하지 않고 그냥 열심히 일할 뿐이고 책임질 뿐이다. 만일 나와 같은 사람이 공직사회에 들어가게 되면 국가가 크게 발전할 수 있고 뛰어난 자는 개인 생활부터 모든 것에 뛰어나게 된다.

Q 좋은 원인을 심어야 좋은 결과를 얻는다는 거죠?
승: 사과는 사과를 열게 하고 감은 감을 열게 한다는 것은 만고의 진리이다. 결국 좋은 씨앗을 심으면 좋은 열매가 열린다.

오늘날 운명이 나쁜 사람들이 우리 사회에 너무나 많은 공직을 차지하고 있기에 사회 운명이 나빠지는 것이다. 간단하게 생각하면 해결 또한 간단하다. 그러나 이미 잘못된 자들이 모든 분야를 차지하고 있는 현재 이 시점에서 개혁이라는 것이 쉬운 것인지 하는 것이 이 시간 우리가 가지게 되는 숙제이다.

Q 진실하다고 하는 사람은 어떤 사람을 말하는 것인가요?

승: 가장 진실한 자는 사실을 바로 보고 바로 듣고 바로 전할 수 있는 자이며 깨달은 자이다. 진실을 모르는 자가 들은 소리만 가지고 그게 사실인지 사실이 아닌지도 모르면서 가르치는 것은 위선자이고 남을 망치는 자이다.

Q 어떻게 살아야 잘사는 삶이라고 할 수 있는 것일까요?

승: 오늘날 이 시대에 도덕관념은 무너져 있고 영적 방황을 하는 사람은 많은데 그러한 일의 원인이 왜 일어나고 있는지를 너희는 알아야 한다. 이것은 삶의 진리가 존재하고 있지 않다는 것이고 너희는 지금은 볼 수 없으나 깨달아서 사실을 볼 수 있는 사람이 될 수 있다면 보람된 삶이다.

Q 수학의 공식은 외우면 되지만 뜻은 외워도 안 되는데 뜻을 아는 방법이 무엇입니까?

승: 세상은 뜻으로 인하여 같은 공식公式으로 모든 것을 존재하게 하고 있다. 우리 생명 속에 있는 일도 알고 보면 똑같다. 존재하

는 것이 다른 것과 인연을 맺으면 일어나는 현상을 보고 있는 일이 어떻게 일어나는지를 알아낼 수 있다. 하나의 수치에 의해 다른 답이 나온다. 간단하게 보면 이치理致 속에 있던 일이 모든 것을 만든다. 세분화해 보면 헤아릴 수 없는 수많은 일들이 온갖 현상의 근원根源이 되고 있다.

Q 있는 일에 눈을 뜰 수 있는 길을 가르쳐 주십시오.

☰승: 너희가 나와의 인연으로 좋은 내세와 만날 수 있기를 기대한다. 모르는 건 나에게 물으면 되지만 너희 자신도 어리석음에서 깨어나야 하는데 물론 이 일이 쉽지는 않다. 하루아침에 깨달음 없이 자기를 조종하던 자신 속에 있는 일들을 거부할 수는 없다. 그것을 거부할 수 있으면 세상에 무슨 법칙法則이 필요하겠느냐?

Q 선생님이 깨달음을 얻어서 노력한 결과는 무엇입니까?

☰승: 그동안 달마원을 세워서 법을 전하려고 많이 노력했다. 이제 내가 누구인지 세상에 알릴 때가 온 것 같다. 사람들에게 큰 매를 맞고 모욕을 당하더라도 법法을 전해야 사람들이 더 깨어날 것이다. 가만히 두면 깨어나지 않으니 내가 당하든지 아니면 세상을 깨우든지 할 것이다. 내가 세상에 기대하는 것들을 우리가 하는 일을 보고 자기들이 무엇을 하고 있는지 이치에 맞추어 보라는 것이다. 그러면 그 일이 어떤 것인지 보고 세상은 신에 의해서 조정되는 것이 아니라 법으로 좋게도 변하고 나쁘게도 변한다는 사실을 알게 될 것이다. 말의 이치 속에 우

리가 얻고자 하는 모든 것들이 존재한다는 사실을 깨닫게 되었을 때 내가 인류를 위해서 크게 도움을 줄 것이다. 내가 세상을 깨울 방법이 없어서 메시지 하나를 만들었는데 절망 속에서 보내는 진실한 자의 메시지라고 했다.

Q 모든 자가 그릇된 길에 빠져서 자신을 돌보지 않는데 무슨 수로 그들을 깨우겠습니까?

승: 절망 속에서 좌절하지 않고 이 메시지를 사람들에게 전하는 것이다. 나는 왜 이 시대에 와야 했는지 내가 어떤 사람인지를 알리는 것이다. 이 시대는 모든 것을 나게 하고 모든 것을 없애버리는 매우 위험하고 불행한 시대이다. 나는 세상의 앞날을 구하기 위해서 이 시대에 왔다. 모든 것은 그 결실로 새로운 원인을 구해야 한다. 그런데 지금이 그 결실의 시간인데 알맹이가 없고 껍데기뿐이다. 살고자 하는 자는 없고 전부 자기를 버리고자 하는 자뿐이다. 그래서 나는 세상의 앞날을 구하기 위하여 이 시대에 왔다고 쓴 것이다. 메시지에 쓴 것이 나는 왜 이 시대에 와서 이토록 방황하고 있는가? 이 시대의 인간들은 세상과 자신을 버리고 있으니 구원받는 일을 저버린다는 것이다. 나는 바탕이 되어서 그들의 정신을 구해야 하는데 그 바탕에 아무도 심는 자가 없으니 나타날 것이 없다. 그래서 나 자신을 줄 곳이 없어서 날마다 방황한다.

Q 사람들은 지식이 많은데도 바탕이 없으면 깨달음을 얻을 수 없는

지요?

슝: 깨달음을 얻기 위해서 근본이 있고 바탕이 있어야 한다. 예를 들면 하나의 씨앗이 좋은 열매를 얻기 위해서는 어떤 과정을 겪어야 한다. 씨가 좋으면 좋은 열매를 맺고 망한 씨를 심었을 때는 열매를 맺지 않는다. 전생에 큰 공덕을 지어서 이 시대에 태어났다면 그 내면에 좋은 뜻이 존재하고 있기에 일순간에 망하지 않는다. 그러나 시대를 잘못 만나면 바탕과 환경 때문에 서서히 작아진다.

Q 실제 보통의 씨앗으로 좋은 열매를 얻기 위해서는 사람의 경우 어떤 과정이 필요한 것입니까?

슝: 그가 전생에 큰 깨달음을 얻었든 자라면 영생의 세계에 머물다 와서 자기의 내면에 존재했던 일들이 어느 때인가 나타나기 시작한다. 어렸을 때도 나타나니까 뛰어난 자기를 만나게 되지만 보통 사람은 좋은 자기를 얻는 데는 과정이 있다. 그러니 좋은 열매를 얻기 위해서 바탕이 있어야 한다. 보통 씨앗이 좋은 열매를 얻기 위해서는 좋은 땅이 필요한 것처럼 좋은 사람이 되려면 그 바탕인 좋은 정신이 있어야 한다.

Q 좋은 열매를 얻기 위해서는 좋은 땅이 있어야 하는데 무엇이 현상을 있게 했습니까?

슝: 현상에서는 새로운 현상에 대한 뜻을 짓게 되고 이 뜻은 또 현상을 나게 하는데 현상은 또 뜻을 짓는다. 그러니까 존재

하는 모든 것은 인연을 따라서 돌고 돈다. 이것은 과거 석가모니 부처가 말한 윤회이다. 너희는 알고 있지만 이곳에 오지 않은 사람들은 도저히 알 수 없는 것들이다. 좋은 자기를 깨워줄 좋은 스승을 만나야 비로소 깨달음을 얻을 수 있다. 비유해서 말하면 농사꾼이 보통 씨앗으로 좋은 열매를 얻는 길이 없는 것은 아니다. 그것을 알아볼 수 있는 지혜가 있고 방법을 알아야 한다. 나쁜 땅을 좋게 만들려면 나쁜 땅에 퇴비를 넣고 환경을 조성해서 많은 시간이 걸려서 가꾸어야 한다. 보통 사람이 깨달음의 길을 스스로 알게 되어 오랫동안 노력하면 결과는 나타난다.

Q 지금까지 사람들은 이러한 길도 모르고 바탕도 없는 곳에서 깨닫고자 했기 때문에 깨달은 자가 나올 수 없었습니까?

승: 깨달은 자의 말과 깨닫지 않은 자의 말은 땅과 하늘처럼 천지 차이이다. 깨달은 자의 말은 어려운 문자를 쓰지 않고 사용할 필요도 없이 있는 그대로 설명하면 된다. 오늘날 깨달았다고 하는 자들은 어려운 문자를 쓰고 있는데 그들은 깨달은 자가 아니며 의식의 눈을 뜨면 분별하기가 매우 쉽다.

Q 자기를 스스로 축복할 수 있는 참된 가르침이 무엇입니까?

승: 자기를 축복하기 위해서 깨달음이 필요하다. 깨닫고 나면 세상에 있는 일 속에 모든 게 존재하게 되며 세상일도 있는 일 속에 있고 자기의 일도 있는 일 속에 있다. 나는 의식儀式을 행

하지 않아도 사람들에게 깨우침을 주고 있는데 이 깨우침은 삶의 양식이 된다. 있는 일을 지적하고 자신이 한 일을 지적해서 자신을 되돌아보게 하고 자기 잘못을 보게 한다. 앞으로 자신에게 있게 될 모든 일에 경각심을 가지고 실수하지 않는 자신을 만들어 주는 것이 참된 가르침이다. 이러한 가르침이 자기의 삶을 축복하고 삶 속에 있는 과거의 업으로부터 생기게 되는 잘못된 일들을 바꿔준다.

Q 어떻게 자신을 보전하고 이 시간을 통해서 밝은 앞날을 얻을 수 있을까요?

승: 자기를 보전하는 방법은 깨달음인데 깨달음으로 알게 된 뜻을 옳은 행동으로 보여야 한다. 그런데 세상에 있는 모든 현상계가 있는 것의 뜻으로 나타나게 되어 있다. 좋은 씨앗을 좋은 땅에 심으면 좋은 열매가 열리게 되어 있고 좋은 땅에다가 좋지 않은 씨앗을 심어도 점점 좋아지는 게 있는 일의 뜻이다. 아무리 나쁘고 악한 마음을 가진 자가 있더라도 자기의 마음을 고치기 위해서 순리적인 뜻을 따라 배우고자 한다면 좋은 사람이 될 수 있다.

Q 아무리 감당할 수 없는 악인도 이 자리에 오게 해서 가르침을 배운다면 좋아진다는 것입니까?

승: 내가 깨달음을 얻지 못했을 때 나는 내 멋대로 살았다. 내가 내 마음대로 사니까 나처럼 살지 못하는 사람들 속에서 대

단한 인기를 가졌고 항상 지도자 노릇을 했다. 그랬던 내가 깨달음을 얻고 나서 달라졌다. 깨달음을 얻기 전에는 종교계통에서 말하는 계율을 지키기가 매우 힘이 들었다. 내가 세상의 일에 대해서 눈을 뜨고 세상의 일을 보게 되자 정반대가 되었다는 사실이다. 누가 있건 없건 어떤 장소에서 어떤 일을 할 때도 남에게 피해를 주는 일을 쉽사리 할 수가 없게 되었다. 아무리 악하고 무지한 자도 깨우쳐 놓으면 절대로 남에게 피해가 되는 일을 하지 못한다.

Q 이 시대에 깨달은 척하는 사람들이 거짓 깨달음이 통했던 것도 이 시대에 가르침에 없었기 때문입니까?

승: 바른 가르침이 없었기 때문에 많이 일어날 수 있었다. 깨달음이 생각에서 나타난다는 것은 눈먼 사람이 방안에 앉아 있는 거와 같고 아무것도 느끼지 못하니까 착각하게 된다. 의식의 기운이 어두울수록 망상을 많이 하고 더욱 헛것이 보이기 시작하고 착각을 해서 자기가 깨달았다는 소리를 한다. 깨달음은 이치를 통해서 세상일이 어떻게 해서 일어나는지 보고 가르칠 수 있다. 우리가 눈을 뜨고 보듯이 깨달음도 이치에 눈을 뜨는 것이다. 앞이 막혀 있고 뒤도 안 보이게 막은 벽 뒤에 있는 것을 본다고 해서 깨달은 자라고 말할 수 있겠느냐? 이상한 짓을 하는 것은 사기술이다.

Q 이 세상에서 가장 좋은 가르침은 진실입니까?

❧승: 거짓말하지 않고 있는 것을 사실대로 가르치는 게 제일 좋은 가르침이다. 진실 속에 있는 일들을 배우게 된다면 누구나 세상일에 눈을 뜨고 밝은 정신으로 살아갈 수 있다. 밝은 세상은 인간 개개인이 만드는 것이니까 인간 세상을 밝은 세상으로 만드는 것이 진실한 가르침에 의해서만 가능하며 사람을 변화시킨다.

Q 좋은 가르침과 잘못된 가르침의 차이는 무엇인지요?
❧승: 좋은 가르침은 있는 일을 알아보게 하는 역할을 하고 좋지 않은 가르침은 있는 일을 봐도 알아볼 수가 없다. 그래서 나쁜 가르침이 사실을 입증할 수 없다면 거짓이다. 만들어진 거짓말이 진실을 들을 때보다도 감정을 자극하는 효력은 더 있으며 감정을 순화시키는 힘이 더 있다. 거짓말은 마약과 같은 기능이 있고 진실은 보약과 같은 기능이 있지만 결과에서 보지 않으면 모른다.

Q 우리가 부처가 되기 위해서 가야 할 길을 말씀해 주십시오.
❧승: 너희가 부처가 되기 위해서는 가장 먼저 의식을 깨우치고 너희 자신이 깨어서 세상의 진실을 보고 옳고 그른 것을 배워야 한다. 그래서 사람들에게 자꾸 알려 주고 일깨워줘서 그로 인하여 큰 축복을 얻게 된다면 너를 부처로 만드는 길이다. 네 공덕으로 인해서 일어난 일이면 너희에게 생기게 되어서 너희 업장이 바뀌게 되고 나중에 부처가 될 수 있는 길을 얻게 된다.

Q 정도正道는 무엇이며 사도邪道는 무엇입니까?

승: 종교에서는 정도와 사도의 시비를 많이 한다. 정도가 무엇인지 사도가 무엇인지에 대한 정의를 규정해 두지 않고 기준이 없는 말은 매우 위험하다. 끈이 하나 있다면 끈이 길고 짧은지 보고자 할 때 그보다 긴 끈에 비하면 짧고 그보다 짧은 끈에 비하면 길다 하고 기준을 둬야 시비가 없는 것이다. 기준을 두고 그에 맞춰서 길다 짧다 하는 것이 옳은 일이니까 기준이 없는 정도와 사도라는 말 자체가 매우 위험한 말이다. 과연 정도는 무엇이며 사도는 무엇인지를 보면 바를 정正 길 도道 바른말을 하고 바르게 가르치는 것이 정도이다. 그릇된 말이나 행동을 하는 것이 바로 사도이니까 정도와 사도를 이해하는 것은 어렵지 않다. 사람들 하는 일이 올바르면 정도이고 옳지 아니하면 사도인데 정도와 사도는 그 가르침과 있는 일이 나타나고 있는지에 따라서 구분해야 한다.

Q 깨달음이란 도대체 어떤 것입니까?

승: 깨달음은 이름이다. 깨달음을 얻게 돼서 어떤 것이 다른지 어떤 것을 목격했는지 깨닫기 전과 후의 차이는 어떤 것인지 질문해야 내가 깨닫기 전에는 이랬는데 깨닫게 되면 이렇게 달라진 것을 보게 될 것이라고 설명할 수가 있다. 지금처럼 깨달음이란 어떤 것인지 물으면 내가 할 말이 없다. 깨달으면 어떻게 되는지 묻는다면 깨달음은 실상實相에 있는 것을 보고 옳고 그름을 알게 되면 세상에 무엇이 있는지 알게 된다. 그러니까

있는 것 속에 있는 증거를 보고 이 일이 옳은지 그른지를 알게 되고 자신이 바르게 살게 되기 때문에 자기를 최고의 인간으로 만드는 것이다.

Q 법을 들으면 알게 되고 보게 되며 깨닫게 된다는 말씀에서 이해하는 것과 깨닫는 것이 어떻게 다릅니까?

승: 이해하는 것은 보고 아는 것이고 깨닫게 되는 것은 어떤 일이 어떻게 해서 일어나게 되는지 이치를 전부 알게 되어서 통달하게 되는 것이다. 어떤 문제를 의식으로 완전하게 이해하고 보게 되었을 때가 깨달음이다. 너의 머리로 이해만 되고 이치를 완전하게 보지 못하고 의식의 눈을 뜨지 못한다면 깨닫지 못한 것이다. 어떤 작물을 재배하면서 새로운 방법을 연구해서 다른 사람보다 좋은 열매를 얻어 낼 수 있다. 실험 과정에서 어떻게 해서 일어나는지 알아보게 되었을 때 그 분야에 대해서 이해한 것이다. 어떤 있는 일에 의식의 눈을 뜨면 깨달은 것이다. 스스로 모든 일을 알아볼 수 있는 완전한 깨달음을 얻기 위해서는 해탈해야 한다.

Q 평범한 사람들에게 선생님의 말씀이 너무 멀리 들리는 이유는 의식의 시각이 다르기 때문입니까?

승: 만일 내가 사람들에게 그렇게 보이지 않았다면 높은 차원의 시각에 이르렀다는 것을 증명할 수 없다. 내가 세상에서 활동 경력을 보면 깨달음을 얻기 전에 대단했는데도 사람들이 내

말을 그토록 부정한다. 그것은 사람들의 시각이 나의 시각에서 보는 차원 속에 있는 걸 알 수가 없어서 받아들이지 않고 마음에 닿지를 않으니 자기가 원하는 게 아니라고 생각한다. 결국 들으면 금방 잊어버리고 3년을 듣고 5년을 들었던 사람도 나와 단둘이 앉아서 뭘 배웠는지 물으면 하나도 모르겠다는 것이다. 그래서 너희가 세상에서 속는 일들을 막고 가지고 있는 꿈과 소망을 위해 충실히 살기 위해서 이 자리가 필요하다고 말한다.

Q 석가모니의 가르침과 오늘날 승려의 말은 어떤 차이가 있습니까?

승: 석가모니는 진실을 말하고 있는데 오늘날 승려들은 진실을 모르고 있다. 그 차이를 말할 때 진실인데 인간의 삶에 엄청난 결과를 가져준다. 내가 세상을 여행하면서 많은 사람을 직접 만났을 때 나를 함부로 대할 수 없는 것은 내 질문 때문이다. 항상 정확한 문제를 만들어서 해답을 요구했으니 세상의 문제를 물었을 때 눈뜬장님은 그 속에 있는 문제를 정확하게 볼 수가 없다. 아무도 대답할 수 없었기 때문에 사람들은 두려움을 느꼈다. 내가 이 시대에 주목받을 수 없었던 것은 그들의 위선의 힘이 너무 크기 때문이지만 내가 죽고 없을 때 위선자들은 나를 두려워하지 않을 것이다. 왜냐하면 내가 다시 나타나서 진실을 질문하지는 않을 것이니까 그때부터 위선자들도 나를 대접할 것이다. 고타마 붓다도 자신이 살아있을 때 그의 곁에는 사람이 오지 않았다. 그러나 죽고 나서 수천 년이 지나니까 위선자들도 불상을 만들어 놓고 부처님이

라고 따르기 시작했다.

Q 석가모니의 가르침이 현재 선생님의 가르침과 차이가 있는 것입니까?

⼁승: 가르침은 의심할 필요가 없는데 석가모니의 가르침이 잘못된 사람들에 의해서 훼손되었기에 진실을 알아보기 어렵게 되었다. 내가 영국 불교협회 회장을 만났을 때 확인한 일이지만 그에게 열 개를 질문했는데도 하나도 맞히지 못했다. 자기의 말이 틀렸는지 물어서 그렇다고 대답했다. 그가 말하기를 초기 경전도 기원전 일세기 정도에 만들어진 것이니까 경전의 내용이 부처의 가르침을 그대로 전한 것인지 확인할 수가 없다고 말했는데 그 말은 맞다.

Q 좋은 가르침을 어떻게 알아볼 수 있습니까?

⼁승: 좋은 가르침과 나쁜 가르침의 차이는 얼마만큼 진실한 것인지 거짓된 것인지를 놓고 가르침을 평가해야 한다. 많은 숫자가 아니라 해도 맞는 말이라면 맞는 것이고 아무리 적은 숫자라고 해도 틀리면 틀린 것이다. 이 점이 중요한 것은 인간의 힘으로 진실은 결정되는 것이 아니고 있는 일에 따라서 진리는 존재할 뿐이다. 현실을 좋게 만드는 것은 물론이고 끝없는 내세에 존재하게 되는 자신 속에 있게 되는 일들을 만드는 원인의 일은 간단하게 확인할 수가 있다. 있는 일이 진리이고 있는 것이 진실이니 진실에 가까워지려고 노력하는 것은 진리에 대한 깨달음을 얻기 위해

서이다.

Q 선생님은 깨달음을 얻고 사람들에게 갔더니 모두 외면했다는 것은 어떤 뜻입니까?

승: 사람들은 입으로는 깨닫겠다고 하지만 깨달은 자가 가면 아무도 곁에 오지 않는다. 나는 갈 곳이 없어서 방구석에 종일 앉아 있는 날도 있었고 어떤 날은 버스 정류장까지 갔다가 집으로 되돌아가야 하는 외로운 나날을 경험해야 했다. 그런 일이 수없이 되풀이되고 나서 이제 내가 할 수 있는 말이다. 나는 어둠을 깨기 위해서 노력했지만 모든 어둠은 애착이 있었기에 빛을 받아들이는 것을 거부하고 있었다. 그러므로 빛은 어둠으로 들어가서 어둠을 깨는 것이 아니라 어둠에 밀려서 혼자서 외롭게 떠돌아다녀야 했다.

Q 갑자기 깨달은 자라고 나타나서 사람이 많이 찾아온다면 거짓된 위선자라고 보아도 됩니까?

승: 빛과 진리를 받아들일 수 있는 의식이 있다면 그 사람은 이미 상인上人이다. 높은 의식을 가진 사람은 진리를 바로 알고 실천한다. 일반사람들은 대부분 자신 속에 있는 어둠을 절대 스스로 깨어버리려 하지 않는다. 이것이 오늘날 우리 사회를 불행하게 만든 기초가 되었다. 세상은 하나의 법칙 속에 존재하는데 공식만 알면 법을 통해서 일어나게 되는 일은 이치 속에 있는 일만 보면 다 나타나 있다. 재미있는 일은 옥스퍼드대학에 갔을 때 내가 강연하면

242

한국 사람들이 많이 올 줄 알았다. 그런데 어학연수 온 여학생 몇 명이 왔을 뿐이다. 한 번 얼굴을 보더니 두 번 다시 찾아온 사람은 없었다.

Q 제가 불교에 대해서 잘 몰라서 질문하는데요. 깨달은 사람이 부처만 있는 게 아니라 부처가 많이 있는지요?

승: 깨달은 자를 부처라고 말하는데 완전한 깨달음을 이루었던 자는 극히 드물다. 완전한 깨달음을 이루고 해탈의 세계를 본 자는 5천 년 동안에 석가여래 한 사람이고 해탈에서 애착까지 끊어진 두 개의 해탈을 본 사람은 나 하나뿐이다. 나는 두 개의 해탈을 마음에서 보았다. 하나는 애욕이 끊어지는 것을 보았고 하나는 애착마저도 끊어져 버리는 것을 보았다.

Q 애착과 애욕을 알기 쉽게 설명해 주십시오.

승: 애욕愛慾은 애착愛着과 욕망慾望이다. 애착은 자기가 좋아하는 일에 이끌려서 아끼고 집착하는 것이고 욕망은 무엇을 필요 이상으로 탐해서 가지려고 하는 것이다. 나는 처음에 신앙이나 종교에 대해서는 누구에게서 가르침도 받은 적도 없고 인도받은 사실이 없는 사람이다. 난 오진 내 이웃을 사랑했고 수많은 사람을 위해서 옳고 그름을 내 마음에서 가지고 싸워왔고 항상 옳은 것을 생명처럼 소중하게 생각해 왔다.

Q 석가모니와 부처님이 같은 사람입니까?

승: 불교의 관습에서는 그분을 부처라고 부르고 있고 모든 부처는 사람으로 와서 법을 전한 사람을 부처의 자리에 앉힌 것이다. 석가모니도 세상에서 사람들에게 법을 가르쳐 주었으니까 절에서 부처라고 모셔놨다.

Q 불교에서 마음을 말하는데 마음이 어디에 있습니까?
승: 마음은 옳은 것을 보고 그른 것을 보고 느낌을 통해서 자신을 보게 된다. 내가 옳고 그름을 볼 수 있는 것은 세상을 보아야 세상에 옳고 그름이 있는 것이다. 내 속에 있는 옳고 그름을 세상에 가서 비추어 보지 아니하면 알 수가 없다.

Q 그래서 세상이야말로 자기의 마음을 비출 수 있는 인간의 스승입니까?
승: 이런 것을 대하고 나야 뜻을 알고 성질을 알고 결과를 알게 되고 대하기 전에는 모른다. 너희는 항상 사물을 대하고 자신이 하는 일을 통해서 배우라는 뜻으로 했던 말이다. 이 시대에 와서 내가 이런 일을 통해서 사람들에게 깨달음을 얻을 수 있다고 밝히는 것은 나는 여래에서 여래로 태어난 것이다. 석가모니는 이 사실을 알고 당시 고행을 통해서 깨달았기 때문에 이러한 세계를 경험하지 못했고 보지 못했다.

Q 석가모니는 완전한 깨달음을 이루고 해탈했는데 보지 못하는 것이 있습니까?

승: 나는 두 가지 일을 설명했다. 석가모니는 보살에서 여래가 되었지만 나는 엄청난 나이를 가진 늙은 여래다. 깨닫기 위한 가장 빠른 방법은 거짓을 버려야 한다. 진실한 자를 만나지 못한다면 거짓은 죽어도 버릴 수가 없고 아무리 노력해도 버릴 수가 없다. 그러니까 진실한 자를 만나서 있는 일을 계속 보고 듣게 되면 거짓이 없어지면서 있는 게 보이기 시작하고 자기가 거짓말을 안 하면 양심과 용기가 살아나게 된다. 자기가 하는 일이 다른 사람에게 복이 되고 축복이 된다는 사실을 알게 되면 자기가 한 일을 남한테 박해받아도 하고 싶고 이런 용기와 양심이 일어나게 된다. 그런데 이 일을 하면 바로 있는 일을 보아야 한다.

Q 있는 일을 보고 가르치는 일은 어떤 것입니까?

승: 있는 일을 가르치는 일은 진리를 가르치고 진리를 말하는 것이다. 그러면 세상 사람들이 그를 아무도 좋아하지 않고 비웃고 그 일을 아무도 안 도와준다. 그러면 속이 타고 그렇게 끊임없이 사람들을 축복하고 깨우치기 위해서 끊임없이 자기 속을 태우면 업이 전부 녹아 없어진다. 그러면 번뇌와 망상이 사라지고 평화에 이르게 되고 해탈을 통해서 최고의 깨달음에 이른다.

Q 세상일에 눈을 뜨게 되면 있는 일이 그대로 보인다는 것입니까?

승: 해탈을 쉽게는 생각해서는 안 된다. 6천 년 동안에 해탈을 통해서 깨달음을 얻은 자는 두 사람뿐이 없다. 한 사람은 석가모니였고 내가 깨달은 사람인데 눈을 뜨면 있는 일이 그대로 보인다.

실제 나는 깨달음을 얻기 전에 대단한 사람이었는데 깨달음을 얻고 나자 하루아침에 많은 사람이 나의 곁을 떠났고 하루아침에 아무도 모르는 사람이 되고 말았다는 사실이다.

Q 안내자가 없이 깨달음을 얻는다는 것은 불가능에 가깝습니까?
승: 너희는 이 시대에서 나서 나를 만났기 때문에 깨달음을 얻는 일이 어렵지 않다. 너희는 나를 만나서 업을 묻히지 않고 줄일 수 있으나 깨달음에 이루기는 매우 어려운 일이었다. 그러니 업을 태우는 방법으로 너희는 깨달을 수 있고 단계를 통해서 근기가 약한 사람도 자기의 일을 통해서 근기를 높이고 깨달을 수도 있다.

Q 선생님의 진실은 완전한지 아니면 세월이 가면 변질하는 것인지요?
승: 너희는 모든 성자가 구름을 타고 오기를 상상했는데 사람들과 똑같이 생겼고 기대에 미치지 못해 거부반응이 올 수도 있겠다. 하지만 나의 진실은 최고에 이르렀으니 깨달음은 진실성에서 오는 것이다. 깨달음을 얻고자 하는 자는 자신의 마음에 큰 용기와 양심이 있어야 하는데 갖추어지지 않으면 깨닫기는 매우 힘들다. 그래서 나는 너희에게 세상일을 알게 해서 바르게 살아가게 한다. 바르게 사는 길을 앎으로 너희의 마음에 양심과 용기와 진실성을 찾아주는 일을 하고 있다. 이러한 진실성이 구원의 약속이며 영생의 비밀이다.

Q 깨달으면 종교의 경전을 알 수 있습니까?

승: 너희도 깨달으면 종교의 경전에 있는 그 뜻은 이치를 통해 알 수 있다. 이치를 들으면서 이해할 수 있는 세월은 열심히 나의 말을 듣고 너희의 마음이 밝아져서 사실을 보고 사실 속에 있는 뜻을 스스로 볼 수 있을 때 가능하다. 마약에 중독되어서 마약만을 찾는 사람도 고칠 때 상당히 노력과 인내가 필요한 것처럼 그가 건강을 얻고 마음이 밝아지면 정반대가 될 것이다. 이 세상이 하나의 뜻 속에 존재하는데 그 뜻을 얻으니 온갖 현상이 나타났고 모든 것들이 자기로 인해서 생기고 영생을 얻는 것도 자기로 인해서 생긴다.

Q 선생님이 아는 것의 한계는 어디까지입니까?

승: 실제 완전한 깨달음을 얻지 않으면 경전 속에 있는 부처의 말을 한마디로 이해할 수가 없다. 나는 이 시대의 스승이라는 사람들에게 함께 언제든지 차편만 마련하면 동행할 수가 있다. 진실이라는 것은 사실 속에 존재하고 진리라는 사실은 언제든지 존재하기 때문에 그들이 사실을 말했다면 나는 분명한 사실을 알게 된다. 예수가 한 말도 왜 그런 말을 했는지를 알 수가 있으며 석가모니가 왜 그런 말을 했는지 전부 알 수가 있다. 이 세상에 성자의 가르침을 모두 알고 있는 것이 증거이다.

Q 성자들은 인간의 삶을 도우러 오는 겁니까?

승: 성자는 인간의 삶을 가르치러 온다. 이렇게 원인을 지으면 이

런 결과를 얻게 되니 너희는 이 결과를 위해서 살라고 가르쳐주러 오는 것이고 위선을 타파하러 온다. 원인과 환경이라 하는 것은 자기가 어떻게 배웠는지에 따라서 바탕이 되고 어떻게 행했는지에 따라서 환경이 되어서 결과가 나타난다. 인간은 만물의 영장이기에 스스로 노력으로 구하는 길밖에 없다.

Q 동물은 사람이 키워주니 사람의 의지에 따라서 살게 되지만 인간은 자기를 스스로 돌보아야 하고 구해야 하네요?

승: 사실을 보는 마음을 진실이라고 하는데 같은 사실을 두고도 조금 그릇되게 보는 사람이 있고 옳게 보는 사람이 있는데 여러 가지 각도로 사실을 본다. 그러면 각 사람의 마음이 사실을 보는 눈은 각자 틀리는 것이 진실이다.

Q 진실이 마음에 있는데도 진실을 볼 수가 없으니 사실을 보는 마음이 어디에 있습니까?

승: 진실의 기준은 사실에 있는 것이며 내 진실은 내 마음에 있는 것이다. 진실을 알아보는 눈을 가져야 한다면 가장 진실한 자를 깨달은 자라고 말하고 사실을 바로 보고 바로 듣고 바로 전할 수 있는 자는 깨달을 수 있는 자라고 볼 수 있다. 내 마음이 보고 듣고 느끼고 이해하는 과정을 기준을 가지고 자신의 진실을 볼 수가 있고 남의 진실을 볼 수가 있다. 너희가 진실이 무엇인지 물어보고 확인하면 된다. 진실을 모르는 자가 자기는 들은 소리만 가지고 사실인지 아닌지도 모르면서 가르치는 것은 위선자이다. 정신이

들어가지 않고 가르치면 완전히 달라진 하나의 소설이 된다.

Q 진실한 사람과 거짓된 사람의 삶의 결과는 어떻게 되는 것입니까?

승: 너희는 항상 진실을 확인하고서 그 속에 있는 일이 좋은 것인지 나쁜 것인지 구분해야 한다. 이 자리에서 되풀이하는 말은 인생을 알지 못하면 자기를 버리고 사는 것이다. 우리 주변에도 무지로 인해서 자기의 삶이 아닌 남의 삶을 사는 사람이 부지기수이지만 사람들은 모르고 있다. 그리고 그들은 솔직히 언제 자기도 모르는 일을 저지르게 될지 모른다. 너희가 알아야 할 중요한 일은 살면서 겪게 되는 일들이 왜 이런 일이 있는지를 확인하고 깨달아야 한다. 항상 진실과 거짓은 확인하기 전에는 절대 드러나지 않으며 세상에서 거짓이 승리하는 일들을 많이 보았다.

Q 세상을 보는 사람의 시각이 다른 이유는 진실 때문입니까?

승: 사람은 사고가 크게 작용하니까 진실이 없는 자가 보는 것과 진실을 가진 자가 보는 것은 엄청난 차이가 있다. 진실이 없는 자에게 재판받는다면 확인하지 않을 때는 거짓말이 더 심증을 갖게 한다. 너희는 삶을 경험하면서 확인하는 일을 항상 잊지 말아야 위험으로부터 자신을 구할 수 있다. 사람들이 하는 말에 진실성만 확인하면 인간들이 가지고 있는 잘못된 판단을 항상 보게 된다.

Q 저희는 진실한 자의 말을 어떻게 알아봅니까?

승: 이곳에 와서 처음에 자기가 무엇을 아는지 몰라도 열심히 듣

고 관심을 가져서 진실을 받아들이면 거짓이 없어진다. 거짓을 받아들이면 진실이 도망을 가지만 진실을 받아들이면 거짓이 도망을 간다. 간단하게 자기의 집에서 확인할 수 있다. 해가 지고 방안이 칠흑같이 어두워질 때 전기 스위치를 올리면 어둠은 삽시간에 사라진다. 어둠이 가득 차 있을 때는 지척에 있는 것도 보지 못하겠지만 빛으로 가득 찰 때는 멀리 있는 것도 보인다.

Q 선생님이 정신적인 능력이 완성되어 이루어져 있다는 사실을 어떻게 간단하게 확인할 수 있습니까?

승: 나를 최고로 뛰어난 사람 앞으로 데리고 가면 그 사람에게 내가 물으면 대답하지 못하겠지만 그들이 내게 물을 때 나는 망설이지 않고 대답한다. 그것은 세상에는 공식이 있으니까 공식을 통해서 그가 하는 말을 보면 말속에 있는 문제를 보고 대답하게 된다. 항상 문제 속에서 해답을 찾지 않고 다른 곳에서 찾는다면 평생을 허비해도 해답을 얻을 수 없다.

Q 어떻게 선생님 말씀을 이해하고 믿을 수 있습니까?

승: 관심을 가지고 계속 듣고 내 말이 틀리는 점을 확인해야 있는 일에 대해서 빨리 눈을 뜨게 된다. 거짓과 진실을 구분하는 능력이 없다면 있는 일은 절대 알아보기가 힘들다.

Q 일반 사람들은 모든 번뇌와 망상이 일어나는데 선생께서는 생각이 떠오르지 않고 그대로 보입니까?

승: 생각이 떠오른다면 세상을 보고 진실을 파악하는 데 매우 어려울 것이다.

Q 여래님은 어떤 일을 추진한다고 어디로 갈지 어떻게 할지 계속 생각하시잖아요?

승: 어디로 갈지 생각했으면 버스 정류장에 갔을 때 떠났겠지만 막상 버스 정류장에 가니까 어디로 갈 건지 생각이 안 나서 돌아오는 경우가 많다.

Q 깨달은 사람과 깨닫지 않은 사람과는 무엇이 다른 것입니까?

승: 깨달은 자의 말이 어떤 경우에는 황당하게 들릴지 모르나 무지한 상태에서 들으면 진실은 매우 골치가 아프게 들릴 수가 있다. 깨달은 자가 보면 거짓은 너무나 먼 이야기이다. 깨달은 자와 깨닫지 않은 자의 차이는 거짓과 진실에서 발견할 수가 있다. 사람들은 계속 거짓을 말하면서도 자신이 거짓을 말하고 있는지도 모르지만 깨달은 자는 자신이 항상 진실을 말하고 있다는 사실을 알고 있다.

Q 어떻게 사는 것이 훌륭하게 사는 길일까요?

승: 진실한 사람이 있는 곳을 찾아야 하고 훌륭한 사람이 되고 남으로부터 인정을 받는 길은 열심히 일하고 속이지 않는 일이다.

Q 사람들은 지금까지 깨달았다는 사람들에게 많이 속아왔는데 그들

은 어떤 사람들입니까?

승: 산속에 가서 도를 얻었다거나 산속에서 기도하다가 도를 얻었다는 말은 귀신을 하나 붙였다고 생각하면 된다. 내가 수천 년 동안 존재해 온 역사를 통해서 확인한 결과 해탈하고 깨달은 자는 한 사람이 출현했는데 그가 석가모니였다.

Q 세상에는 깨달았다고 하는 자들이 많은데 깨달은 자를 어떻게 알아볼 수 있습니까?

승: 눈먼 사람이 눈뜬 자를 알아보는 것은 매우 힘들고 나는 깨달음을 얻기 전에는 굉장히 유명한 사람이었는데 깨달음을 얻고 나서 그들은 모두 내 곁을 떠났다. 눈먼 사람 속에서 내가 눈뜬 자라고 하니 사실은 알아보려 하지 않고 믿지를 않았다. 거짓말하는 사람들한테는 사람들이 구름처럼 가는데 참말을 하는 사람들한테는 오지 않았다.

Q 깨달음은 증명서가 없으니까 알아볼 수가 없겠네요?

승: 나는 나그네라는 책 속에서 하늘의 소리라는 시를 썼는데 깨달음을 얻고 나서 곧 하늘로부터 심증을 통해서 메시지가 왔다. 진리를 알면 외롭고 진리를 말하면 저주를 받을 것이다. 그래서 나 자신이 이 세상에 무엇 때문에 왔다는 사실을 알고서 사람들에게 하루도 쉬지 않고 진리를 전하기 위해 사람들을 찾아다녔다. 깨달은 자를 알아보는 방법은 세상의 일을 알고 일의 결과가 어떻게 나왔는지 물어보면 되는데 너희가 세상의 일을 모르니 물어볼

수도 없을 것이다.

Q 여래님을 보고 깨달음이 부족하다고 하는 사람도 있는데 눈뜬장
님에게 들어서 진실은 몰라도 이야기를 많이 알고 있던데요?

승: 그런 이야기들을 나도 많이 들었다. 나는 실제로 깨달은 사람
이 되리라고 생각도 못 한 사람이고 만일에 오욕에 마음이 닿으면
어지럽고 고통이 오면서 몸에 기운이 뒤집힌다. 실제 나의 학벌
에 대해 잘 알겠으나 초등학교 다니다가 그만두었으니 책을 보지
않는 성질이고 말주변이 능숙하지 못하다. 그러나 나는 해탈해서
있는 것을 있는 그대로 보기에 내가 죽을 때까지 어떤 지식을 가
진 자를 만나도 실제 나와의 토론은 불가능하다. 어떤 질문을 해
도 이치에 어긋나지 않게 대답하고 매우 정확하게 들어맞는다. 그
러니 완전한 시각에 눈을 떠서 사실과 거짓을 보는 자가 되었다는
것이다. 그래서 경전 속에 있는 말을 보면 진실한 자와 진실하지
않은 자의 말을 구분할 수 있다.

Q 저희가 어떻게 사람들에게 있는 일을 제대로 알릴 수 있을까요?

승: 자신들이 노력해서 가지고 있는 노력으로 잘살고 좋은 자기
를 얻을 수 있는지 길을 가르쳐 주는 것이다. 이 일은 인간의 무
지를 타파하는 가장 좋은 교육이다. 이러한 일을 통해서 사람들
은 누구나 축복받을 수 있다. 이제 어떻게 하면 사람들에게 좀 더
좋은 길을 가르치고 좋은 삶을 가리킬 수 있는지가 최고의 목적
이다.

Q 식물의 경우 한 알의 씨앗에서 많은 열매와 씨앗을 얻는데 사람의
경우에 하나의 영혼에서 여러 개의 영혼이 날 수 있습니까?

僧: 한 알의 씨앗이 싹을 틔우고 열매를 얻기 위한 힘은 땅으로부
터 받아들인다. 인간의 영혼도 윤회의 과정에서 여러 개의 인자로
날 수가 있다. 마음은 의식을 싸고 있으며 의식이 좋을수록 하나
의 영혼으로 태어나고 의식이 나쁠수록 분열된다. 나와 같은 사람
은 실제로 3천 년 이전 한번 태어났으며 3천 년이 지난 오늘 오직
단 한 사람의 여래가 다시 존재하게 되었다.

Q 일상생활 속에서 사람들을 접하면서 어떤 이치를 보아야 사람의
양심을 이해하기가 쉽습니까?

僧: 사람의 양심은 있는 일을 통해서 보아야 한다. 있는 일이 사
람의 행위에 의식이 존재하게 되는 게 정상이다. 자기가 보는 이
치를 알게 되고 받아들이게 된다.

Q 그러면 어떻게 사실을 보고 아는 일이 가능합니까?

僧: 너희 속에 있는 거짓이 물러가고 깨어졌을 때 얼마든지 가
능하다. 중요한 것은 세상의 이치를 보고 있는 일을 남에게 설명
할 수 있다. 어떤 일이 어떤 일을 만드는 과정을 알기 위해서는 계
속 있는 일을 듣고 보아야 한다. 먼저 너희가 열심히 내가 하는 일
을 보고 내가 하는 말을 듣고 알려고 노력한다면 1년쯤 지나면 너
희가 아무것도 모른다는 사실을 알게 될 것이다. 아무것도 모르는
것은 거짓이 없어졌고 거짓이 없어지니까 실상이 보이는 것이다.

Q 저희가 삶 속에서 잊고 있는 게 무엇입니까?

숭: 항상 살아가면서 중요하게 생각해야 할 일들은 있는 일을 바로 아는 것이다. 있는 일을 바로 알기 위해서는 있는 일에 대한 충분한 이해가 자기 속에 있어야 한다. 그래서 이 시간을 통해서 있는 일들이 어떻게 있게 되는지 진실을 이룰 때까지 구해야 한다.

Q 완전한 깨달음을 얻고 해탈하면 자유를 얻게 되는데 술과 여자를 가까이해도 걸림이 없다는데 사실입니까?

숭: 나쁜 짓을 해도 괜찮다며 자유라며 착각하고 그런 것에 걸리지 않는다고 승려들이 하는 얘기가 있는데 그들은 실제 깨닫지 못했기 때문에 하는 말이다. 나는 깨닫기 전에는 술과 고기도 잘 먹고 돈도 잘 벌고 남위에 서는 것을 좋아했다. 학벌은 없지만 27개 사회단체장을 지냈고 길을 가다가 술을 얻어먹기도 하면서 지냈으니 오욕이 없었다고 말할 수 없이 컸다. 그런데 깨달음을 얻자 변화가 왔고 술이 끊어졌으며 술을 쳐다봐도 먹고 싶은 생각이 들지 않았고 1년이 지나니 고기가 몸에서 받아들이지 않으며 성욕이 사라져 버렸다. 여자를 봐도 두렵기만 하고 여자로 느끼지 않았다.

Q 깨달으면 비도덕적 행위나 계율을 어기는 것이 불가능합니까?

숭: 내가 어떤 약을 먹어서 내 정신을 완전히 잊어버리지 않고는 실제 계율을 어긴다는 것은 불가능할 것이다. 내가 원한다면 물질 같은 것은 매우 쉬운 방법으로 얻을 수 있지만 내 마음이 그런 것

에 얽매이지 않는다. 성자도 돈이 있어야 버스도 타고 다니고 밥도 사 먹고 한다. 하지만 돈 만 원이나 삼천 원 정도만 있어도 걱정도 없고 돈에 대해 필요성을 느끼지 않으며 명예에 대한 것에 마음이 닿질 않는다. 사람들을 많이 모으고 우두머리가 되겠다는 마음이 없이 오욕이 나에게서 전혀 일어나지 않는 것이다. 그래서 깨달음의 증표로 오욕에 얽매이지 않게 되었다. 승려들은 나와는 정반대로 깨달으면 아무거나 무엇을 해도 괜찮다고 한다.

Q 깨달으면 지혜를 얻게 되는 것입니까?
승: 나는 항상 이 문제에 대해서 있는 일을 통해서 있는 일을 보고 자기가 어떻게 처신하고 어떤 일이 자기에게 중요한 일인가를 알아내는 것이라고 말했다. 사람들은 누구나 자기를 가지고 있다. 거지는 아무리 돈을 가지고 있어도 그의 행동은 거지처럼 행동한다. 아무리 공부를 많이 한 사람도 깨달음이 없고 세상일을 보지 못한다면 생각 속에서 살다가 간다. 우물 안의 개구리처럼 살다가 간다는 것이다. 너희는 이 삶을 통해서 죽음과 또 태어남과 끝없는 내세의 일들을 찾아야 할 것이다. 깨달음은 이러한 일을 해결해 줄 수 있는 열쇠이다.

Q 선생님께서 법문 중에 세상의 주인은 인간이라고 말씀하셨는데 사람이 세상의 주인이니까 세상을 위해서 주인이 당연히 해야 할 역할이 무엇입니까?
승: 사람은 만물의 영장이고 세상의 주인이니 사람이 해야 할 역

할이 무엇인지 물었는데 문제가 쉬운 것 같지만 대답은 어려운 것이다. 문제는 만물의 영장인 사람이 세상의 주인인데 역할 하나만 한다면 사회가 존재하지 않는다. 모든 사람이 자동차만 만들라면 무엇으로 먹고살 것이냐? 농사만 전부 짓는다면 사람들이 문명을 외면해야 한다. 사람의 역할이 무엇이겠느냐? 삶의 가장 큰 목적은 자기완성에 있는 것이고 자기완성은 바로 깨달음을 통해서 가능한 것이다. 그러니 삶의 목적은 자기를 위해서 배우고 깨우쳐서 더 나은 자기를 만드는 것이 만물의 영장인 사람이 해야 할 일이다.

Q 깨달아서 더 나은 자기를 만들기 위해서 깨닫고 노력하는 일은 중요한 것입니까?

승: 농사일을 통해서도 훌륭한 자기를 볼 수가 있고 기계를 만드는 직종에서도 보여 줄 수 있다. 중요한 것은 어떠한 직업을 통해서도 훌륭한 사람이 될 수 있다. 정치인이 되어서도 자기의 삶을 남길 수 있는 것이고 농사꾼으로서 삶을 남길 수 있다. 어떤 발명가가 되어서도 자기의 삶을 남길 수 있는 것이고 그 외에 다른 직종에서도 훌륭한 자기는 얼마든지 남길 수가 있다. 그러니 역할이라는 것은 자신이 하는 일을 통해서 얼마나 자신을 위한 보람된 일을 할 수 있는지가 중요하다고 말할 수 있다.

Q 자기를 완성하는데 가장 소중한 것은 무엇인지요?

승: 그것은 거짓말을 안 하는 것이다. 거짓을 말하지 않으면 마음

이 밝아져서 사물이 잘 보여서 분별심이 뚜렷이 생기고 있는 것을 있는 그대로 보게 된다. 이러한 수행은 사람을 깨달음에 이르게 한다. 소중한 것은 자신이 얼마만큼 진실을 보고 진실을 알고 진실을 사람들에게 일깨우는지가 중요한 문제다. 이러한 공부해가면서 오랜 시간이 가면 거짓과 악을 거부하게 되고 스스로 변화한다. 악을 거부함으로 순수하고 진실한 자기를 통해서 영생과 극락의 길이 존재하게 되고 천상의 세계에 이르게 되는 것이다.

Q 여래님이 깨달음을 얻은 후의 현상을 말하여 주시겠습니까?
승: 어느 날 나 자신이 묶여 있던 모든 끈이 풀리는 것을 보았다. 그 후에는 번뇌와 망상이 일어나지 않았고 슬픔과 증오가 나 자신으로부터 떠나기 시작했고 오욕으로부터 멀어지기 시작했으며 나 자신이 완전한 자유 속에서 존재하게 되었다.

Q 저희가 볼 때 깨달은 분의 행동이 잘못을 저지른 것 같이 보이는 걸 이해하지 못할 때도 있는데 운명이 바뀌었기 때문입니까?
승: 내가 나쁜 일을 하지 않지만 좋은 일을 하는 것도 알고 한다. 너희는 눈뜬장님인 상태이기에 이해하기가 힘들 것이다. 나는 꿈이 아닌 오직 현실 속에만 존재하고 있다. 너희는 꿈을 가지고 있으나 나는 꿈이 없으며 현실 자체에서 꿈을 찾고 있고 내 꿈은 현실 속에 있는 것이고 너희의 꿈은 이상 속에 존재한다. 현실에 있는 자와 이상 속에 존재하는 자는 서로가 생각하고 판단하고 보는 것이 다르다. 만일 너희도 자신을 성취하게 될 때 나와 같은 현상

을 겪게 될 것이다.

Q 누구든지 이 세상에 와서 자기 자신을 속박하던 줄로부터 풀려나면 자신이 자신을 속박하는 일을 스스로 선택하지 않는 것입니까?

승: 나는 깨달음을 얻고 나서 자신이 완전한 해탈의 상태에서 번뇌와 망상과 증오와 슬픔에서 벗어나서도 1년 동안은 술은 즉시 끊겼다. 하지만 과거의 인연을 가진 사람들과 만남이 계속 있었기에 사실 술집에 가면 술은 안 먹었지만 고기를 조금 먹을 때도 있었다. 시간이 점점 지나자 음식 속에 들어 있는 고기의 기운을 접하게 되니 거부하게 된 것이다. 배가 고프고 따로 사 먹을 수도 없고 해서 먹었는데 엄청난 정신적 고통을 일으켰다. 머리가 어두웠고 어지러웠다. 시간이 지나고 그 기운이 내 속에서 빠져나갔을 때 다시 그 음식을 섭취하기 이전의 상태로 돌아갈 수가 있었다.

Q 보통 사람들은 음식을 먹어도 몸에 그대로 흡수되어서 이상이 없는데 여래님은 음식의 기운이 모두 들어와서 여래님의 기운과 섞이지 않는 것입니까?

승: 이러한 현상에 관한 재미있는 이야기를 하나 들려주면 어떤 사람이 생 똥을 싸고 죽었는데 그의 몸에는 악취가 배어있었다. 내가 이유를 알고자 그의 몸에 손을 얹어 놓고 상당 기간 앉아 있었는데 그 몸에서는 모든 악취가 사라지고 내게 악취가 들어오게 되었다.

Q 그러면 시간이 한참 지난 후에 죽은 사람 속에 있던 악취가 어떤 현상으로 나타났다는 것입니까?

승: 이 손끝을 맡았을 때 생 똥 냄새가 나고 손끝을 통해서 그 악취가 나가는 것을 목격했다. 기운도 내 속에 들어오면 동화되지 않고 몸속에서 빠져나갔을 때 그런 일을 하지 않은 이전의 상태로 돌아갈 수가 있었다. 존재할 때는 존재하는 만큼 느끼고 존재하는 것이 없을 때는 존재하지 않는 만큼 느끼게 된다. 이게 현실 속에 존재하는 진실이라고 말할 수 있겠다. 너희는 매일 발차기 연습하면 2m 정도는 올라갈 수 있는 정도는 알게 된다. 수련을 통해서 하나의 기술을 습득할 수는 있어도 다른 원력에 대해서 어떤 환상적인 들은 이야기들을 믿지 말라!

Q 사람이 살아서 꼭 해야 할 일이 자기의 영혼을 구하는 일과 생존을 위해서 직업을 갖는 것입니까?

승: 생존을 통해서 자기 영혼을 구하는 것이 더욱 중요한 일이다. 사람들이 남을 가르치려고 할 때 나는 남을 가르치기 전에 자신이 사는 목적을 먼저 알아야 한다고 말한다. 이런 일은 내 말을 통하지 않고도 너희가 조금만 관심을 가지게 된다면 사물을 통해서 얼마든지 확인할 수 있다. 아무리 잎이 무성해도 좋은 열매를 얻지 못한다면 그 생명체는 당대에 자기를 소멸하게 된다. 그러니까 무엇이 잘 사는 것인지 분명히 알아야 할 것이고 이런 삶을 앎으로 자기를 위해서 봉사할 수 있다.

Q 석가모니께서 이 세상에 가장 큰 공덕은 법 보시法布施라고 했는
데 그 일이 중생을 축복하는 일입니까?

승: 세상에 대한 가장 큰 축복은 자신이 세상을 축복하는 것이다.
축복하는 길은 자기가 바로 아는 것을 남에게 가르쳐서 사람들의
삶에 도움을 주고 삶에 빛을 전하는 것이다. 법 보시라고 하는 말
은 가르치고 깨우치는 것인데 너희는 항상 자신이 깨닫고 남을 깨
우치는 일을 게을리해서는 안 될 것이다. 너희가 살아서 명성을
못 이루었더라도 바르게 살고 어둡지 않게 살아갔다면 그것이 너
희의 삶에 큰 축복이 된다.

Q 사람의 인생이 세상을 멀리 못 보고 짐승처럼 살다가 죽고 만다면
가치가 없겠지요?

승: 나는 오늘도 어제도 매일같이 많은 사람 속에 매우 안타까운
일들을 보지만 그들에게 아무런 도움이 될 수가 없는 것은 서로
인연이 닿지 않기 때문이다. 그러니 아무리 좋은 진리도 기운이
맞지 않으면 받아들이지를 못하고 허약한 사람은 보약을 먹을 수
없다. 환자가 너무 오래 병석에 누워서 몸이 쇠해지고 죽을 때가
되면 음식을 못 받아들이고 미음을 주면 토해낸다. 기운이 없으면
진리를 주어도 받아들일 수 없고 진리와 함께하는 것은 아무라도
할 수 있는 일이 아니다.

Q 만일의 경우 제가 하는 일을 남에게 이해시킬 수 없고 자신에게
있어서 중요한 도움을 주지 못한다고 할 때 새로운 직장을 찾는

것이 옳은 것입니까?

승: 예를 들어서 너는 진실을 원하는데 거짓된 자들이 거짓을 따라오라고 계속 강요한다면 너는 하나를 선택해야 한다. 거짓을 따라가든가 아니면 그 자리에서 나와야 한다. 그 판단은 정확하게 확인하고 난 다음에 해야 하는데 자기의 성질이 문제가 돼서 지금과 같은 상황을 끼워 넣는다면 안 된다. 우리의 인생은 진실을 완성하고 자아의 완성을 위해서 필요한 것이다. 자아 완성은 삶 속에 있는 일을 알고 좋은 인연을 짓고 받아들여서 자신을 진실한 자로 변화시키는 것이다.

Q 저희가 삶을 빛내기 위해서 가장 좋게 사는 방법은 무엇입니까?

승: 사람들을 축복하는 것인데 축복이 자기에게 있게 하는 일은 그릇된 자기와 싸워서 이기는 길밖에 없다. 무지한 상태에서는 자기의 생각에 의존해야 하기에 무엇보다도 진실에 대한 깨달음이 있어야 한다. 자기가 짊어진 운명의 사슬에서 벗어나기 위해서 자신을 깨우쳐야 한다. 이곳에 와서 알고자 하는 의문을 풀어서 알았을 때 사람들은 바르게 가르칠 수가 있다.

Q 이 삶을 통해서 좋은 자신을 존재하게 하고 먼 앞날을 내다볼 수 있겠습니까?

승: 어떻게 자신이 세상의 일을 이해하고 활동을 통해서 좋은 자기를 얻어 낼 수 있고 개척할 수 있는지 깨달음을 통해서 새로운 사실을 알아낼 수가 있다.

Q 일에 대해서 중요성을 느끼지 않는 사람이 너무나 많은데 어떻게 문제를 알 수가 있겠습니까?

승: 삶이라는 것을 어떻게 이해하는지에 따라서 항상 자기가 느낄 수 있는 세상이 다르다. 만일에 삶을 알면 농사꾼이 종일 밭에 나가서 열심히 일해서 얻어질 수확을 생각하면 그 일이 절대 고달프다고만 말할 수가 없다. 사람들은 보람을 위해서 일하는 것이고 보람된 일을 함으로 자기에게 기쁨이 존재하는 것이다. 그러니까 언제 어떤 환경 속에 살더라도 사람들은 자신에게 보람을 줄 수 있는 일들이 얼마든지 많다. 어떤 경우에 자기가 손해 지는 일을 두려워하지 말아야 한다. 절대 자기에게 주어진 일을 외면하지 말고 충실히 함으로 사람들로부터 신뢰를 얻고 믿음을 얻고 자기에게 봉사하게 된다.

Q 어떤 경우에 자기가 손해 지는 일을 두려워하지 말라는 말씀은 욕심 때문에 모두 챙겨버리면 사람들이 무서워서 상대하지 않겠지요?

승: 농사지을 때 땅에다 비료를 뿌리는 것은 땅의 기운을 북돋아서 좋은 열매를 거기서 얻기 위해서이다. 그런 일을 모르고 일한다면 너무 힘들고 돈 내버릴 짓만 하는 것이니까 절대 기쁠 수가 없다. 그러나 농사일을 잘 아는 사람이라면 이런 일이 절대적으로 헛된 일은 아니라는 것은 안다. 추수기를 앞두고 얼마나 자기에게 도움이 되는 일인지 알게 될 때 사람들은 비로소 일 속에서 삶의 재미를 느낄 수가 있다.

Q 현실이 힘들고 어렵다고만 생각해서는 안 된다는 말씀이죠?

승: 자기를 보살피지 못하는 사람은 남을 보살필 수 없고 자신과 남을 보살피지 못하는 자는 절대 깨달음을 얻을 수가 없다. 그러니까 동물처럼 살다가 죽으면 이후에 미물이 될 것인지도 모르고 인간으로 태어난다는 보장이 없다. 진정한 사람이 되고자 하는 자는 어떤 일이라도 천직으로 받아들일 준비가 되어 있어야 한다. 항상 열심히 일하는 거지는 없다는 말이 있는데 이 말을 소중하게 받아들여야 한다.

Q 있는 일을 보고 제대로 판단하고 감정을 섞이지 않게 행동한다는 게 굉장히 어려운데요?

승: 있는 일을 보고 제대로 판단하기 위해서는 감정이 섞이지 않아야 하고 자기에게 치우치면 균형을 잃게 된다. 있는 일을 놓고 있는 일에 대해서 자기의 관찰이 맞는지 확인해야 한다.

Q 2년 전 TV에서 하버드대학의 법대생이라는 프로가 방영되고 있었는데 가상으로 만든 법정 내용이었습니다. 그때 법대생들은 어떤 소송에 되었던 일들이 어떤 일이 있었던 자를 계속 추적하고 있었는데요?

승: 우리가 있는 일을 알기 위해서는 있었던 일들의 자료를 가지고 계속 추적해야 하며 어떤 곳에 판단이 있었는지 알아내야 한다. 그래서 정확한 판단이 되었을 때 있는 일을 정확하게 이해할 수가 있다. 있는 일을 정확하게 사람들이 볼 수 있게 모든 증빙 자

료를 제시할 수가 있게 되는 것이다. 그러니 있는 일은 감정에 의지해서 보려고 하지 말고 있는 일은 있는 일 그 자체에서 보려고 노력해야 한다.

Q 저희에게 있는 일을 보고 진실을 밝히려고 하는 자가 정의로운 자이고 남에게 피해를 주지 않으려고 하는 자가 양심이 있는 자로 구분했습니다. 깨달음이 있어서 사람이 점점 좋아지는데 구분 있게 발달하는 것입니까?

승: 양심이 없는 사람은 사실 정의도 멀다. 남을 속이고 해치고 피해를 주는 자들이 있는 일을 밝히려 노력하지 않는다. 있는 일을 밝히면 죄가 나타나는 것이니 근본 바탕에 양심이 큰 자는 정의도 뒤따라서 오게 된다.

Q 이런 면에서 어떻게 정의를 밝혀서 깨달을 수 있겠습니까?

승: 최소한 해탈하고 완전한 깨달음에 눈을 뜨기 위해서는 근기가 높아야 하는데 이 조건은 양심은 세상이 움직일 수 없고 용기는 하늘도 꺾을 수 없어야 정의를 밝힐 수가 있다. 양심이 없는 자는 정의를 밝힐 수가 없다.

Q 일반 사람들이 어떻게 양심과 정의를 자기 속에서 이루어 낼 것입니까?

승: 가르침을 통해서 양심과 정의의 소중함을 알게 되면 자기의 의식에 담게 되고 그 가르침을 통해서 자기를 변화시킨다. 누구나

정직하고 양심이 있는 사람은 될 수가 있지만 무지에서 깨어날 때만이 가능하다.

Q 왜 이곳에다가 장소를 구해서 사람들을 깨우치려고 노력하는 것입니까?

승: 대학의 교육은 인간들에게 완전한 깨달음을 줄 수가 없기에 이 일을 하는 것이다. 실제 대학에서 가르치는 지식이 현실 속에 있었던 일들을 가르치고는 있지만 사람들에게 깨닫게 하는 일을 하지 못한다. 그런 면에서 이곳에서 사람들에게 있는 일을 가르칠 때 있는 일 속에 있는 것을 이해하기 쉽도록 설명하고 있다. 대학 교수들의 능력으로는 진리를 알지 못하고 무한대의 설명은 불가능하다. 그들이 전공한 분야에 대해서 약간씩 사람들에게 가르칠 수 있는데 대학은 많은 돈을 내고 배우지만 이곳의 가르침은 공짜이다.

Q 선생님께서는 좋은 기능이 있고 현실에 밝은 자라고 했는데 좋은 기능을 구체적으로 설명해 주십시오.

승: 좋은 기능은 있는 일을 보고 판단하는 기준을 말하는 것이다. 내가 보고 판단하는 기준은 일반 사람들이 보면 잘 모르지만 내가 한 일과 다른 사람들이 한 일을 비교하면 차이가 난다. 내가 어떤 일을 맡으면 그 일을 사람들에게 잘 맡기지 않고 완전해야만 맡긴다. 정확성을 말하는 일이야말로 자기가 하는 일에 문제를 일어나게 하지 않는 일이다. 나의 기능은 사실을 사실대로 보는 기능이

고 지금까지 세상에서 태어났던 어떤 사람보다 앞서 있다.

Q 오늘날 종교인들은 석가모니나 예수에 대해서 대단한 깨달음이
나 가르침이 있었던 것처럼 말하는데 선생님과 어떤 차이가 있습
니까?

승: 실제 기독교에서는 예수를 하느님의 아들이라고만 칭하고
가르침으로 내세우지 않으니까 거론하지 않겠다. 불교에서는 부
처의 가르침이 대단했던 것처럼 말하지만 당시의 사람들이 볼 때
는 그렇게 대단한 것이 아니었다. 그는 팔십이 넘어서도 계속 사
람들을 찾아서 자기가 본 세상 속에 있던 일들을 밝히려고 애를
썼다. 나의 깨달음은 지구가 생긴 이후에 최고에 이르렀다고 할
수가 있다.

Q 깨닫기 전에 일반 사람들보다도 얼마나 뛰어나고 앞선 기능을 가
졌었습니까?

승: 나는 군대에서 제대하고 결혼했을 때 무일푼이었지만 일 년
사이에 많은 돈을 벌고 같은 업종에서 1등을 했다. 이것은 경쟁 사
회에서 만일에 능력이 없고 자본이 없는 상태에서 자본을 가진 사
람들을 이기는 것은 경영의 능력이 뛰어나지 않고는 안 된다. 나
는 세상을 보는 시각이 뛰어나고 경영의 능력에서도 탁월했으며
전생에 이미 깨달았던 자였다.

Q 사람들은 삶에 관심도 없으면서 여기에서 무엇을 배우는지 묻는

데 어떻게 대답하는 것이 좋을까요?

승: 살아가다 보면 인생에는 문제가 많이 생기게 되는데 문제를 보고 문제의 해답을 알려 주는 곳이라고 하면 된다. 문제의 예를 보면 어떤 사람은 갑자기 불구가 되기도 한다. 자식이 부모를 때리던가 가정을 돌보지 않고 주색잡기나 하고 사는 사람이 있다. 그렇지 않으면 부모가 벌어놓은 돈을 쓰면서 나중에는 부모까지 죽이는 불효자도 있다. 이런 일이 어떻게 해서 생기는지 인간 세상에 길흉화복은 누가 주는지 이런 문제를 배운다고 하면 된다. 사실 세상에서 삶에 대해 아무도 문제를 내지도 않고 정확하게 문제를 가르치는 곳도 없다.

Q 저희가 살면서 있던 일을 통해서 양심이 있는 사람인지 없는 사람인지 볼 수 있습니까?

승: 사람을 볼 때 자기의 감정이 절대 개입되어서는 안 된다. 양심 있고 정의로운 사람은 항상 있는 일을 밝히려고 한다.

Q 저희가 사실을 보아야 세상을 알고 진정한 공덕행도 할 수 있는 것입니까?

승: 나는 세계를 여행하면서 사람들의 얼굴을 살펴보는데 표정이 그 나라의 정신 환경을 대변한다. 몇 달 동안 외국에 머물다가 한국에 오는 비행기를 타면 나는 심하게 굳어있는 한국인들의 표정을 만나게 된다. 한 사람의 지혜로운 자가 앞일을 안다고 해서 세상일을 혼자 힘으로 변화시킬 수는 없다. 그러나 사람들의 행위

로 세상은 변화한다. 나는 가족을 사랑하기에 그들에게 시골로 옮겨가자고 권했으나 그들은 극구 반대했다. 할 수 없이 나는 그들의 생계를 위하여 조그마한 영업을 시작하였다. 한 달이 지난 지금 이 나라에서는 정상적으로 사업을 해서 성공하는 것은 거의 불가능했다. 이 나라 사람들의 얼굴이 그토록 어둡게 굳어있는 이유는 비정상적인 삶에 짓눌러 있다는 증거이다.

Q 저희의 삶에 문제가 있다면 당부할 일이 있습니까?

승: 이 시대에는 알지 못하는 자들이 너무나 합리적인 이론으로서 사람들을 속이고 있다. 그러니 너희가 만일 그런 말에 속는다면 자신을 매우 위험하게 할 것이다. 그들은 아주 멋진 서론만을 가진 논문과 같은 가르침을 펴고 있지만 본론과 결론이 빠져있다. 너희에게 가장 소중한 것은 자신이니까 자신을 위하여 살아야 한다.

Q 이제 저희에게 깨달음에 대해 조언할 일이 있습니까?

승: 나는 무엇을 옳다고 가르칠 수가 없으니 너희는 사실을 보고 사실 속에서 판단하고 사실 속에서 행동하면 된다. 법칙의 세계는 정확하며 내가 말하는 미래는 분명히 나타난다. 다만 내가 원인이 가진 정확한 수치를 입력하지 않았기 때문에 시간상의 차질은 발생할 수 있다. 지금 가장 급한 문제는 너희에게 닥칠 재앙을 어떻게 극복하느냐 하는 것이다. 살아남는 일이 급선무인데 죽는다면 현재의 자신만을 가져가게 되니 너희에게 필요한 지혜를 물어

달라!

Q 어떤 사람이 여래님의 가르침과 유사한 데가 있다고 말하던데요?

승: 그들도 옛 성인의 가르침을 읽었고 합리적으로 맞춰 놓았지만 가르침 속에 진실이 빠져있다. 진실이 없는 가르침은 들을수록 사람의 마음을 무지하게 만든다. 세상에서 스승이라는 자들을 만나면 당신은 말의 이치를 알고 가르치는지 말하라고 할 것이지만 나는 아직 안다는 자를 만나지 못하였다.

Q 선생님의 깨달음이 진실에 눈을 떴다는 것입니까?

승: 진실에 눈을 떴을 때 참과 거짓은 그 앞에 있으며 깨달은 스승은 좋은 밭이지만 그 밭에 씨를 뿌리지 않는다면 좋은 열매는 얻을 수 없다. 좋은 자기를 얻겠다는 사람이 없을 때 깨달은 스승 또한 쓸모가 없다. 너희가 진실을 알고자 노력할 때 빨리 깨어나게 한다. 눈뜬장님이라고 해도 깨들은 자의 말을 따라갈 때 비록 볼 수는 없어도 자신이 원하는 곳에 이를 수 있다.

Q 저는 이 나라에 인재가 많이 배출되었고 지금도 많이 있다고 생각하는데 선생님은 왜 부정하십니까?

승: 증거만 있다면 나도 믿고 싶고 좋은 스승이 있다면 좋은 제자가 있을 것이고 좋은 사람이 배출되었으면 좋은 세상이 있다. 좋은 밭이 있다면 좋은 열매가 있는 것은 당연하다. 좋은 세상이 없었다면 좋은 사람이 어디 있었느냐고 물은 것은 당연하다.

Q 나그네 시집 속에 세 가지 탐하는 것을 버리면 자신을 축복할 수 있고 세 가지 좋은 것을 얻으면 세상을 축복할 수 있다고 했는데 세 가지는 무엇입니까?

승: 세 가지 버릴 것은 명예욕과 물욕과 성욕이고 세 가지 좋은 것은 양심과 정의이고 사랑이다.

Q 성자들은 남성이었는데 여성은 깨달을 수 없습니까?

승: 남성만이 큰 공덕을 이룰 수 있고 여성은 큰 공덕행을 할 수 없다는 법칙은 세상에 존재하지 않는다. 그러나 여성이 더 큰 애착을 가진 것으로 보인다. 여성은 자신을 더욱 크게 불살라야 한다.

Q 저는 남성과 여성을 구별해서 규정짓는 것에 동의하지 않는데 사람은 개개인의 성품을 가지고 있다고 생각합니다.

승: 한 사람이 성자로 태어나는 것은 곧 이 세상에서 가장 좋은 열매를 얻는 것과 같다. 나는 너희에게 한 사람의 부처가 태어나는 일은 하늘의 도움이 없이는 어렵다고 했다. 만일 내가 한국에 태어나지 않았다면 여래가 되었을지는 의문스럽다.

Q 상업이나 기술에서 뛰어나려면 어떤 조건을 갖추어야 합니까?

승: 뛰어난 의식을 가져야 하며 정신이 밝아야 남보다 뛰어나게 된다. 너희가 바라는 일은 항상 자기 앞에 있는데 어떻게 성취하는지가 문제이다. 너희는 사랑을 통해서 자신을 축복할 것이며 남

을 통하여 세상을 통해서 축복을 볼 것이다. 땅에 거름을 넣는 것은 풍성한 수확 때문이다.

Q 만일 제가 구도자가 되려면 어떻게 해야 합니까?

승: 먼저 세상에서 많은 걸 경험해 보아야 한다. 세상에는 모든 문제와 답이 존재하고 있다. 왜 부유하게 사는지 가난하게 사는지 왜 존경받는지 천대받는지 왜 성공하는지 실패하는지 모든 일은 뜻 속에 있다. 그러한 뜻을 알아서 사람들을 일깨워 주는 것이 구도자의 일이다. 구도자는 세상의 스승이니 사람들을 좋게 만들고 자신의 훌륭한 삶을 보임으로 사람들을 좋은 삶으로 인도하는 일을 한다.

Q 사람을 구하는 사람이 바로 구도자입니까?

승: 구원의 길은 뜻 속에 있다. 구도자는 이 뜻을 사람들에게 전하고 깨닫게 해서 행복한 길로 인도하며 한이 없는 삶을 살게 한다. 최고의 스승들은 가난한 사람들에게 돈을 주는 일을 한 적이 없고 그들의 삶 속에 있는 결과를 축복하는 것이 구도자의 사명이다.

Q 어떻게 하면 제가 세상에서 성공할 수 있겠습니까

승: 너는 올바른 가르침의 덕분으로 지금 깨어나고 있다. 너에게 강한 의식이 따라 준다면 세상에서 성공할 수 있다. 시련을 청할지언정 시련을 피하지 말며 시련은 너의 정신을 성숙시켜 줄 것

이다. 같은 노력을 하더라도 성공하는 사람과 실패하는 사람이 있는데 그들이 가진 의식 때문이다. 너에게는 하나의 문제가 있는데 너의 의식이 가진 나약함이다. 너는 과거의 나약한 너를 버리고 새로운 너로 태어나야만 세상에서 성공을 거둘 수 있다.

Q 저의 부모는 항상 자식을 어린아이처럼 보며 염려하면서 저를 이해해 주지 않는데요?

승: 부모에 대한 가장 큰 효도는 너의 인생이 성공하는 것이다. 그러니 이제 집에 가서 3개월간 집을 떠나서 고생하려고 하는데 허락하겠는지 부모님에게 물어라. 부모가 승낙하면 집을 떠나지 않아도 좋다. 부모는 너의 계획에 장애가 되지 않기 때문이다. 만일 부모가 반대하거든 부모 곁을 떠나야 한다. 부모와 함께 사는 것은 부모처럼 가난하거나 실패를 뜻하기 때문이다. 가난한 자는 항상 어려운 일을 피하기에 어렵게 살고 있지만 부자는 어려움을 해결하기 때문에 어려움이 없는 것이다.

Q 여래님을 만나지 않고 가르침을 듣지 않고서도 진실한 삶을 사는 게 가능합니까?

승: 나의 가르침을 대하지 않고도 좋은 쪽으로 진실한 자로 변할 수 있다면 좋은 근본을 가지고 있다. 천상의 인간이나 극락세계에 머물다가 세상에 태어나서 좋은 환경에서 살다가 좋은 일 하게 될 때 환경과 접하게 된다면 한 시대를 사는 동안에 진실하게 살 수가 있다. 그러나 그러한 근본을 가지고 태어나지 못한 자는 깨달

음이 없다면 절대 진실한 삶을 사는 것은 쉬운 일은 아니다. 나는 너희에게 의식을 유도해 현실 세계에 눈을 뜰 수 있게 하기 위해서 계속 있는 일을 설명한다. 그렇게 하다 보면 말이 장황하게 될 때도 있고 너희가 바라지 않는 말을 할 때가 있다.

Q 저희의 관심이 있는 일에 집중시키기 위해서 계속 반복해서 말씀하시는 것입니까?

승: 항상 풀리지 않는 의문이 있으면 질문하고 나를 만나지 않더라도 너희는 항상 있는 일을 알 때까지 함부로 행동하지 않으면 속는 일이 적다. 있는 일을 통해서 느끼고 깨달을 수 있다면 나의 도움이 없이도 원하는 모든 걸 이룰 수가 있다. 이곳에 계속 나와서 내 이야기를 계속 듣고 자리를 같이하면 좋은 일은 스스로가 인연 지어야 좋은 일은 있고 나쁜 일은 많이 막을 수도 있다. 너희가 조금만 신경 쓰고 내게 물어준다면 너희는 경험하게 될 나쁜 일들을 많이 피할 수 있다.

Q 처음 여래님 말씀을 들었을 때는 보물의 원석과 같다는 생각이었지만 지금은 저희가 볼 수 있게 말씀하시는데요?

승: 너희는 생활을 통해서 열심히 자기를 깨우치는 일에 충실해야 한다. 여기 20명뿐이 안 모였지만 여래가 세상에 나타나는 이런 기회는 언제든지 있는 것이 아니라 삼천 년에 한 번 있을까 하는 일이다. 여래가 처음 나타났을 때는 세상의 일을 빨리 말하는 것이 어렵고 초창기에 설명했던 식이었지만 자꾸 법을 전하다 보

니 이제는 중생의 틀에 맞아 들어간다.

Q 사람이 세상에 태어난 건 자기를 축복하기 위해서 깨달음을 원하
는 것인지요?

승: 내 말을 듣고 알게 되면 자신 속에 있던 지옥을 피하고 밝은
앞길을 얻게 되므로 세상의 일을 볼 수 있다. 먼저 이러한 일들이
어떻게 있게 되는지 관찰과 노력이 무엇보다도 필요하다. 원하는
것은 이곳에서 묻고 들은 것을 가져가서 확인해 보면 너희는 원하
는 것들을 자신을 통하여 얻게 될 것이다.

Q 석가모니 부처님은 어떻게 깨달을 수 있었습니까?

승: 그는 수십 차례에 걸쳐서 생명의 세계에서 큰 공덕을 지었다.
아무도 따를 수 없는 세상의 움직이지 못할 양심과 하늘이 꺾지
못한 용기를 이미 이루었던 사람이다. 그는 천상에 있다가 중생을
제도하기 위해서 지금부터 3천 년 전에 인도에서 태어나서 깨달
았다.

Q 부처님 말씀 중 반야심경에 자주 사용하는 공空이란 말의 뜻이 무
엇입니까?

승: 만물이 세상에 나게 될 때 공의 세계를 거쳐야 태어난다. 자
연에서 보면 열매가 터져야 싹이 나고 뿌리를 내리고 크게 되면
자기의 근본이 어디에서 있었는지 모른다. 새 생명이 났으니 새로
운 것을 받아들이지만 뿌리는 과거로부터 왔기에 그 속에서는 과

거에 자기가 얻었던 근본이 그대로 나타나게 된다. 좋은 땅에서 좋은 열매를 하나 얻어서 땅에 심으면 그 땅에서 과거에 자기 속에 입력됐던 성질과 습성의 모든 걸 그대로 가지고 온다. 그 땅에 있는 기운과 부합하면서 다시 새로운 활동을 시작하게 된다. 이 활동을 통해서 열매를 얻게 되고 싹이 나면서 모든 걸 잊어버리듯이 사람도 같은 과정을 거쳐서 태어난다.

Q 석가모니는 과거에 어디에서 있다가 왔는지요?

승: 제석천왕은 그가 한 말이 아니고 작가들이 쓴 말이다. 그는 자기가 어디에서 태어났는지도 몰랐고 과거의 일은 전부 잊고 왔다. 그러나 그의 내면에는 자신이 대 스승이 되기 위해 이 세상에 중생을 깨우치러 온 사실이 항상 내재해 있었다. 그는 왕자로 태어났고 왕권을 이어야 할 왕의 수업을 받았다. 그는 결혼했고 자식을 두었으나 항상 마음에는 부처가 될 운명을 가지고 가야 할 짐을 지고 있었다. 중생계에서 태어나면 부귀와 영화와 원하는 오욕이 모두 존재하니까 인간의 욕망을 가진 자로서 오욕을 즐길 수 있는 건 왕이었다. 하지만 유독 그는 그것을 버리려고 애를 썼다. 그는 아들이 태어나자 그가 대를 이을 수 있다고 생각하고 출가했다. 이미 완성되었기 때문에 그가 가지고 온 근본이 매우 좋았고 세상에서 묻힌 업은 거의 없었다. 그가 부모의 몸에서 받은 업은 그의 근본에 비한다면 아주 적다는 것이다. 그는 부처가 되어야 할 운명을 지고 왔으므로 깨달음을 찾아야 했다. 그는 자기를 깨우쳐 줄 사람을 찾아다녔지만 아무도 그를 깨우쳐 주지 못했다.

스스로 깨달음의 길을 선택한 것인데 인도에는 당시에 구도자들이 많았다.

Q 석가모니 탄신 일 날을 다룬 영화에서 보면 사막 같은 곳에 물도 없는 곳에서 며칠씩 굶주리고 허덕이고 절벽 같은 추운 곳에 앉아 있거나 굶고 환경과 싸우는 모습들을 볼 수 있던데요?

승: 그는 대자연과 자기의 의지와 싸웠지만 6년 고행에서 깨달음을 얻지 못했다. 그 당시에 자기가 어떻게 깨달아야 하는지 이 세상에서 깨달음의 길을 확실하게 알고 있는 사람이 없었기에 자기의 깨달음에 대해서 정리할 수가 없었다. 그의 몸은 피골이 상접했다고 기록되어 있다. 몸에 힘이 없고 허약하니까 살아야 하겠다고 해서 깨달음을 포기한 상태에서 물을 먹고 음식을 조금씩 먹으면서 보리수나무 밑에 앉아 있었다. 그러자 그에게는 곧 고요함이 느껴지기 시작했고 갑자기 번뇌와 망상이 사라지고 증오심이 없어지고 초자연적인 사람으로 변해 버렸다. 그리고 세상을 보면 자기의 시각에 그대로 들어와서 세상의 일을 알게 되었고 깨달았다.

Q 어떻게 3천 년 동안에 석가모니 한 사람에게만 있을 수 있었습니까?

승: 환경과의 싸움에서 다른 사람은 욕심으로 깨달음을 얻기 위해 고행했기 때문에 사실 자기 가슴의 애욕을 태우는 게 불가능했다. 일반 사람은 업이 더 두텁겠지만 싯다르타는 세상을 위해서 중생을 구제하기 위해서 깨달음을 얻기 위해 고행했는데 그의 근

본은 깨끗한데 묻었던 업장은 아주 적었다. 같은 고행이지만 싯다르타는 공덕으로 얻은 사랑이어서 업장이 녹아서 떨어져 버리자 애욕이 끊어지고 만 것이다. 오욕이 물러가고 해탈이 오면서 그냥 고요함에 들게 된 것이다. 그래서 세상의 모든 법계를 보고 가르침을 설한 것이다.

Q 싯다르타는 있는 일을 알기 위함이 깨달음의 목적이었습니까?
승: 깨달음의 목적은 자기 구원久遠이다. 자기가 바라는 삶을 얻기 위해서이며 깨달음의 최고의 목적은 세상일에 대해서 눈을 뜨는 것이다. 있는 것에 대한 의식의 눈을 뜨고 생각으로 보는 것이 아니고 의식으로 보고 있는 것을 있는 그대로 말한다. 지금까지 사람들은 이 부분에 대해서 자신들이 깨닫지 못했기에 이해할 수가 없었다. 있는 일을 아는 것은 있는 일 속에 자기를 완성할 수 있는 길이 있다. 자기가 바라는 행복과 평화와 자기가 원하는 모든 걸 얻는 가르침이 존재하기에 있는 일을 안다는 것은 매우 중요한 것이다.

Q 삼라만상에 있는 모든 물질이 변함으로써 영원히 존재하고 있는 이유는 무엇이며 의식의 눈을 뜬다는 것은 어떤 것인지요?
승: 의식의 눈을 뜬다는 것은 사물이 어떻게 나고 죽는지를 볼 수 있는 것이다. 너희도 대자연 속에 있는 사물을 볼 수는 있지만 그 속에서 나타나는 현상의 뜻을 아는 일은 누가 가르쳐 주지 않는다면 깨닫지 못했기에 그것을 받아들이고 뜻을 알아내

는 일이 매우 어렵다. 깨달음이라는 것은 어떤 사물에 대한 눈을 뜨는 것이고 있는 것을 본다는 의미이다. 깨달음의 가장 중요한 일은 있는 일을 통해서 옳고 그름을 보고 거기서 배우는 것이다. 깨달음이 있는 자는 세상을 스승으로 삼아서 어디든지 가면 배울 수 있다. 그러나 일반종교나 정신적 가르침을 말한다는 곳에서는 이런 진실을 빼놓고 가르친다.

Q 왜 그들은 진실을 빼고 가르친다고 하는 것입니까?

승: 이런 현상이 일어나고 있는 것은 가르치는 사람도 이야기를 듣고 자신 속에서 신기루를 보았기 때문이다. 그것을 깨달은 것으로 알고 자기의 경험을 또 다른 사람에게 가르쳐주면 배운 사람도 그 과정을 통해서 신기루를 보게 된다. 이 신기루는 좌표나 지도 위에 있는 것이 아니라 막연한 기대 속에서 오는 것이기에 그냥 열심히 하면 된다고 말한다. 눈을 뜨고 건강한 정신을 가지고는 그 신기루를 볼 수 없으나 눈을 감고 허약한 정신을 얻게 되면 신기루는 자주 보이게 된다.

Q 그래서 기존의 가르침과 이곳에서 전하고 있는 내용이 다르다는 것입니까?

승: 눈뜬장님이 볼 때는 같은 내용인 것 같지만 실제의 세상에서 보면 정반대의 현상이 일어나고 있다. 너희는 이곳에 오는 것도 힘이 들고 이 시간을 통해서 깨닫는 것도 매우 힘이 들 것이다. 하지만 세상일이라는 것은 힘이 들지 않고 자기에게

얻어지는 것이 없고 힘들이지 않는 것은 잃는 것이다. 힘들이지 않고 얻을 수 있는 것은 공짜인데 길거리에 떨어져 있는 과일 열매를 주웠다면 그는 항상 요행을 바라게 된다. 그러나 이런 법을 배워서 조금만 힘을 들이면 과일 열매를 자기 집에서 키워서 항상 따 먹을 수가 있다. 세상일이라는 것은 항상 이와 같다.

Q 있는 일을 아는 것이 깨달음이라고 이해하면 되겠습니까?

스승: 깨달음을 얻기 위해서는 사실 속에 존재하고 있는 그 뜻을 먼저 알아야만 너희가 세상을 보는 이해가 넓어진다. 그러한 일을 너희가 진심으로 받아들일지 거부해야 하는지를 스스로 판단하게 될 것이다. 너희가 아무것도 모른다면 커다란 잘못을 저지르게 되고 좋은 것을 버리고 나쁜 것만을 선택하려고 할 것이다. 정직한 자를 따르지 않고 거짓말쟁이만을 따라다니려고 할 것이다.

Q 결국 자신이 거짓에 빠지면 자신을 구하려고 하지 않고 망치는 일만을 하려고 하겠네요?

스승: 너희는 일상생활에서 주위로부터 듣고 보는 사실 속에서 그 뜻이 어떻게 만들어지는지 알아야 한다. 그 뜻이 어떻게 변해서 너희가 바라는 세계가 존재하게 되는지 옳고 그름을 판단하는 시간을 가지므로 진리를 위한 진리를 통한 삶을 얻게 된다. 그 삶을 통해서 살아서 성공과 보람을 느끼게 될 것이다.

죽어서는 결실을 통해서 극락과 영생을 얻게 된다는 사실을 분명히 말하고 싶다.

Q 사람들이 말하기를 인물은 하늘에서 보낸다는 말이 있는데 선생님의 강인한 정신은 어디에서 온 것입니까?

승: 내 자서전이 있는데 내가 깨달음을 얻기 전에 초등학교 나온 필적으로 글을 안 써봤으니까 내가 봐도 교열이나 이런 게 잘 되어 있지 않다. 하지만 사람들이 겪지 않은 일을 겪으면서도 악에 물들지 않고 거짓된 자들의 술을 얻어먹으면서도 내 양심은 물들지 않았다. 사회의 규범이나 법률을 어기지 않고 순수하게 커 왔고 살아남았다는 것이 사람들에게 어떤 어려움이 왔을 때 큰 교훈이 된다. 이런 어려운 사회에서 저 책은 엄청난 가치를 지니고 있고 지금과 같이 사람들이 방황하고 살기가 어렵고 힘든 세상이 오면 매우 폭발력을 가지고 있는 책이다.

Q 선생님 자서전인 『외로운 투쟁』 서문의 맨 마지막에 세상의 외로운 사람은 비겁한 자신과 싸우라고 했는데 외로운 사람은 어떤 사람이며 비겁한 자신과 싸우라는 말씀의 뜻은 무엇입니까?

승: 외로운 사람은 의지할 곳이 없는 사람들이며 남이 나를 도와주지 않는다고 해서 좌절해야 한다면 그 인생은 너무 불행한 것이 아니겠느냐? 우리가 살면서 가장 두려워해야 할 대상은 자신이다. 남보다도 자기 자신을 두려워해야 한다. 자신에

게 있는 깨달음과 행동으로 성공할 수도 있고 사람의 행동으로 실패할 수도 있다. 그러니까 자기와 싸우라고 하는 것은 다른 사람들의 삶의 기록을 잘 모르지만 내가 가장 잘 아는 사람의 삶은 나 자신이다. 나와 같은 상태는 부모가 없고 가족도 가진 돈도 없는데 그때 만일에 좌절하고 모든 것을 체념했다면 지금 아무런 일도 하지 못했을 것이다.

그러나 모든 것에 도전했기 때문에 나이 30세 미만에 그래도 한 도시에서 유지도 될 수 있었다.

Q 사람들에게 매우 주시받는 사람이 되었겠네요?

승: 먹고 싶은 것 마음대로 먹고 한껏 즐겁게 살 수 있었으니 그것은 나 자신을 포기하지 않았기 때문이다. 사람은 어떤 분위기 속에서 실수하게 되는 수가 있다. 누가 나에게 실수하기를 원해도 나는 자신을 사랑하기에 함부로 버리지 않는다는 말을 자주 사용하는데 내가 하는 말의 의미를 잘 알아야 한다.

Q 양심과 용기를 가지고 문제를 본다면 큰 공부가 필요 없는 것입니까?

승: 초등학교만 나와도 훌륭하게 살아갈 수가 있다. 내 부모는 가난한 화전민이었고 나는 초등학교도 제대로 다니지 못했다. 그런데 세상을 살아가면서 나 자신이 부족하다고 느껴본 적이 없다. 내가 깨달음을 얻기 전에 써 놓은 시가 있다.

양심이 죄가 되니 나설 곳이 없고
만고풍상을 겪고서도 펼 곳이 없네.
천 사람 능력 지녀 쓰지 못하니
세상에 태어남이 운명뿐인가!

나도 사실이지 한탄이라는 시를 읊은 때가 있었다. 그것도 쓰고 싶어서 쓴 것이 아니고 어느 시인의 출판기념회에 갔는데 시를 보니 시 같지 않아서 내가 한번 써 보겠다고 하자 사람들이 비웃었기 때문에 오기 삼아 시를 쓴 것이다. 그 시 하나만 가지고서도 이 나라에 나온 모든 영웅호걸이 쓴 시 중에 최고라 할 수 있다. 천 사람의 능력이 있지만 어두운 세상에 태어나 양심은 쓸 곳이 없고 능력은 있어도 펼 곳이 없으니 천 사람의 능력이 있다고 한들 무엇을 하겠느냐? 오히려 그것은 나에게 고통을 가져다주더라. 용이 개천에 빠져서 할 일이 없어 고통뿐이다. 시집을 한 권도 읽지 않았으나 시인이 되어 시도 써 봤고 사업을 해서도 성공해 보았다.

Q 어린 시절 배고픈 것을 많이 느꼈었다는데 사실인지요?
승: 나는 태어난 지 일 년도 안 되어 부친을 잃었고 모친 슬하에서 모친이 남의 일해 주고 거기서 얻어와 먹고 살았으니까 부모 살아 있을 때도 배부른 걸 한 번도 못 느껴봤다. 아홉 살이 되었을 때 모친마저 돌아갔으니 이 세상에 나를 돌봐줄 사람은 아무도 없었다. 그래도 한 달 동안은 사람들이 불쌍하다

고 입방아를 찧었는데 그다음부터 나는 두려운 존재가 되었다. 왜냐하면 밥 먹으라고 하면 숟가락을 들고 달려들 테니까 이웃을 돌아다녀도 나에게 밥을 주는 사람도 없었고 밥 먹으라고 하는 사람도 없었기 때문이다. 12살이 되자 일주일에 한두 번 다니던 초등학교도 졸업해야 했다. 내가 가끔 대학교에 가서 학생들하고 토론할 기회가 있을 때 초등학교 졸업장은 받았다고 문맹자가 아니라는 말을 자주 한다.

Q 사회생활을 하면서 부족한 것을 못 느껴봤습니까?

승: 알고 지내던 사람들은 나에게 장사할 때도 모두 똑똑하다고 말했다. 남부 국회의원 하던 허모 씨와 같이 동업했는데 그 사람들 20만 원을 받을 때 나는 같은 회사에서 250만 원의 배당금을 받았다. 그 사람들은 내가 250만 원을 받으니까 나를 부러워했다. 그렇게 사업을 해서 잘 되니까 부족한 것을 못 느꼈다. 나는 어두운 세상에서 국회의원에 두 번 출마했으나 표도 많이 안 나왔고 안 떨어지는 방법도 있었는데 그런 것은 하지 않았다.

Q 선거에서 표가 많이 안 나온 이유가 있습니까?

승: 내가 10대 국회에 출마했을 때는 상당히 인기가 있었다. 나는 아무것도 없었어도 길가에 공짜로 운동해 줄 사람들이 많이 있어서 그들이 소리를 치고 또 내가 바른 소리를 많이 해서 여당에서 뭐라고 그러면 우르르 몰려가서 난리를 치니까 아무

도 못 나타났다. 그래서 여당 운동원이나 이런 사람들이 꼼짝을 못했고 아무도 시비를 안 걸었다. 형사들만 나와서 운동원들 묶어놓고 자금출처 조사하고 마을마다 다니면서 세뇌 교육하니까 나에게 표는 많이 안 나왔다. 나는 이 세상에서 부족한 삶을 안 살아 봤고 그 이후에 사업을 한 3년 동안 해서 가정을 충분하게 꾸려 놓았다. 사업을 그만두고 인간의 바탕을 바꾸기 위해 노력했고 그러한 나의 양심이 결국 오늘날의 나를 탄생시킨 것이다.

Q 말씀을 들어 보니까 깨닫고 난 후의 시집과 이 시집을 같이 읽어야만 배울 수 있다는 생각인데요. 그때 당시에 선생님의 생각과 의식하고 깨달은 상태에서 쓴 것하고 이 시를 같이 비교해서 읽어 보면 제가 공부하는 데 큰 도움 되겠습니다.

승: 깨달음을 얻으면 시가 완벽해지고 정의라는 시를 거기서 썼는데 자유의 여신상이란 시에 이런 내용이 있다.

그 속삭임은 네 모습보다도 아름답구나!
진정 자유를 위하여 정의를 바친 영혼들이여
 찬란한 문화 속에 너는 숨 쉬고 지나던 눈길 끌어 보게 하도다.
언제나 평화롭게 살고 싶었던 그대들의 꿈이 있기에
 그 모습은 더욱더 아름답고 찬란하여라!

그 여신의 모습은 정의를 말한 것이다. 내가 썼지만 잘된 시들이 많은데 내가 깨달음을 얻고 나서도 내가 깨달음을 얻은 것도 모르고 나 자신의 마음 둘 곳이 없어서 항상 조국을 사랑하는 심정으로 그 섬 속에서 외롭게 혼자서 농사지으며 시를 짓곤 했다.

파도 소리 바람 소리 없는 날이면
사랑 하는 님 생각에 밤을 새웠네
가슴에서 타는 불길이 일어날 때면
뱃길을 물으면 듣는 이 없네

내가 그 타는 가슴을 억제하지 못해서 세상에 나서서 내 뜻을 전하려 했지만 아무도 그 뜻을 따를 자가 없으니 결국 좋은 마음을 피울 곳이 없었다. 피우려 한다면 하늘이 웃을 일이라서 메마른 땅에서 좋은 열매를 얻는다는 것은 불가능한 일이다. 시 처음에 나오듯이 나 자신을 애절하게 완벽하지 못하지만 나 자신이 깨달음을 얻고 나서 진리의 세계에 대해서 많은 이야기를 했다. 세상 사람들이 시를 잘 쓸 수 있는 사람도 있겠지만 애절한 사랑과 진실을 표현할 수 있는 것은 엄청난 수준에 이르지 않으면 불가능하다. 내가 죽고 난 수만 년 뒤에 오는 사람이 이 시를 보더라도 이 시가 대단한 경지에 있다는 것을 알 것이다. 그 속에 전부 다 증거가 있기 때문인데 내가 깨닫기 전에도 사람들의 삶 속에서 이런 것을 많이 느꼈고 운명이라는 시에 그런 게 있다.

　잘 살고 못 사는 것은 뭇사람의 뜻인 것을
　사주팔자 한탄한들 지난날을 어이할까!
　어리석음이 짐이 되고 밝은 마음 뜻이 되니
　사람의 한평생이 한여름날 밤 꿈과 같소

　시인들이 보더니 잘 썼다고 했다. 내가 깨달으면 그 뜻 속에 모든 길과 축복이 있고 내가 깨닫지 못하면 그 삶 속에 한이 되니 그 사람의 한평생이 여름날 밤 꿈만 같다. 운명은 자신에 의해서 만들어지는 것이고 그 운명을 벗어나고 거기에 얽매이는 것은 그 자신에게 있다는 이런 것들을 썼다.

　Q 처음에 쓴 시와 나중에 쓴 시가 모두 깨달은 건가요?
　슝: 처음 쓴 시는 깨닫지 못했으나 그 정도는 안다. 내가 어릴 때 나무하러 다닌다고 사흘에 한 번 닷새에 한 번 정도만 학교에 다녔다. 결국 글을 제대로 못 배웠다는 것인데 시련과 사랑을 조국과 인간에 대한 사랑을 표현했다. 원고지 1,350장 분량이다. 글을 안 써 본 사람이 글을 쓰려고 하면 한 열 장만 써도 골이 아픈데도 1년이 못 걸려서 이것을 만들었다. 이것을 만들어 내려면 진실을 옮겨야 했는데 다른 작가는 나의 진실을 옮길 수가 없다. 그러기에 글이라는 것은 사실성에서 잘 되고 못 되는 것이다.

Q 시집 『나그네』는 깨달음 이후에 쓰신 것입니까?

승: 『나그네』는 내가 연화도 섬에 가서 조국을 사랑하는 마음과 느낌을 표현한 시이다. 양심과 정의가 좋은 세상을 만들고 인간의 고귀하고 진실한 사랑이 깨달음을 보게 한다는 내용이다. 다음 시는 깨달음 이전 자신에 대한 한탄을 노래한 것이다.

꽃이 피고 잎이 피니 봄이 왔는가!
초목이여! 너에게는 봄이 왔는가!
어린 시절 나에게도 꿈이 있으니
창밖이 밝아오면 기다리던 것
꽃이 피고 잎이 피니 봄이 왔는가!
초목이여! 너에게는 봄이 왔는가!

동요 같고 매우 단순하지만 이런 표현 자체가 인간으로서 발견할 수 없는 것이다. 알고 보면 매우 간단하겠지만 실제 이 시 하나만 두고도 이 나라 시인 세계에서 영원히 남길 것이다. 물을 곳이 없고 어두운 세상을 보고 자신을 피울 곳이 없으니까 나무를 보고 한탄을 하는 것이다. 이 시만 해도 후세 사람들의 심금을 울릴 수가 있다. 나는 나그네의 운명을 가지고 왔기에 태어날 때부터 운명이 나를 깨닫게 했다. 이 시대까지 시련을 줘서 큰 깨달음을 얻었기에 세상에서 아무도 질 수 없는 사명인 짐을 지워준 것이다.

Q 짐이라는 것이 무엇인지 사명이라고 하셨는데 누가 지워준 것인
지 스스로 지신 것인지요?

승: 너희는 이 문제에 대해서 의심스러우면 『나그네』시집을
보라! 나그네라는 시가 있는데 그것을 보면 대강 알 것이지만
그러한 시는 어떤 시인의 능력으로 쓸 수 없고 그렇다고 해서
영감에 의해서 쓸 수 있는 것도 아니다. 영감을 받아서 인류에
그렇게 위대한 시가 나온다면 전부 다 가서 기도나 했을 것이
다. 기독교에서 예언한 구세주나 석가모니가 예언한 장본인 마
이트레야가 나다. 그래서 나그네라는 시가 나온 것이다. 이 시
가 쉬운 것 같지만 나그네라는 시를 아무나 쓸 수 없고 이 인류
가 나서 이런 시가 나온 건 없다. 자기가 짐을 지고 왔으며 그
짐이 보석 짐이라고 써 놓은 사람이 어디 있겠느냐?

나는 나그네 짐 진 나그네
찬란하게 빛나는 보물 짐 진 나그네
나는 나그네 짐 진 나그네
멀고 먼 길 찾아온 보물 짐 진 나그네
나는 나그네 짐 진 나그네
외로운 님 찾아 나선 보물 짐 진 나그네
나는 나그네 짐 진 나그네
세상에 찾아와서 주인 찾는 나그네

 나의 짐을 지게 될 자는 진리를 갈망하고 길을 찾는 자들이니

무척 외로울 것이다. 사람들이 모두 다 헛된 길로 가는데 옳은 길로 가려 하는 자가 없으니 얼마나 외롭겠는가!

Q 여래님의 가르침을 요약해서 말하면 무엇입니까?

승: 나의 가르침은 양심良心과 정의正義와 사랑이다. 인간 세계에서 사실 알고 보면 세 가지야말로 가장 좋은 보물이다. 다이아몬드고 금이고 이런 보석보다도 양심과 정의와 사랑을 가지고 사는 사람의 가치야말로 최고의 보물이다. 내가 주인을 찾는다고 하는 말은 이 시대는 매우 불안정하고 위험한 시대이다. 이 시대의 운명 자체가 앞으로 얼마 남지 않았다는 말이다. 나는 이 시대에서 살아남을 사람들을 찾고 있다. 미래의 인류를 이루어갈 사람들을 찾고 있으니 세상의 주인이 되고자 하는 사람을 찾고 있다고 설명할 수 있다. 보물을 지고 왔는지 독약을 지고 왔는지는 너희의 활동하는 모습 속에서 보게 될 것이다. 누구나 깨달을 수가 있고 깨달으면 다른 사람들의 축복을 위해서 살아가니 그건 보물 짐을 지게 되는 것이고 깨닫지 못하면 독약을 짊어질 수도 있다. 이것도 아니고 저것도 아니면 빈 쭉정이가 되겠지!

Q 깨달으면 즉시 자기가 깨달은 사실을 알 수가 있습니까?

승: 사람이 세상일을 많이 알게 되면 스스로 한을 짓지 않게 된다. 사람이 세상의 일에 어두우면 스스로 한을 짓고 섬기게 되는데 나는 실제 깨닫는 날 내가 깨달았는지 안 깨달았는지

몰랐다. 그런데 볼일이 있어서 나갔다가 세상의 일을 보고 비로소 나 자신이 깨달은 것을 알았다. 어떠한 일이 지나고 나면 어디에 무슨 일이 존재했는지를 너희도 쉽게 알게 될 것이다. 그래서 내가 당시에 매우 불쾌한 일 하나를 보고 시를 썼던 게 축복이라는 시인데『나그네』시집에 실려 있다.

세상의 모든 것이 스승이로다.
저마다 대하고 보니 만나고 헤어짐도 가르침이 있도다
만물은 은혜를 지니고 있고 기쁨은 나에게 있으니
축복이란 지키고 행하는 일이 농사일과 같더라

농사를 지어본 사람은 아는데, 적당한 때에 파종해야 하고 멸구가 왔을 때 약을 안 하면 가꾸어 놓은 곡식을 다 잃어버린다. 잡초에 시달리면 추수가 적고 메마른 땅에 물을 안 넣어주면 곡식이 성장이 안 되고 너무 물이 많이 고여 있으면 빼줘야 한다. 이런 지키고 행하는 일이 농사일과 같더라는 것이다. 세상의 일을 보고 그렇게 말하는 것이다. 나는 스승이 없는 사람이고 세상이 스승이다. 내가 세상의 일을 보고 항상 본 것을 말하는 것이 제일 좋은 공부이다. 내가 한 말에 대해서 책임을 지고 나는 거짓을 말하지 않았다. 이 점을 충분히 알기 바란다.

Q 세상의 모든 것이 스승이라는 말은 무슨 뜻입니까?
승: 너희가 세상의 일을 알게 되면 좋은 것을 봐도 배우게 되

고 나쁜 것을 봐도 배우게 된다. 나쁜 것을 보면 왜 생겼는지를 알고 피하게 될 것이다. 좋은 것을 보면 왜 좋은 것이 나타나는지 알고 좋은 일을 찾아서 스스로 지을 수 있는 것이 세상의 일이다.

Q 저희가 간절하게 소망하니 깨달음과 구원久遠의 길을 일러주십시오.

승: 나는 항상 너희가 깨달음을 얻고 극락왕생할 수 있는 큰 성불을 이루기를 바라는 마음밖에 없다. 세상에는 과정과 인연이 만나 온갖 현상을 존재하게 한다. 여기서 절대로 외면해서는 안 될 일이 있다. 지금까지 세상에 온 어떤 성인도 어떻게 깨달을 수 있는지 깨달음을 통해서 무엇을 얻을 수 있는지 완벽하게 설명한 사람은 아무도 없었다. 깨달음은 세상일에 대해 업業으로 가려있던 모든 장애에서 벗어나 의식이 눈을 뜨는 것이다. 이때 그 결정체는 모든 얽매임에서 벗어날 수 있기에 윤회로부터도 벗어난다고 옛날부터 전해졌다. 이 과정의 첫 단계는 자기 속에 있는 거짓을 버려야 깨달을 수 있다.

Q 자기 속에 있는 거짓은 버리고 싶다고 버려지는 게 아니지 않습니까?

승: 살아있는 가르침을 계속 받아들여서 일을 중요하게 생각하게 될 때 그 거짓이 멈추게 된다. 거짓이 멈추면 자신이 아무것도 모른다는 것을 알게 된다. 보지 않으면 모르게 되어 있다. 이 과

정을 겪고 난 다음에야 비로소 자기가 겪고 행하는 일들이 의식에 보이기 시작한다. 그리고 근기가 높아져 당당한 사람으로 변하게 된다. 이렇게 변하고 난 후 자기의식 속에서 양심과 용기가 생긴다. 당당하게 행동하지 않으면 절대 양심과 용기가 함부로 생기지 않는다. 양심과 용기가 생긴 이후에 모든 업을 제거할 수 있다. 세상의 일에 눈을 뜨고 큰 양심과 용기가 있을 때 비로소 세상 사람들을 불쌍히 생각하게 된다. 그들을 구하려는 일념으로 세상과 부딪혀 거기에서 불을 얻게 된다. 그 불이 네 속에 있는 모든 업장業障을 멈추어 태워버려야 해탈解脫이 이루어진다. 해탈의 과정을 통해서 모든 얽매임으로부터 벗어날 수 있다. 이것이 누차에 걸쳐 과정과 문제를 설명한 깨달음을 얻는 유일한 길이다.

Q 진심으로 스승님께 감사드립니다. 지금 말씀하신 내용이 최고의 깨달음의 길이자 구원의 길입니까?

승: 처음에는 살아있는 가르침을 통해서 거짓을 잠재워야 한다. 있는 일을 통해서 있는 일이 어떻게 일어나게 되는지 알아야 한다. 자신이 본 것만 말하고 모르는 것을 이야기하지 않으니 항상 마음이 떳떳하다. 그렇게 살다 보면 양심과 용기가 커져서 나중에는 다른 사람들이 실수하거나 잘못된 일을 하는 것을 불쌍히 여기게 된다. 그들을 구하려는 사랑이 결국 깨달음의 최고봉인 해탈을 가져온다. 이런 말은 어떤 책에도 기록되어 있지 않다. 석가모니도 해탈했으나 이것은 몰랐으니 나는 이 길을 밝히는 것이다.

엮은이 최준권 (원덕)

삶의 의미를 찾지 못해 방황하다 늦은 나이인 1985년에 출가하였다.
범어사 강원을 졸업하고 부산불교교양대학에서 강의하다가 지식으로서의
불교에 한계를 느끼고 단식수행, 탁발수행, 묵언수행 등을 하였다.
마침내 진실한 스승을 만나 가르침을 받고 작은 깨달음을 얻었다. 이후 미
국으로 건너가 세상을 스승으로 삼고 20여년간 만행했다.
2020년 하와이에서 유튜브 활동을 하다가 2021년 가을 모든 여정을 끝내
고 귀국, 스승의 가르침을 정리해서 지속적으로 출판하고 있으며, 회고록과
소설 등도 집필 중이다.

이메일: Johngwon7@gmail.com

깨달음

초판 1쇄 인쇄 2024년 4월 22일 | **초판 1쇄 발행** 2024년 4월 29일
엮은이 최준권 | **펴낸이** 김시열
펴낸곳 도서출판 자유문고
      (02832) 서울시 성북구 동소문로 67-1 성심빌딩 3층
      전화 (02) 2637-8988 | 팩스 (02) 2676-9759
ISBN 978-89-7030-177-8 03100   값 17,000원
http://cafe.daum.net/jayumungo